资产为本

产业金融的理论与实践

本书编写组◎编著

中国金融出版社

责任编辑：王雪珂
责任校对：孙　蕊
责任印制：陈晓川

图书在版编目（CIP）数据

资产为本：产业金融的理论与实践/本书编写组编著．—北京：中国金融出版社，2024.4
ISBN 978－7－5220－2374－8

Ⅰ．①资…　Ⅱ．①本…　Ⅲ．①产业发展—金融—研究—中国　Ⅳ．①F832

中国国家版本馆 CIP 数据核字（2024）第 064075 号

资产为本：产业金融的理论与实践
ZICHAN WEIBEN：CHANYE JINRONG DE LILUN YU SHIJIAN

出版发行　中国金融出版社
社址　北京市丰台区益泽路 2 号
市场开发部　（010)66024766，63805472，63439533（传真）
网 上 书 店　www. cfph. cn
（010)66024766，63372837（传真）
读者服务部　（010)66070833，62568380
邮编　100071
经销　新华书店
印刷　北京九州迅驰传媒文化有限公司
尺寸　169 毫米×239 毫米
印张　24
字数　299 千
版次　2024 年 4 月第 1 版
印次　2024 年 4 月第 1 次印刷
定价　91. 90 元
ISBN 978－7－5220－2374－8
如出现印装错误本社负责调换　联系电话（010）63263947

致敬

产业金融的坚定实践者和最佳体现者

前　言

为了方便读者阅读本书，我们想向读者朋友们说明的一点是本书的作者不是学术机构的专业研究人员，也不是政府部门的政策制定人员，而是来自一家专业化定位的中小金融机构的从业人员。这也就意味着，这本书不是一部学术研究专著，也不是一部政策研究专著，而是一家金融机构的从业者基于专业化实践经验的集体创作，是聚焦一个特定产业持续开展专业化金融实践的经验总结和理论归纳。创作这本书的初衷有三点，一是对作者所供职金融机构过往十年专业化实践的总结归纳；二是对未来继续坚持专业化道路提供思考的方向；三是希望为读者朋友们呈现一条对金融机构而言可供参考的专业化发展路径。虽然创作过程中我们秉持正心诚意的态度，尽可能做到客观和严谨，但受限于我们的认知和能力水平，本书内容的实际呈现未必能够完全达到上述目的。如有错漏或不妥之处，还望得到读者朋友们的理解、批评和指正。

本书创作的背景

自改革开放以来，伴随改革红利释放和经济快速发展，我国的金融体系不断发展壮大。大型国有商业银行以及大型股份制商业银行依托规模化发展的路径实现了快速发展。与此同时，数量庞大但资源禀赋相对有限的中小金融机构在最近十几年里也如雨后春笋一样快速涌现。对数量众多的中小金融机构而言，有限的资源禀赋不足以支撑它们复制大型商业银行的规模化发展路径。因此，如何找到适合自身的成长路径，在实现自身生存发展的同时还能为社会创造独特价值，是这些中小金融机构成立之初就需要思考和解决的重大问题。

本书作者所在的公司成立于2014年。在成立之初，公司也面临着同样的发展路径选择问题。如果想走规模化发展的道路，就无法避免与大型商业银行的同质化竞争。而通过简单的盘点和比较就可以得出结论，我们不具备大型商业银行雄厚的资本实力、庞大的客户基础、低廉的融资成本、全面的行业覆盖、遍布各地的业务网络和丰富翔实的经营数据等优势资源。可以说，走同质化竞争的道路，我们既没有成功的可能，也没有存在的价值。与之对应，聚焦于特定行业，通过持续的行业研究和金融实践来不断积累专业化能力，进而在该行业内构筑差异化优势，则是一条可行的发展路径。于是，结合股东的资源禀赋以及对行业趋势的研判，我们将清洁能源行业作为提供服务的目标行业，也作为我们持续积累专业能力和构建差异化优势的舞台。公司成立以来的十年间，我们始终心无旁骛地扎根清洁能源行业，围绕清洁能源行业客户积累了一定的专业能力和行业资源，与行业上下游形成了较为紧密的合作交流关系，服务了行业内为数不少的企业，尤其是中小民营企业。

时至今日，我国金融体系已经进入全面深化改革的关键阶段，各家金融机构都在积极探索高质效服务实体经济的可行路径，监管机构也在持续探索提升治理能力和防范金融风险的有效模式。在与金融同业交流时，我们时常能够感受到同业朋友们或多或少的关于发展路径的困惑和压力。因此，我们产生了将公司十年探索经验整理成书供大家参考的想法。客观来讲，十年的业务实践，对一家金融机构而言不过是短暂的一瞬，这些实践经验的代表性和说服力是有限的。我们也深知，作为一线从业人员，我们的理论功底和时间精力很难支撑我们进行高水平的理论提炼。但是，在当下金融改革的关键时点，我们仍然认为自己有责任进行这样的经验总结和理论提炼，以期为金融从业人员呈现一条可供参考的发展路径，供大家讨论、借鉴，也欢迎大家批评、指正。

本书讨论的主题

本书的书名为《资产为本：产业金融的理论与实践》。书名中的两个关键词“产业金融”和“资产为本”，是作者对所供职公司十年实践探索进行总结提炼时最重要的两点概括。书中会对这两个关键词展开详细论述，在这里先向读者朋友们进行简要说明。

“产业金融”是一个被广泛使用但并无公认定义的概念。在本书中，产业金融的含义是：金融机构聚焦行业[①]、基于行业、面向行业，以产业实体企业投资的思维和视角，为特定产业提供金融服务的活动。“产业金融”的定义反映的是这样一种方法论，即产业金融

① 在本书中，“产业”和“行业”含义相同。

机构在进行投资决策时，应该像具备行业专业积累的实体经营企业一样进行贴合行业实际的思考和判断；在此基础之上，产业金融机构还应该将基于行业专业思考制定的投资决策，设计成符合行业客户需求的金融产品。简而言之，产业金融机构和产业实体企业均需要实现行业专业化，但是产业金融机构还需要进一步实现金融专业化。我们把这种产业金融的方法论概括为“基于行业专业化的金融专业化”。

那么在实践中如何践行这种产业金融的方法论呢？在聚焦清洁能源行业进行实践的过程中，我们找到了践行这一方法论的着力点，即电站资产。电站资产是清洁能源产业需求和金融供给之间的桥梁。在产业端，电站能否在合规的前提下保质保量地建设成功并良好运营，是行业专业能力的集中体现；在金融端，公司提供金融服务的基础也是公司对电站价值的评估、判断及实现的能力。由此，我们提出“资产为本”的理念，即围绕资产持续进行产业专业能力和金融专业能力的建设。可以说，在类似清洁能源的很多行业中，“资产为本”都有很大的可能成为长期践行“基于行业专业化的金融专业化”这一产业金融方法论的有效方式。

全书内容的脉络

本书第一章，首先从大型金融机构与中小金融机构的优劣势比较入手，提出中小金融机构实现长期价值的发展路径在于专业化，而众多专业化方式中，聚焦特定行业、走行业专业化的道路是一项不错的选择。在第二章中我们提出，金融机构与目标行业之间的信息不对称是制约金融机构开展业务的首要因素。相比起“信用分析”这一传统策略，对聚焦特定行业的金融机构而言，更有效地消减信息不对称的策略是“基于行业专业化的金融专业化”。在第三章中，通过对光伏发电行业背景下的专业化实践案例和有关战略思考的讨论，我们认为，长期坚持“基于行业专业化的金融专业化”这一方法论，可以帮助金融机构形成在特定行业的差异化竞争优势。因此，为了更有效地构筑差异化竞争优势，金融机构可以将这一方法论上升到企业战略的高度来长期践行。这样的战略实践过程，我们称为“以专业化能力构筑差异化优势”，简称“专业化战略”。聚焦特定行业并贯彻“专业化战略”的金融机构，我们称为“产业金融机构”。

后面五章，则从不同方面分别探讨了产业金融机构如何有效践行专业化战略。第四章探讨了如何围绕资产构建专业化的风险管理体系；第五章阐释了如何围绕资产进行业务、风控、资管、融资等方方面面的专业能力建设；第六章提出“资产为本”的核心在于资产的价值管理，探讨了如何构建专业化的资产价值管理体系；第七章分析了如何通过企业文化和组织建设为专业化战略实施提供有效保障；第八章认为，通过有意识地系统构建产业生态圈，在推动专业能力长期深入建设的过程中，可以帮助产业金融机构有效拓展“专业化”的服务领域和服务模式。

结合现实中产业集团创办金融机构的普遍现象，第九章对“产业金融”和“产业办金融”的概念进行了辨析，并通过分析论证提出“基于行业专业化的金融专业化”有助于实现高质量的产融协同，有助于实现产业办金融的真正目标。

本书作者的期待

金融机构的发展路径不止一条，我们无意对不同路径做孰优孰劣的价值判断。我们所相信的和想分享的核心观点是，产业金融的专业化路径，是一条可行的、值得讨论和重视的发展路径。

借助于本书的创作，我们并不是在寻求理论上的突破，只是想向读者朋友们分享一个“知易行难”的朴素道理：一家金融机构扎根于一个特定的行业，通过十年如一日地积累专业能力和构建产业生态，可以为行业客户提供特色化的高质量金融服务，可以构筑差异化竞争优势和体现独特社会价值。在当前强调金融服务实体经济和推动经济高质量发展的大背景下，我们认为这个道理更显珍贵。

客观地讲，我们十年的“专业化”实践，只是产业金融征程上的一小步，金融机构围绕产业需求提升金融服务能力的进程是没有止境的。借助于这本书的创作，我们衷心希望可以促进金融机构从业者、金融监管机构、相关学者和政策制定者对产业金融更多的思考和讨论；期待有更多的金融机构践行产业金融的专业化方法论，从而有更多的产业客户能够从产业金融的蓬勃发展中不断受益。

目　录

第一章

产业金融的意义和价值

2023 年末，我国有四千多家银行、近一万家租赁公司，随着近年来以及在可预见的未来金融行业的深度调整，在这一过程中，不具备核心竞争力的中小金融机构将面临日益加剧的生存挑战。

金融机构的核心竞争力源自何处？一是来自庞大的规模优势，二是来自专业化能力。相较于大型金融机构，中小金融机构在规模体量与资源禀赋上存在天然的劣势，必须将资源聚焦于某一具体领域，并围绕这一领域构建专业能力，实现特色化与差异化的发展，长期稳健地保持其独特的市场价值。中小金融机构可选择的专业化战略路径通常包括行业专业化、区域专业化以及产品专业化这三个细分策略。其中，区域专业化和产品专业化在实践中已有广泛应用并且累积了丰富的案例，但行业专业化的研究与探索却相对匮乏，具体实施此策略的实例及样本企业也较为罕见。

基于十年以来行业专业化发展路径的探索、思考和实践，作者认为基于行业专业化，为特定产业提供的金融服务可以称为产业金融。同时，产业金融的价值包括填补金融空白、优化资源配置、降低金融风险、引领行业发展等。践行产业金融不仅能够赋予金融机构对行业更深的理解和更高的视角，还能够提供持续、稳定并且可验证价值的机会；进一步而言，对于那些致力于构建自身核心竞争力的中小金融机构而言，无疑是一项卓有成效的策略和选择。

在本章中，将主要基于中小金融机构的视角，从如何在激烈的市场竞争中长期生存并且实现独特价值这一问题进行切入，进而探讨产业金融及与之对应的行业专业化的内涵及价值，也为本书主题的展开提供基础的论述与铺垫。

第一节
中小金融机构发展的环境、定位与现状

（一）中小金融机构的发展和生存环境

在我国大型金融机构发挥主导作用的金融环境中，中小金融机构具有天然劣势。面对大型金融机构的竞争，中小金融机构如何长期生存并实现自身独特的价值？近十年来，中小金融机构的发展过程和现状是否符合应有的定位？在当前探讨中小金融机构可选的发展路径是否还有意义？这些问题都值得深入思考与探讨。

2013—2015年，我国金融行业蓬勃发展。以2014年为例，全年社会融资规模为16.5万亿元[①]，金融行业增加值4.69万亿元，增长10.2%，高于第三产业增速2.1个百分点；金融行业占第三产业增加值的比重达到15.3%，金融业增加值占国内生产总值（GDP）的比重从2013年的5.9%跃升至7.4%[②]。伴随金融行业的快速发展，我国金融机构日益呈现大型化的特征。以银行业为例，2014年末，我国银行业资产总额172.3万亿元，其中大型商业银行资产总额71万亿元，占比41.2%；股份制商业银行资产总额31.4万亿元，占比18.2%[③]。

这一时期，也是包括本书编写机构在内的各类中小金融机构加快设

① 资料来源：《2014年国民经济和社会发展统计公报》。
② 资料来源：国家统计局《2014公报解读：新产业新业态方兴未艾》。
③ 资料来源：《中国银行业监督管理委员会2014年报》。

立的时期。2013 年，我国首次将完善金融市场体系作为加快完善现代市场体系的内容，提出要扩大金融对内对外开放，在加强监管前提下，允许具备条件的民间资本依法发起设立中小型银行等金融机构[①]。2013—2015 年，包括农村商业银行、金融租赁公司、融资租赁公司等各类中小金融机构设立加速。以农村商业银行为例，2012—2015 年，我国农村商业银行数量分别为 337 家、468 家、665 家和 859 家[②]，年均复合增长率 37%。截至 2014 年末，我国共有城市商业银行 133 家、农村商业银行 665 家、农村合作银行 89 家、农村信用社 1596 家、村镇银行 1153 家，中小银行业金融机构资产规模 38.9 万亿元，占比 22.6%[③]。

2013—2015 年，我国经济保持高速增长的态势，极大地推动了金融业的蓬勃发展，使之逐渐成为国民经济的血脉和国家核心竞争力的重要组成部分。而在这一时期金融行业主要呈现出以下三个显著特征。

第一，金融市场的规模迅速扩大。据统计，金融业增加值占 GDP 的比重在 2013 年与 2014 年分别达到 5.9% 和 7.4%，并在 2015 年攀升至 8.4%[④]的高点，这一比例不仅高于国际平均水平，甚至超过了欧洲和北美的一些发达国家。

第二，金融业保持高位增长。自 2008 年国际金融危机后，我国银行业金融机构本外币贷款余额及资产总额持续保持 13%[⑤]以上的增速，高于 GDP 的增长速率。

第三，金融机构的规模与实力显著提升。在 2013 年，英国《银行

① 资料来源：《中共中央关于全面深化改革若干重大问题的决定》。
② 资料来源：2013—2016 年度《中国金融稳定报告》。
③ 资料来源：《中国金融稳定报告（2015）》。
④ 资料来源：根据国家统计局公布数据计算。
⑤ 资料来源：历年《中国银行业监督管理委员会年报》。

家》杂志根据核心资本实力公布的全球1000家银行排行榜上，我国的四大国有商业银行均排名全球前十，其中工商银行居全球首位，这也是该榜单出炉近100年来，来自亚洲的银行首次登顶。到2015年，我国四大国有商业银行全部被纳入全球系统重要性银行名单。

2013—2015年，包括本书编写机构在内的各类中小金融机构的数量快速增长。农村商业银行、金融租赁公司、融资租赁公司与互联网金融机构更是迎来高速发展期。2013年甚至被称为“互联网金融元年”。对于这些注册资本普遍在几十亿元量级甚至更少的中小金融机构而言，在当时的金融环境下，就像小舢板船驶入大海，周围都是巨轮，甚至不乏航母级的大型金融机构，其所面对的生存压力不言而喻。因此，摆在中小金融机构面前非常现实又极其残酷的问题，是面对大型金融机构的竞争，如何确保长期发展，并在实现既定市场定位的同时，塑造并发挥其独特价值。

与中小金融机构相比，大型金融机构所拥有的优势绝不仅仅局限于资产规模。支撑大型金融机构规模化增长的背后，是牢固的市场地位、有力的政府支持、相对较低的融资成本、广泛分布的服务网点、先进的信息技术应用、庞大稳定的客户基础以及成熟的风险管理体系等，这共同构筑了大型金融机构在竞争中的显著优势。以大型银行为例：

第一，不可替代的市场地位和有力的政府支持。大型银行在国家金融体系中具有不可替代的地位，对国计民生具有重要意义。大型银行股东实力雄厚，国有四大行的大股东是汇金公司，汇金公司由财政部全资控股，资本来源是国家财政拨款。从发展历史看，大型银行在发展中能够得到政府有力的支持，国有四大行多次获得中央政府包括注资、不良资产剥离、财政补贴等各种形式的支持。基于上述优势，相比中小银行，大型银行更受社会大众信任，容易以较低的成本获得稀缺的金融资源。日常生活中，尽管中小银行通常提供的存款利率高于大型银行，但大部分储户仍然愿意选择大型银行，这种选择反映了人们普遍认为大型银行更安全这一现实情况。以计息负债平均付息率为例，2014 年，工商银行为 2.12%、招商银行为 2.52%、北京银行为 3.22%，不同类型银行的融资成本存在很大差异。依托较低的融资成本和雄厚的资本实力，大型银行可以提供更低价格、更大额度的融资，具有更强的话语权和选择权，可以优先挑选、择优挑选客户和项目，在行业竞争中取得领先优势。

第二，全球化服务网络和稳固的客户基础。大型银行发展时间长，业务范围广，网点遍布全国各地，服务涉及各行各业，遍及企业、家庭和个人，既是“百业之母”，也是居民生活的“不可或缺”。以结算业务为例，大型银行具有本外币结算系统，覆盖范围广，国有企业单位、机关事业单位、大中小型企业和个人中绝大多数都在大型银行开户，在全国各地甚至全球各地都可以享受到便捷的结算服务。凭借长期经营积累的品牌声誉、遍布广泛的服务网点以及强大的服务能力，大型银行规模优势突出。以工商银行为例，1984 年工商银行从人民银行分离，承担了原来由中国人民银行办理的金融经营业务。相较其他银行，工商银行发展历史更为悠久，产品种类多、服务范围广、基层网点遍布、客户基础稳固，凭借这些优势，工商银行拥有优质稳定的公司客户基础及庞大的个人客户基础，资产规模以及贷款、存款市场份额稳居行业第 1 位。

第三，全面完善的风险管理体系。大型银行培育了深厚的风险管理理念和文化，拥有周密的风险管理策略、政策、流程与系统，同时在风险识别、计量、监测、控制及缓释方面配备了全面的工具和技术。仍以工商银行为例，其风险管理的特点包括：（1）在全行实施标准化信贷管理流程；（2）注重信贷业务全流程的风险管理，覆盖从客户调查、评级授信、贷款评估、贷款审查审批、贷款发放到贷后监控整个过程；（3）设置专门机构负责对信贷业务全流程进行监督检查；（4）对信贷审批人员实行严格的任职资格管理；（5）依靠一系列的信息管理系统，加强风险监控[①]。此外，大型银行风险识别、管理、处置经验丰富，拥有大量的人才、先进的信息系统以及长期经营形成的海量数据积累，运用大数据技术可以加强信用风险动态监测和实时预警，提高风险管理的效率和准确性，信用风险、操作风险等各类风险管理流程严格规范，方法科学精细。

商业银行客户评级方法与信息数据的优势

以某商业银行客户评级体系为例，根据评级对象的经营特征，法人客户划分为金融机构、事业单位、政府投资者、小微企业、一般大中型企业、境外公司等7个类别；同时，每一个类别又会进一步细分，以金融机构为例，又可进一步细分为商业银行、保险公司、金融租赁公司、证券公司、财务公司、信托公司等十二类；更进一步的是对于每一类机构都有对应的评级模型，并结合不同评价主体的特征设计有区分度的定量评价和定性评价指标体系。客户类型划分与评级模型仅是银行客户评级体系的组成部分之一。从其细致程度来看，商业银行客户评级体系的全面与完善性可见一斑。

更重要的是，为了有效支撑客户评级结果的可靠性，商业银行在长期经营过程中积累了大量的数据，包括信用历史、经营与财务情况等，并以此为基础建立了强大的信息系统，构成了其风险管理框架的重要组

① 资料来源：《中国工商银行股份有限公司2014年度报告（A股）》。

成部分。在系统中录入某一客户信息后，如果个人和企业属于风险数据库名单，则直接拒绝贷款；如果不属于风险数据库名单，可通过大数据算法分析，得到客户信用等级，评级结果可以用于资本计量、拨备计提、贷款定价、信贷政策等各个维度，为商业银行业务决策与经营管理提供有效支撑。

相较大型金融机构，中小金融机构有着诸多天然劣势，客户资质定位下沉、客户基础相对薄弱、资金成本较高，且网点布局和专业人才数量有限、风险管理体系相对偏弱。那么，就引发了我们对于这些问题的思考：发展中小金融机构的初衷或期待是什么？在金融体系中，中小金融机构承担怎样的角色和定位？基于这些定位，中小金融机构的实际发展历程和当前状况又展现出哪些特点和趋势？

（二）中小金融机构的定位、误区及现状

如本章开篇所述，发展中小金融机构是完善金融市场体系的重要内容，目的是在更大范围、更高层次上提高资源优化配置能力，提升金融服务质量，增强金融部门竞争力，以期实现不断提升金融业服务实体经济能力，促进经济持续健康发展的目标。金融体系中，中小金融机构的定位是起到对大型金融机构的补充作用，覆盖大型金融机构无法触及的地区、群体和领域，实现金融覆盖面的扩大。同时，中小金融机构可以利用自身的差异化优势，更好地适应市场变化和满足个性化需求，为金融市场带来更多的竞争和活力。

以农村商业银行为例，其定位为促进农村地区形成投资多元、种类多样、覆盖全面、治理灵活、服务高效的银行业金融服务体系，以更好地改进和加强农村金融服务；以融资租赁为例，其定位为与实体经济结合最为紧密的一种投融资方式，是推动产业创新升级、拓宽中

小微企业融资渠道、带动新兴产业发展和促进经济结构调整的积极力量；以互联网金融为例，其定位为对促进小微企业发展和扩大就业发挥现有金融机构难以替代的积极作用，在满足小微企业、中低收入阶层投融资需求，提升金融服务质量和效率，引导民间金融走向规范化，以及在扩大金融业对内对外开放等方面发挥独特功能和作用。尽管不同类型中小金融机构各自的定位略有差异，但总体均是要构建形成独具特色的经营模式，在与大型金融机构的竞争中寻找差异化的空间，从而谋求长远的发展。

发达国家的经验表明，中小金融机构的上述定位是可实现、可达成的。以美国为例，该国不仅有位居世界前列的大型金融机构，也存在数量众多、各具特色的中小金融机构。这些中小金融机构在促进地方发展、缩减地区经济差异和支持实体经济方面发挥着重要作用。欧美国家在这一领域的成功实践，为我国发展本土中小金融机构提供了可借鉴的经验。

发展融资租赁的政策导向与环境

根据《世界租赁业发展报告》，2013—2015 年，发达国家融资租赁的市场渗透率（指租赁交易总额占固定资产投资总额比例）为 22% ~ 40%，逐渐成为与银行信贷、证券并驾齐驱的三大融资工具，而同期的中国为 4.7% ~8%。从发达国家经验看，发展类似融资租赁的中小金融机构，对于丰富金融工具、支持产业转型升级是有价值的。根据美国设备金融基金会（ELFF）发布的《设备金融行业发展报告》，2021 年美国设备金融新增业务额达到 1.16 万亿美元，其中约有 61.8% 是通过租赁、抵押贷款、信用贷款等融资方式进行的，38.2% 是通过现金购买和信用卡支付等方式。其中租赁在融资方式中占比 26%，是私营部门设备和软件投资过程中最常用的融资方式。

借鉴发达国家经验，为鼓励和促进融资租赁在我国的发展，国家颁布了一系列政策对于融资租赁应发挥的作用与价值予以明确。2013 年，商务部印发《融资租赁企业监督管理办法》，指出融资租赁直接服务于实体经济，在促进装备制造业发展、中小企业融资、企业技术升级改造、设备进出口、商品流通等方面具有重要的作用，是推动产融结合、发展实体经济的重要手段。2015 年，国务院《关于加快融资租赁业发展的指导意见》，提到融资租赁在推动产业创新升级、拓宽中小微企业融资渠道、带动新兴产业发展和促进经济结构调整等方面发挥着重要作用。我国融资租赁行业覆盖面和市场渗透率远低于发达国家水平。该意见希望建立专业高效、配套完善、竞争有序、稳健规范、具有国际竞争力的现代融资租赁体系，引导融资租赁企业服务实体经济发展、中小微企业创业创新、产业转型升级和产能转移等，为打造中国经济升级版贡献力量。期望融资租赁业务领域覆盖面不断扩大，市场渗透率显著提高，成为企业设备投资和技术更新的重要手段；基本形成一批专业优势突出、管理先进、国际竞争力强的龙头企业，融资租赁业市场规模和竞争力水平位居世界前列。

然而从实际情况来看，我国的中小金融机构差异化和特色化经营模式的构建并未取得预期的成效。相当一部分的中小金融机构对其自身的市场定位并不明晰，主要采取跟随型策略，在产品类型和服务方式上没有特色，业务发展与大型金融机构基本趋同。此外，部分中小金融机构不仅未实现特色发展，反而成为金融乱象发生和金融风险积聚的主要领域。

从我国中小银行与美国中小银行 2022 年部分数据对比情况来看：

第一，我国中小银行总体体量与大型银行仍存在一定差距。2022年末，美国中小银行的资产规模占比为44%[①]，与大型银行具有近乎同等重要地位与影响力；而同期我国以城商行、农村金融机构为主体的地方中小银行在银行业中的占比仅为26.6%[②]，仍然是大型银行的补充。

第二，中小银行风险防控面临较大挑战。2022年第二季度人民银行对4398家银行业金融机构开展央行金融机构评级。根据评级结果，共有316家高风险机构，其中，城市商业银行中有10%的机构为高风险机构；农合机构（包括农村商业银行、农村合作银行、农信社）和村镇银行风险最高，高风险机构数量分别为186家和103家[③]。2022年末，我国大型商业银行不良贷款率为1.33%，而城商行为1.85%，农商行为3.22%。在经历2008年国际金融危机后，美国中小银行一度大量退出，总体数量缩减近一半。但在近五年，美国中小银行不良贷款率逐渐趋稳，保持在0.70%~1.34%，资产质量甚至优于大型银行[④]。

为什么中小金融机构的实际发展与期望定位偏差如此之大？一方面，众多中小金融机构设立期间，适逢我国金融高速增长期。我国高速发展的经济和金融环境，为中小金融机构提供了充足的生存和发展空间。部分中小金融机构沉浸在时代“涨潮”的红利之中，忽视自身能力建设，在后续市场竞争中逐渐被淘汰。另一方面，面对大型金融机构的竞争，部分中小金融机构在发展中，没有找准自身的差异化定位，依赖“沾亲带故”的关系营销、监管套利、政策红利等捷径，偏离了应有的定位、功能和作用，未能真正构建起核心竞争力。

---

① 资料来源：美国FDIC。

② 资料来源：国家金融监督管理总局，城市农商行和农村金融机构均为13.3%。

③ 资料来源：人民银行《中国金融稳定报告（2022）》。

④ 王蕊同，阮鹏飞，孙天琦．美国银行机构经营绩效比较［J］．中国金融，2021（10）．

我国融资租赁行业近十年的发展，可以典型地反映出这一状况。

2013—2015 年是我国融资租赁企业数量增长最快的 3 年。2012 年共有 619 家融资租赁企业登记在册，而 2013—2015 年登记在册的融资租赁公司分别为 1086 家、2045 家、3615 家[①]，年复合增长率 80%。新设的租赁公司大部分为外资融资租赁公司：2014 年新增融资租赁企业 959 家，其中中外合资融资租赁公司占 930 家[②]。融资租赁企业，尤其是外资融资租赁企业注册数量大幅增长的主要原因如下。

一方面，设立门槛较低。相较内资融资租赁公司，外资融资租赁公司设立门槛较低。2013 年，商务部发布《关于加强和改善外商投资融资租赁公司审批与管理工作的通知》，设立外资融资租赁公司的最低注册资本为 1000 万美元，其中外商投资比例不低于 25%，也就是 250 万美元，就能视同于一般外资企业。而同期设立内资融资租赁公司的最低注册资本为 1.7 亿元人民币，且采取试点制，使其准入门槛较高。

另一方面，享有特殊的“政策红利”。2014 年国家外汇管理局发布《跨境担保外汇管理规定》，大幅度地简政放权，通过取消或缩小跨境担保的登记范围，厘清跨境担保的外汇管理范围和监管责任边界。新设立的外资融资租赁公司可以在 10 倍净资产的外债额度内[③]，较为便利地向境外融通低成本资金，再向境内企业提供资金支持。当时，境内外融资成本存在较大差异，这“一进一出”之间就有约 2% 的“利差”存在，加之当时人民币单边升值带来的“汇差”，以及融资租赁享受差额征税

① 资料来源：商务部《中国融资租赁业发展报告（2014）》《中国融资租赁业发展报告（2015）》《2015 年融资租赁行业运行情况分析》。

② 资料来源：商务部《中国融资租赁业发展报告（2015）》。

③ 资料来源：《国家外汇管理局关于完善外债管理有关问题的通知》（汇发〔2005〕74 号），《外商投资租赁业管理办法》。

政策带来的“税差”，“三差”合计对于收益的影响为3% ~4%。

也就是说，一家公司通过设立外资租赁公司，就能以较低成本享受“三差”政策，就能够实现3% ~4%的“无风险套利”。而2014年，四大国有商业银行中净息差（贷款利率－存款利率）最高的农业银行为2.76%[①]。这种情况，就如同在暴雨期间，由于水位的上涨导致江河湖塘中的鱼被冲至城市的街道上，即使不具有熟练捕鱼技能的人，也可以捞到鱼。

但“三差”只是某一个历史阶段、某一个经济时期的特殊情况，不是融资租赁公司长期稳定的价值所在。就像人们能够轻松地在街道上捞到鱼一样，注定不是常态，短则三五天，长则十天半个月，积水总会退去。随着政策红利的退去，未建立差异化优势的融资租赁企业在市场竞争中会被逐渐淘汰。时至2016年，随着内保外贷政策的收紧以及“营改增”的实施，大量融资租赁企业被“大浪淘沙”，其首要原因就是没有找到自身的差异化定位，不具备长期的稳定价值，难以应对市场竞争。

从以上分析不难看出部分中小金融机构依赖政策红利，忽视自身能力建设，是最终被市场淘汰的原因。同时，还有相当一部分中小金融机构虽然未被市场淘汰，但明显偏离了应有的定位、功能和作用，错失了金融高速发展背景下可从容构建自身核心竞争力的窗口期。

以表外业务为例，2014—2015年，大量中小银行利用表外业务、同业业务将信贷资金违规投向房地产、地方政府平台等领域。根据人民银行发布的《中国金融稳定报告》，2014年末，银行业金融机构表外业务（含委托贷款和委托投资）余额70.44万亿元，相当于表内资产规模的

① 资料来源：《中国农业银行股份有限公司2014年报（A股）》。

40.87%；同时，至2016年末，银行业金融机构表外业务余额253.52万亿元（含托管资产表外部分），相当于表内总资产规模的109.16%。短短两年时间，表外业务增长近2.6倍，替代表内业务，成为商业银行最主要的业务。表外业务资金相当一部分流向了地方政府平台和房地产企业，推动金融风险激增，导致违约事件大量爆发。表外业务的无序发展势头直到2017年才被遏制，2016—2017年，人民银行将表外理财纳入广义信贷计算，原银监会发布《关于银行业风险防控工作的指导意见》《关于开展银行业"监管套利、空转套利、关联套利"专项政策的通知》等系列通知，使表外非标业务逐步向标准化业务转型。

在金融监管日益加强以杜绝监管套利的当下，一些尚未形成自身独特竞争优势的中小金融机构，不得不直面大型金融机构的市场竞争。客户群体下沉带来经营风险上升，以往未受到足够重视的风险管理体系和能力薄弱的问题开始逐渐显现，导致风险频发。

可以说，在金融市场竞争激烈的客观背景下，部分中小金融机构"走捷径"的主观选择，导致中小金融机构偏离了应有的定位和价值。那么，中小金融机构究竟如何才能长期生存，实现自身的应有定位和差异化优势？其长期的、稳定的、可验证的价值又在何处？

第二节
关于中小金融机构价值实现路径的探讨

（一）中小金融机构价值实现的可选路径

正如前文所述，随着金融市场的深度调整，没有核心竞争力的中小金融机构将越发难以生存。而作者认为中小金融机构构建核心竞争力、实现独特价值必须坚持专业化。原因在于，相较大型金融机构，中小金融机构的资源较为有限，资本规模、资金成本、网点数量、信息系统等存在较大差距，难以复制大型金融机构的经营模式以实现规模优势。所以，为了能够在激烈的市场环境中拥有一席之地，中小金融机构必须集中资源和精力，在某一特定领域持续构建和强化专业能力，塑造出区别于其他机构的专业特色。

谈到专业化能力，其外在表现和内在要求分别又是什么呢？专业化的外在表现体现在专业程度上的差异。对金融机构而言，专业化能力最终表现为对某领域的认识，不断深化专业能力，并形成明显的专业优势，而不仅是其他机构普遍掌握的基础知识。就好比四则运算是数学知识的组成部分，然而仅仅掌握四则运算的人，并不足以被认为精通数学，因为数学这门学科所涵盖的不仅仅只有四则运算，它是一门涵盖极其广泛的主题和概念的学科，因此，精通数学意味着具备深厚的理论基础与深刻的理解，同时，具有能够有效进行实践与应用的综合能力。与之对应，专业化的内在要求是专注，因为专业化能力的形成需要持续不断的学习和积累。这就意味着，金融机构需要将资源和精力集中投入到某一个具体领域，耐得住寂寞，扎得下心思，在专业化的道路上锲而不舍。好比一则寓言故事，两个人在挖井，假设地质水文条件相同，其中一个人频繁更换挖掘地点，每处都浅尝辄止，结果是数十个浅坑均未见水；另一个人则做法迥异，他选准一个位置专注不懈地向下挖掘，直至水源涌现。只有心无旁骛、锲而不舍，向纵深挖掘，才能实现从量变到质变的飞跃。

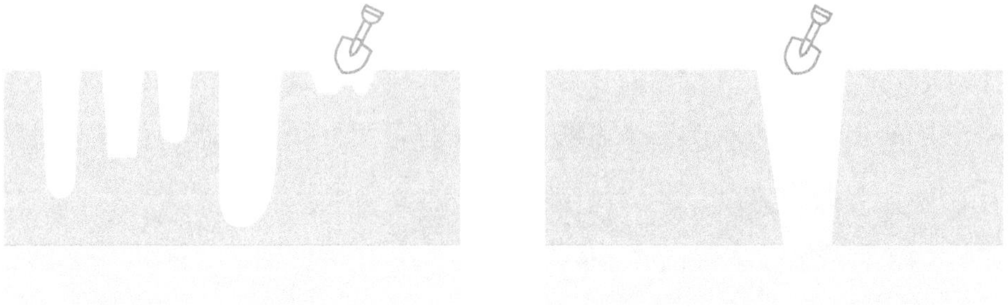

另外，专注和专业之间是什么关系？专注是专业的前提和保障，专注能助力形成专业程度上的差异。一家金融机构持续保持专注，可以确保在该领域的知识和技能的持续更新和精进，并不断在某个领域构建专业化能力，进而维持并发展其专业性；同时，专业能力提升会形成对专业的良性反馈，金融机构通过在某个领域专业化，就能形成差异化特色，使它专注的价值得到验证，让其更坚定地保持专注。由此可见，专注和专业是相辅相成的，通过专注并不断构建专业能力可以提升专业水平，而专业水平提升带来的回报也有助于更好地专注。

谈到具体的专业化策略选择，对金融机构而言，专业化能力可进一步细分为行业专业化、产品专业化和区域专业化。金融机构选择哪种专业化取决于综合考虑机构定位、业务特点、资源禀赋等因素之后的判断决策。比如村镇银行，其定位为服务当地中小型企业和农户，更适合区域专业化；融资租赁公司以机器设备等各类资产为载体，具有“融物”属性，与实体产业联系紧密，更适合行业专业化。三种专业化各有特点，都是中小金融机构实现独特价值和差异化发展的可选路径。

1. 区域专业化

金融机构区域专业化的典型代表是社区银行。“社区”并不是一个严格界定的地理概念，既可以指一个市、县，也可以是城市和乡村居民的聚居区域。凡是资产规模较小、主要为经营区域内中小企业和居民家庭服务的地方性小型商业银行都可称为社区银行。社区银行源于美国，现已有150多年的历史，其数量占美国全部银行总数的90%以上，是美国社区金融服务领域的主力。

通过区域专业化实现差异化发展的范本是富国银行（Wells Fargo）。富国银行以社区银行为核心，主要面向中小企业和居民家庭，提供方便快捷的金融服务。富国银行在美国社区居民的主要集散地设立了超过8000个网点，网点布局更注意拾遗补阙，填补金融市场空白。目前，富国银行已经为美国超过1/3的家庭提供服务，成为美国唯一一家获得AAA评级的银行。

社区银行长期根植某个社区，其股东、员工大部分都是当地居民，非常了解社区情况，熟悉当地居民的人品信誉、消费习惯、家庭成员、社会关系；了解当地企业的经营状况、企业形象，甚至企业近期的订单情况、加班情况、工资发放情况等。这些区域化的信息优势使得社区银行的信贷决策更高效、更准确。

对居民或企业而言，相较大型银行，社区银行的独特价值主要体现在其能够为当地居民或中小企业提供方便快捷，量身定制的金融服务。比如，对于当地中小企业，社区银行能够简化贷款办理程序、减少贷款审批环节、缩短贷款审批时间，及时满足企业资金需求。甚至对于大型银行要求提供抵押或担保的中小企业，社区银行也能基于对企业家能力、人品的了解提供信用贷款。此外，社区银行还能提供便利化的非金融服务，比如提供失物招领、快递寄存、金融课堂等便民服务，充分融入社区，成为社区生活的重要组成部分。依托扎根社区的策略，社区银行在金融体系中拥有其独特的位置，形成了较大型银行的差异化竞争优势，凸显了区域专业化战略的价值所在。

2. 产品专业化

产品专业化主要是指金融机构将某类金融产品或服务做到极致，比如财务咨询、私人银行服务等。以私人银行服务为例，随着经济的发展和人们收入水平的提高，财富管理已经逐渐成为一个备受关注的领域。私人银行是财富管理市场的重要参与者，主要针对高净值客户提供投资规划、顾问咨询、财富管理、财富传承等综合金融服务。私人银行起源于瑞士，瑞士著名的私人银行包括瑞士宝盛、隆奥和EFG国际等，都是专门从事私人银行的金融机构。

私人银行本质是财富管理，竞争壁垒不在于银行资产规模、门店装修风格、柜员服务态度等，而在于提供专业的、差异化的财富管理产品。以红酒投资为例，相较股票、基金，红酒投资是非传统的财富管理方式，法国兴业银行借助独特的红酒渠道与资源优势，形成了有别于其他私人银行的特色产品和服务。产自法国波尔多、勃艮第等著名产酒地区的红酒，由于品质较好，且非常稀缺，具有很高的升值潜力。但在购买、鉴别、保存、运输等方面门槛同样很高，并不适合高净值人士直接投资。法国兴业银行具有独一无二的红酒采购渠道，配套专业的红酒鉴定师和市场分析师，并能提供运输、保存等全链条服务。以此为支撑，法国兴业银行的私人银行服务构建了竞争壁垒，逐渐成为高净值客户在红酒投资领域的首选机构。这就是产品专业化的价值，也是中小金融机构的可选路径之一。

3. 行业专业化

除了区域和产品，行业也是专业化策略的一个可选维度。但相比于区域和产品专业化，金融机构在行业专业化的实践和案例相对较少。结合本书编写机构十年以来的实践与探索，作者认为行业专业化，同样是中小金融机构长期生存发展、实现独特价值的可选路径。

一方面，行业的专业门槛较高。“行业”的本质是基于产品生产知识和技术方面的差异所产生的专门化分工，因此不同的知识和技术构成了行业间的专业门槛。这其中，战略性新兴产业等创新驱动型行业专业门槛更高。战略性新兴产业是指以重大前沿技术突破和重大发展需求为基础，对经济社会全局和长远发展具有重大引领带动作用的产业，节能环保、新一代信息技术、新能源、新能源汽车等都属于战略性新兴产业。相较食品加工、纺织服装等传统产业，战略性新兴产业知识技术更加密集。以新能源汽车产业中的动力电池为例，动力电池包括锂离子电池、镍氢电池、铅酸电池等，每种电池的技术路线和生产原料存在很大差异。金融机构决定是否对动力电池生产线提供投融资时，必须深入分析并理解其中的复杂性，包括技术路线、生产工艺、生产原料、产线投资、生产成本、市场前景等做一系列的专业评估与判断。金融机构对行业越了解，越具有把控风险的能力，也越能提供有竞争优势的产品和服务。

另一方面，部分行业发展空间广阔，有大量的金融需求。固定资产贷款主要用于支持企业固定资产投资项目，如厂房、设备、基础设施等。因此，固定资产投资额除了反映投资规模和速度外，也是反映金融需求的重要指标。以电力行业为例，2022 年我国全社会固定资产投资总额 54 万亿元，其中电力行业累计完成固定资产投资额 1.2 万亿元，电源工程投资 7208 亿元；电源工程中光伏、风电电站投资超过 5000 亿元。与此同时，新能源行业作为经济可持续发展的重要领域，具备巨大的发展前景，未来新能源电站开发建设的融资需求会进一步上升。

对选择行业专业化路径的金融机构而言，在选择行业方面，行业专业门槛是主要的，行业的发展空间是次要的。这是因为从行业实际发展情况来看，行业专业门槛是相对稳定的，金融机构需要长时间学习、积累才能够称得上深入了解某一行业，并提供与之适配的产品与服务，一旦竞争壁垒形成，是难以被模仿或复制的。而行业发展是变化的，过程也是伴随波动的，即使拥有可预期的广阔发展前景，准确预判其实现的具体时间点仍充满挑战。这种不确定性表明，尽管在行业发展初期，市场规模可能并未充分体现，但对于行业专业化的金融机构而言，其仍然能够发掘出有效的市场空间和存在价值。况且，通常那些专业门槛较高的行业，往往蕴含着更为丰富的发展潜能。

绿色低碳转型背景下的光伏行业发展空间

2010 年，国务院发布《加快培育和发展战略性新兴产业的决定》，将包括新能源发电在内的新能源、新材料、新能源汽车等七大行业作为战略性新兴产业，将上述产业定位为我国的先导产业和支柱产业。2013 年，国务院发布《关于促进光伏产业健康发展的若干意见》，提出光伏产业是全球能源科技和产业的重要发展方向，是具有巨大发展潜力的朝阳产业，也是我国具有国际竞争优势的战略性新兴产业。2014 年，原银监会发布《促进银行业支持光伏产业健康发展的通知》，提出银行业金融机构要理性对待我国光伏产业发展中面临的阶段性困难，不能采取“一刀切”的信贷政策。

在当时光伏发电行业虽是能源绿色转型的重要方向，产业发展前景并不明朗，适逢光伏制造行业的全面洗牌，很多光伏制造龙头企业已经破产或濒临破产。与如今新能源行业“众星捧月”不同，光伏发电行业发展面临极大的困难，即使有国家政策补贴，也并不被看好。

随着社会发展进步，可再生能源替代传统能源或绿色低碳转型已经逐步成为全社会共识。光伏发电行业发展空间逐步打开，从光伏电站年投资额来看，从 2014 年不到 200 亿元，到 2015 年接近 400 亿元，再到

2022 年已经超过 4000 亿元。行业快速的发展以及广阔的发展前景，为类似本书编写机构等聚焦新能源发电行业的中小金融机构提供了足够大的生存空间。

如果行业发展空间广阔和专业门槛较高，是不是意味着采用行业专业化策略的中小金融机构一定有生存空间或存在价值？答案并非绝对。这个结论包含着一个重要的前提假设，就是大型金融机构一般不会选择深入地进行行业专业化，这个前提假设是否成立，需要展开分析。

（二） 中小金融机构行业专业化的空间和机会

大型金融机构资金实力雄厚，承担着服务国家战略和推动国民经济发展的责任，为不同行业提供大规模的资金支持，是经济和产业发展的重要金融支持力量，商业银行更是被誉为“百业之母”。“百业”也并不足以概括大型金融机构服务对象的数量，更不足以准确刻画大型金融机构实际经营的复杂性。我们将围绕我国行业两个具体特点就此进行讨论。

第一，行业分类众多。我国的行业大类包括农林渔牧业、采矿业、制造业、电力热力、建筑业等，每个行业大类又可以进行细分，比如电力包括火力发电、水力发电、核力发电、风力发电、太阳能发电、生物质发电等，行业跨度相当之大。按照《国民经济行业分类》，我国行业共包含 20 个门类，97 个大类，473 个中类和 1382 个小类，即使剔除限制类和淘汰类行业，根据《产业结构调整指导目录（2019 年本）》中所述仍涉及 48 个鼓励类行业，539 条鼓励类条目。

第二，行业差异较大。不同行业的风险特征、融资需求、客户群体等存在较大差异。以风险特征举例，农业面临的风险包括自然灾害、市场波动、病虫害的影响等；而汽车制造行业面临的风险包括政策调整、技术创新、市场需求不确定性等，这些与农业领域的风险特征有着本质区别。同时，这种差异不仅存在于行业间，还体现在行业内。同一行业的细分领域的风险特征也同样存在差异，比如新能源汽车和传统燃油车，两者虽都属于汽车行业，但彼此的技术、市场、政策风险天壤之别，甚至存在替代效应，新能源汽车在市场上受到青睐时，可能会导致燃油车销量出现相应的下降。

行业的上述特点极大地增加大型金融机构风险防控的难度，对大型金融机构广泛地跨行业经营提出了巨大挑战。为了在履行支持国民经济发展职责的同时，保障自身经营安全，我们不妨对于大型金融机构应对上述问题的一般做法进行一下探讨。

针对不同行业，大型金融机构会根据行业技术、市场、政策等制定差异化的项目与风险评价方法。以项目融资业务为例，大型银行会根据多年的经营实践和研究，编制专门的评审手册或信贷手册。一般而言，评审手册包括项目融资的基本方法和分行业的评审重点，前者概要介绍评估项目基本情况、投资金额、市场前景、贷款期限的一般方法；而后者会列示每个行业大类的评审内容和要求，比如汽车行业的评审内容包括常见的政策、技术、市场风险，客户和项目准入要求，风险防控措施等，每个行业大类有 3 ~4 页纸的内容，整个评审手册总计数百页，内容非常详尽。此外，针对重要的行业，银行一般还会制定更为详细的评审或信贷指导意见作为补充。

大型银行经营实践和研究形成的评审手册，能够为不同行业的项目融资提供决策参考。然而，即使配备了包括这一手册在内的相关指导性工具，银行在面对种类繁多的细分行业时，仍难以实现对于各个行业的深入了解。如果对于每个细分行业都按相关模块进行详尽列示，比如在发电行业下分别列示火电、水电、核电、风电、太阳能、生物质能的技术、市场风险和评估方法，那么评审手册将变成一套几千页的“百科全书”。进一步而言，变成一套“百科全书”在技术上或许并非难事，难的是谁来承担这一重任，又如何让信贷部门、风控部门和决策机构等关键职能单元及其成员能够有效掌握这套书的内容。更何况，随着时间推移和产业发展，这套百科全书的内容还需要进行及时的动态调整。即便对商业银行的运营模式缺乏深入了解，也可以很容易地判断出这样的做法并不经济，没有一家银行会将从业人员培养成为百科全书式的专家，这样会导致银行承担与实际收益不成比例的管理成本和内部沟通成本。

因此，对于大型银行而言，一种合理且常见的做法是对于客户和项目进行优选，尤其是在客户方面，只有满足一定条件的客户才具备开展融资业务的资格。以某大型银行新能源发电行业信贷指导意见进行分析：

该银行对新能源发电行业的总体信贷策略是：采取适度进入，择优支持的信贷原则。即在综合考虑上网条件、工程造价、股东实力等因素的基础上，优选客户和项目。风电方面，择优支持风力资源较为丰富、电网接入和消纳条件较好的地区的风电项目。

风电项目准入标准。

股东方面：项目控股股东具有×年以上风电场建设运营经验，原则上上年利润总额不低于×亿元，近两年资产负债率不高于×%。

项目方面：原则上机组年利用小时数×小时（含）以上。

风电项目客户分类标准。

重点陆上风电客户：(1) 近两年企业资产负债率不高于×%；(2) 项目装机容量×万千瓦（含）以上，机组年均利用小时数原则上×小时（含）以上；(3) 近三年连续盈利（拟在建项目除外）。除重点客户之外的其他客户为审慎类或退出类客户。

从上述内容可以看出，大型银行会分别设置客户和项目的具体要求，比如在客户准入方面，主要是对借款人及其股东的财务数据、历史经营、资信情况等设置具体的要求。如果A公司想投资建设风力发电站，无论该电站本身规模大小，按照这家商业银行的规定，2022年我国已经上市的18家风电企业中符合要求的仅有6家。

在设置客户和项目准入标准的基础之上，大型银行通常还会要求客户提供保证担保，用于缓释贷款风险。

继续以上述银行信贷手册要求为例，对于项目融资，一般要求提供保证担保，当借款人或者项目不能履行到期债务时，保证人代为清偿。该银行以保证额度测算保证人的担保能力，保证额度＝N×所有者权益－已为他人提供的各类担保余额。N为信用等级调整系数，不同信用等级对应的系数不同。为了理解便利，可以简化成保证额度＝所有者权益。

上述内容意味着，如果一家公司想投资建设5亿元的风电项目，那么这家公司自身或者其股东得具有5亿元的担保能力，即所有者权益达到5亿元。

从大型银行主责主业和安全经营的角度出发，其承担着支持产业发展的金融主力责任。面对成百上千的行业，设置较为严格的准入与评价条件，优选客户与项目，可以降低因行业差异带来的风险防控难度，是一种合理且经济的选择。但从支持产业发展的角度出发，这种方式并非没有缺点，比如上述案例中大量净利润达不到大型银行准入标准的其他企业如何去解决其融资需求呢？优选客户和项目可能会使得产业中部分细分领域和部分企业群体很难获得大型银行的资金支持，甚至可能面临融资渠道的缺失。

以水电行业的融资为例，水电是我国重要的可再生能源，按照装机规模可分为大型水电站和中小型水电站[①]。大型水电站，一般由中央企业，国有企业或者大型民营企业开发，开发性金融机构、政策性金融机构、国有商业银行等大型金融机构能够提供低利率、大规模、长期限的融资支持，例如三峡水电站总投资 2500 亿元，主要是由大型金融机构通过组建银团的方式提供资金支持。但除了大型水电站，我国水电装机构成中还有相当一部分的中小型水电站。根据水利部公布的数据，截至 2020 年，我国建成农村水电站（均为中小型水电站）43957 座，装机容量 8133.8 万千瓦，占我国电力装机比重的 3.7%[②]。

与大型水电站相比，中小型水电站有自己独特的价值。我国水资源较为丰富，但存在区域与时间上的分布不均的问题，而中小型水电站是有效解决此问题的途径之一。中小型水电站不仅能够提供发电、灌溉、供水、景观等功能，还可以带动区域内的农村集体经济发展。但由于中小型水电站一般由中小民营企业开发，无论是电站装机容量，还是实控人担保能力，都很难达到大型金融机构的要求，导致长期以来其融资需求几乎无法得到有效满足。

在其他行业之中，不乏如中小型水电站这类难以获得金融支持的行业细分领域，比如新能源发电领域的分散式风电和分布式光伏，同样是我国新能源开发利用的重要方向之一，对于有效开发利用太阳能、风能资源，甚至推动乡村振兴都具有显著价值，应当获得金融相关的支持。

① 根据水利部印发的《水利水电工程合理使用年限即耐久性设计规范》，装机容量 30 万千瓦及以上的水电站为大型水电站，5 万千瓦（含）至 30 万千瓦的水电站为中型水电站，5 万千瓦以下的水电站为小型水电站。

② 资料来源：水利部农村水利水电司《2020 年农村水利水电工作年度报告》。

针对大型金融机构难以覆盖的金融需求，尤其是那些对于产业发展非常有价值的金融需求，由谁来解决？从填补金融服务空白地带及提高金融支持可获取性的定位上来看，该问题的答案即是中小金融机构。然而，一个值得进一步探讨的问题是：为何在某些业务领域，大型金融机构未能触及的服务，中小金融机构却能够提供？显然，提升行业内金融服务的可获得性并非取决于金融机构的规模，关键在于其对特定行业的专业化程度；作者认为这种基于行业专业化提供的金融服务，可以称为产业金融。同时，作者也认为产业金融能够给金融机构带来对行业更深的理解、更高的视野，以及长期、稳定、可验证的价值；相对中小金融机构而言，大型金融机构的行业地位和责任使命，在推行行业专业化方面可能会经历更复杂的考量，因此其一般更难进行行业专业化。基于此，产业金融及其所蕴含的行业专业化策略，对于那些致力于打造核心竞争优势的中小金融机构而言不失为一种极佳的选择。

第三节 产业金融的含义、特征和价值

（一）产业金融的含义和特征

1. 关于产业金融含义的探讨

如今，绿色金融、普惠金融、数字金融以及产业金融都是被广泛讨论和应用的金融领域词汇，其中有一些概念有较为明确的出处和规范的定义。比如绿色金融，其源于人民银行 2016 年发布的《关于构建绿色金融体系的指导意见》，具体是指“为支持环境改善、应对气候变化和资源节约高效利用的经济活动，即对环保、节能、清洁能源、绿色交

通、绿色建筑等领域的项目投融资、项目运营、风险管理等所提供的金融服务”；又如，普惠金融，由联合国在2005年提出，具体是指“以可负担的成本为有金融需求的社会各阶层和群体提供适当、有效的金融服务”。

而产业金融虽然也是高频词汇，却从来没有规范的定义，也没有确切的出处。这种情况就好比汉堡包（Hamburger）起源于19世纪的汉堡（Hamburg），这种将烤肉夹在两片面包中间并佐以蔬菜和酱汁的食用方法很有特点，明显有别于当时欧洲其他地区居民的日常饮食习惯，而之所以汉堡包这一食品能够追溯，是因为其具有特定的历史和地域背景，并存在相关的记载。而盖饭是另一种情况，这种将各种菜肴或调味料盖于米饭之上的做法，在很多国家和地区都存在，但烹饪方式在不同的文化和地域中存在差异，因此很难找到一个明确的起源地和时间。产业金融就像盖饭，很难追溯，但其产生其实非常顺其自然。

产业金融是先存在形式再进行总结概括的一种金融服务，甚至最初的时候，所有支持实体产业的金融服务都能够称之为产业金融。同时，不同阶段、不同研究对产业金融的理解存在较大差异，过往对产业金融的理解包括“产业办金融”“产业集团财务公司”“专业银行”“政策性金融”“风险投资公司”等。既然没有规范统一的学术定义，我们想以一家中小金融机构的视角，基于我们展业过程中的理解和实践，用非学术的方式对于产业金融进行定义，在向读者传递我们对于产业金融的理解的同时，也便于本书后续相关内容讨论的展开。

作者认为“产业金融”是偏正结构，“产业”是修饰词，“金融”是中心词，“产业”进一步说明了“金融”的范围或领域，产业的风险和需求特征决定了金融服务方式和内容，产业金融是基于产业思维和视角，与特定产业相关的金融服务，是同时具备产业属性和金融属性的金融服务。其中“特定产业”是指某一具体产业，可以是能源电力、文化或汽车等任何一个行业。特定产业与金融服务的组合，比如能源电力金融、文化金融、汽车金融都属于产业金融。那么，大型金融机构为不同行业提供的金融服务属不属于产业金融？大型金融机构为能源电力、文化、汽车等不同行业提供金融服务，同样需要结合产业的风险特征和具体需求，则这类金融服务属于广义的产业金融。相较于聚焦于特定行业的行业专业化金融机构，大型金融机构对特定行业的了解和认识相对有限，因此很多大型金融机构已经或正在尝试通过成立事业部的方式，进行行业专业化经营。这些事业部通常会针对不同的金融领域或市场细分进行专门化运营，以提供更精准、个性化的金融产品和服务。回到本书对于产业金融的探讨，目的不是界定产业金融的边界，而是探讨金融机构如何构建和运用产业思维，在支持产业发展的同时实现自身的独特价值。因此，本书所想探讨的是狭义的产业金融，即基于行业专业化为特定产业发展提供的金融服务。按照这一方式提供产业金融服务的机构称之为产业金融机构。

2. 关于行业专业化的探讨

行业专业化意味着什么？又该如何理解产业属性？为了便于理解，作者先从一般实体企业而非金融机构的视角进行切入。A 公司为一家专门从事光伏电站投资建设的公司，持续将精力聚焦于光伏电站开发、建设、运营的各种专业知识的积累与应用。通过常年开发与经营光伏电站，A 公司对新能源行业有着深入的理解，充分掌握新能源电站行业政策、设备造价、电价趋势等知识，并具备丰富的电站 EPC、运维、设计、交易经验。A 公司能够运用这些知识和经验对是否投资建设光伏电站作出判断决策，并组织建设、管理和运维电站。在此条件之下，A 公司可以称为行业专业化的企业，其投资建设光伏电站主要是基于对新能源行业知识和经验的深入理解和掌握，而这些知识和经验是基于新能源行业的行业属性或特性，是区别其他行业的主要内容。因此，行业专业化的核心是对行业属性的深入了解，这种深入了解源于专注经营和专业积累。

而在具体经营层面，假设A公司想投资新建一座光伏电站，其需要依托对新能源行业属性的深入了解，基于行业思维、视角进行决策和建设。这个过程就是基于行业专业化能力，面向特定行业配置资源的过程。

现在再将视角转回至项目融资上，如果A公司自有资金不足以全额投资一座光伏电站，需要向一家专门为新能源发电行业提供金融服务的产业金融机构进行融资，面对这一投资资金需求，这家产业金融机构的做法会与A公司这一产业实体企业有何区别呢？产业金融机构决定是否给A公司的光伏电站提供融资，看似切换了主体，但其本质仍然是聚焦于该行业的经营主体基于其行业专业化能力，向特定行业配置资金的过程。在配置资金方面，两者仅有的差异或在于A公司配置的主要是自身的财务资源，而产业金融机构配置的不仅是自身的财务资源，还包括社会资本等其他金融资源。而想要最大限度地降低经营风险、获取合理回报、赢得股东等利益相关方的信赖，这家产业金融机构必须和A公司一样专注和专业，即基于对新能源行业的充分了解开展业务。换言之，产业金融机构和实体产业企业投资的逻辑起点与基础方法论相同，都是行业专业化。

当然，毕竟是不同的主体，那么产业金融机构和实体产业企业区别之处何在？不同于产业实体企业，产业金融机构属于金融机构，需要运用金融专门的知识和方法进行资源配置，将产业属性与金融属性进行转化和结合。以光伏电站融资为例，是提供债权融资产品还是股权融资产品；如果是债权融资，是提供项目贷款、EPC 融资还是抵押贷款？比如，在具体的交易结构上，如何就融资期限、融资比例、风险缓释措施等进行设计？产业金融机构需要通过基于对行业特征与需求的理解，在金融端就包括上述问题在内的金融产品或服务进行设计。也就是说，相比于实体产业企业，产业金融机构需要在行业专业化的基础上，进行金融专业化，即基于行业专业化的金融专业化。对于基于行业专业化的金融专业化的具体内涵本书后续章节会进行讨论。

概言之，作者认为金融机构聚焦行业、基于行业、面向行业，以产业实体企业投资的思维和视角，为特定产业提供金融服务，上述活动即称为产业金融。产业金融与产业金融机构具有以下几个主要特征。

第一，服务特定行业。产业金融强调服务对象的针对性和特定化，不是涉及多行业的金融服务，而是针对某个具体行业的金融服务。因此，产业金融机构通常聚焦行业、深耕行业，服务范围一般限于行业的细分领域或者上下游，经营模式是“农耕模式”，而非“游牧模式”。这意味着，产业金融机构开展业务不是凭兴致所致、浅尝辄止，而是在擅长的领域坚守与深挖。比如主要围绕新能源发电行业提供金融服务的产业金融机构，服务领域既可以从光伏发电向风力发电拓展，也可以向光伏发电的配套产业延展，但不会向新能源汽车生产线延伸。

第二，基于行业的金融专业化。产业金融是为行业提供的专业金融服务，其核心基础是行业专业化，是建立在对行业的深入了解之上进行的金融服务。产业金融机构对于市场需求、结构、前景、政策有比较全面、深入、稳定的认识和把握，能够有效地和产业实体企业就行业的特点进行探讨与研究。基于此，产业金融机构基于行业的金融专业化体现在围绕特定行业特征和需求，进行有针对性的产品设计、风险防控、资产管理等。比如，同样是评审手册，产业金融机构可以用三四百页内容透彻分析新能源发电的方方面面，知识体系也会随着该行业的变化及时更新。

第三，提供定制化服务。产业金融不是批量化、同质化的金融服务，而是定制化的金融服务。也就是说，产业金融机构能够针对行业不同细分领域不同个体需求，提供具有多样化和个性化的金融解决方案。比如，由于水电站和光伏电站投资回报期不同，产业金融机构针对两个行业提供的产品，并不会“一视同仁”。又如，在期限方面会做一定区分，并与投资回报期匹配。与此同时，定制化服务的基础是行业专业化，而不只仅考虑客户需求的差异。再如，光伏电站生命周期上限为25年，那么产业金融机构会根据客户需求和项目实际经济性情况，在电站生命周期之内灵活确定融资期限，但不会因为客户信用较好就提供30年的融资。

需要说明的是，产业金融的上述特点是递进关系，不是并列关系。正是因为产业金融机构专注特定行业，才能更深入地了解行业，进而运用专业的金融方法，对行业提供定制化和特色化的金融服务。同时对于金融机构而言，产业金融是一种选择，其并无特定的进入门槛；但实践产业金融能不能形成独特的价值，构成差异化优势，关键在于金融机构对于从事产业金融这一选择是否具备坚定的信念，并且是否能够长期坚持这一策略选择。

（二）产业金融的优势和价值

相较于支持产业的一般金融活动，产业金融除了能够提高产业内金融支持的覆盖度与可及性之外，是否还有其他优势，又有什么独特的价值？

第一，提升服务质量、适配行业特点。如前文所述，专业的、定制化的金融服务为产业金融的特征之一。这意味着，产业金融机构能够根据行业特征和需求提供个性化、多样化的服务，服务质量更高。从金融机构的核心功能资金融通来看，产业金融机构通过洞察产业投资规律和特点，能够提出与产业特性相吻合、满足产业需求的金融解决方案。例如，产业金融机构能设计出与产业投资回报周期相匹配的融资期限，通过这种精确的服务定制，可以最大限度地避免产业中投资与融资期限不匹配的问题。

产业金融解决绿色金融期限错配问题

2016 年中国人民银行等 7 部门联合发布《关于构建绿色金融体系的指导意见》，提出需要金融机构和金融市场加大创新力度，通过发展新的金融工具和服务手段，解决绿色投融资所面临的期限错配、信息不对称、产品和分析工具缺失等问题。

以其中的期限错配问题为例，根据某银行关于固定资产贷款期限的规定——贷款期限应根据借款人综合偿债能力、经营稳定性以及固定资产投资回收期等因素合理确定，一般不超过固定资产建设期加上 10 年。如果某一民营业主想要投资水电站，假设水电站建设期 2 年，则他通过这家银行贷款的最长期限就是 12 年，但水电站运营本身产生的现金流并不足以在 12 年内偿还银行贷款。这只是考虑一般情况，事实上如果该业主的企业规模不大，那么从银行融资的期限可能大幅短于 12 年，甚至项目融资期限仅有 3 ~5 年。

这样的资产运营期限与贷款期限之间的错配会带来什么后果？如果除了投资这座水电站之外，该业主所投资的其他主体经营情况较好，则可以有富余资金代偿对于水电站的贷款。但如果没有其他投资或者其他投资情况一般，那么由于水电站经营产生的现金流与各期需偿还贷款本息无法匹配，业主就需要考虑“拆东墙、补西墙”，寻找其他的融资渠道借款来偿还银行贷款。更进一步地，如果找不到其他融资渠道，那么该笔对于水电站的贷款就会被动面临违约。在整个交易结构中，期限只是一个很小的因素，期限错配看似也“无伤大雅”，但在现实生活中，却是企业流动性风险和金融机构风险的重要来源，由于期限错配导致企业经营风险，甚至破产的案例不胜枚举。

为什么会产生期限错配？主要是因为大型金融机构面对各行各业，很难深入了解不同行业的具体情况，而期限又是风险的重要影响因素，融资期限越长，贷款风险往往越大。缩短期限或者减少额度就是大型银行的合理选择，这从大型银行安全经营的视角是合情合理的。

而如果是一家专门从事电力行业服务的产业金融机构，非常清楚水电站的生命周期、技术特点、投资造价、回报情况等，就能够以产业的视角，基于水电站的情况为业主提供与水电运营期限和盈利情况相适配的融资支持。使得在融资期限内，需要偿还的本息可以与电站发电产生的现金流相匹配，最大限度地减少对业主其他资金的占用，避免“拆东墙、补西墙”情况的发生。

产业金融是定制化的金融服务，是一种更适合更匹配行业特性和企业需求的金融解决方案。产业金融带来的金融服务质量提升，不仅能够更好支持行业和企业发展，在这个过程中也保证了产业金融机构的合理回报、降低投资风险，并构成了产业金融机构的差异化竞争优势。

第二，顺应行业趋势、支持行业发展。产业金融机构专注特定行业，能够凭借深入的行业知识和对其发展规律的洞察，实现与行业发展趋势动态同步，进而更加有机地、自然地进入和支持行业中的新兴领域或创新发展。

产业金融机构对前沿领域的支持

随着人们生活水平的提升，人们对环境质量的要求越来越高，光伏发电和风力发电的发展受到越来越多的重视，已经成为主要的能源类型。2022 年，全国可再生能源发电量达 2.7 万亿千瓦时，占全部发电量的 30.8%；其中风电发电量 7627 亿千瓦时，占全部发电量的 8.6%；光伏发电量 4273 亿千瓦时，占全部发电量的 4.8%。也就是说，居民和企业日常生活使用的 1 度电中，有 0.13 度电来自风电和光伏发电。但风能和太阳能并不像煤电，是很不稳定的能源，比如光伏发电，下雨的时候发电量就会下降，天晴的时候发电量就会上升，什么时候下雨，什么时候天晴并不可控，存在波动性。但在需求端，用电是相对稳定的，与当日的天气变化关联不大。针对清洁能源电力供给的不稳定性，可以通过储能来进行调节，使风能和太阳能变成更加可控、更加稳定的能源。专注能源电力的产业金融机构，能合理预期储能是绿色能源发展的重要支撑，具有广阔的发展空间，从而在储能发展初期就开展持续、深入的研究，随着储能行业的技术路线、价格机制等逐步成熟，便能顺其自然地提供相应的金融服务。

相较其他金融机构，产业金融机构对于行业发展趋势有着更深入的理解，其能够在行业发展初期及时提供金融支持，为自身拓展一块未被竞争的“蓝海市场”，从而构筑起明确的先发优势。

第三，提供综合服务，引领行业发展。产业金融机构初期往往通过金融服务切入行业，了解行业的特点、知识和需求，提供金融服务。随着对产业理解的加深，产业金融机构就能逐步融入产业，成为产业中的重要环节，随后再逐步对行业施加影响，最后能够对行业发展进行引导，对行业发展方向、行业格局形成、业务模式演化发挥作用。上述设想之所以能够实现，是因为相比于具体的实体产业企业，产业金融机构具有一种更为宏观的行业视角，使它们能够超越单一企业的视野、经验和利益限制，站在整个行业发展的立场上，提供全面而综合的服务。如此一来，产业金融机构可在行业内便拥有强大且影响深远的力量。同样以聚焦新能源发电行业的产业金融机构为例，开始是为不同企业提供融资服务，在服务过程中不断积累技术、设备等方面的经验和知识，并在运用过程中得到市场的充分检验。这家产业金融机构后续可以以此为基础为客户提供专业咨询、技术改造、运维管理等“产业＋金融”的综合服务，摆脱常规息差模式的金融服务，在提升自身盈利能力的同时，引领行业发展。

产业金融机构在产业服务方面的价值

对产业而言，经验、技术的分享和应用非常重要。金融之所以对产业发展具有较大的影响力，是因为金融能够促进技术和经验的分享与应用。

产业金融机构和产业投资企业一样，都具有逐利性。这种逐利性，会驱使产业金融机构关注能够带来潜在收益的好方法或好技术。以风电场为例，专注新能源发电领域的产业金融机构在长期经营过程中，能接触不同企业不同场景的风电，掌握各区域风电发电数据情况。通过不断比较并总结经验，逐渐形成对于行业的专业理解，比如在什么地形用何种风机，以什么标准建设能够带来更大的效益。因此，产业金融机构在提供融资过程中，基于自身风险防范和盈利需要，就能为所融资的风电企业提供专业咨询建议。由于产业金融机构的服务对象是整个行业，相较于产业投资企业本身，它能够加速经验和技术的分享与应用，从而推动行业的健康发展；与此同时，这也为产业金融机构本身创造了更大的盈利空间。

第四，优化资源配置，降低经营风险。“只挣认知范围内的钱”这句俗语对于金融机构同样适用，金融机构如果不了解行业具体的风险特征，对风险缺乏行之有效的管理手段和方法，那么配置资金的过程就会演变成风险产生和积累的过程。产业金融机构聚焦特定行业，从而规避了多元化经营可能带来的额外成本和非专注领域风险认知不足所带来的潜在不确定性。此外，产业金融机构具备特定行业的深厚专业化知识，这也是其核心优势所在。因此，产业金融机构在区分有效与无效产业投资内容方面扮演着关键角色，其专注于为那些经济效益显著、与行业发展趋势相符的投资项目提供金融支持，同时减少对那些经济回报不佳、涉及淘汰产能的融资。这种做法优化了资源配置，在源头上减少了甚至规避了潜在风险。另外，相较其他金融机构，产业金融机构在特定行业具备更强的风险识别和管理能力，对于相应风险能有效地主动地进行应对和防范，进而保证经营安全。

产业金融在降低金融风险方面的价值

项目的市场量价分析是项目贷款风险评估中市场评审的重要内容。以 A 公司投资建设的光伏电站为例，发电量和电价直接决定了电站未来的营业收入，而电站的营业收入也是 A 公司偿还项目贷款的主要资金来源。因此，准确预测项目的发电量和电价对于金融机构非常重要，如果预测过于乐观并提供额度较高的融资，可能由于与项目实际现金流不匹配而难以收回本息，引发经营风险。

以电价为例。2013 年，光伏电站执行的标杆上网电价，根据各地太阳能资源条件和建设成本，将全国分为三类资源区，分别执行每度电 0.9 元、0.95 元、1 元的电价标准。随着光伏技术的更新迭代，光伏电站建造成本迅速下降，上网电价不再固定，而是各地根据（脱硫）燃煤电价收购。比如广东每度电为 0.453 元，湖南为 0.45 元，新疆为 0.25

元。而随着电力市场逐步开启市场化交易，光伏电站的发电量就像市场上普通商品一样，价格不再固定，而是会受市场供需的影响，不断波动。光伏电站上网电价从固定电价到区域电价，再到市场化电价的变化过程，使金融机构预测项目经济性与项目风险防控的难度不断增加，对金融机构行业专业化的要求也不断提升。然而，上述案例只是电价机制的极简模型，也仅是影响电站经济性判断的“冰山一角”。

产业金融机构借助其对特定行业深刻的洞察，具备了更科学、更精确评估项目经济效益的能力；此外，产业金融机构能识别并预测潜在的风险因素，有效地在产品、交易结构设计阶段就实施风险预防和管理措施，以此降低企业运营过程中的风险。

产业金融有助于在产业领域中扩展和深化金融服务的作用，为中小金融机构的可持续发展与价值创造提供了一条可选择的路径。然而，选择产业金融并获得差异化优势并非易如反掌，上述案例中产业金融机构“应该做到”或者“可以做到”更多的是基于道理的分析推演，存在很多的假设前提，而这些假设前提也构成了如何真正实践好产业金融的一系列问题，比如基于行业的金融专业化的方法论应该如何理解？基于行业的金融专业化，对于产业金融机构的业务拓展、风险管理、资产管理又意味着什么？对于上述问题在内的关于如何实践产业金融的内容，本书将在后续章节逐步展开讨论。

第二章

基于行业专业化的金融专业化

在上一章的讨论中，我们以中小金融机构的生存发展为起点，提出了聚焦行业、走产业金融的道路对中小金融机构而言是一个可行的选择。这种选择一方面有利于中小金融机构在相对有限的资源约束下，聚焦并围绕特定行业构建差异化竞争优势；另一方面也有利于更加有效地满足行业发展中合理的金融需求，实现更好的金融资源配置。

聚焦特定行业仅仅是产业金融机构展业的开始。金融机构是经营风险的商业机构，如何科学决策以有效防控风险，是其在业务开展中需要解决的核心问题。产业金融机构与其所聚焦的特定领域之间天然存在“信息差”，而“信息”在决策中扮演着至关重要的角色，产业金融机构所掌握信息的多少以及对于信息处理、运用能力的高低，代表着其对事物的认知水平。信息不仅是金融机构了解和认识市场需求的前提，也是金融机构筛选业务、评估风险和制订交易方案的基础。如何最大限度地消减信息不对称，是金融机构需要持续关注和解决的首要问题。

第一节
来自信息不对称的挑战

（一）信息的价值

由于不同领域具有其独特的专业性和复杂性，金融机构与其客户及客户所在行业之间天然存在“信息差”。金融机构不可能全面、全部地了解和掌握客户及业务涉及的所有信息。这种由信息不对称所构成的认知壁垒，将对金融机构在风险评估、决策制定和业务开展等方面造成诸多负面影响。

A 公司是一家成立时间不足 2 年、从事工程建设施工、无金融机构贷款记录的小型民营企业。2014 年，A 公司为满足自身经营发展需求，拟向金融机构寻求一笔债权融资，用于投资建设一座集中式光伏电站。

若一家金融机构从未接触过 A 公司及光伏行业，则意味着其对 A 公司的经营情况、财务状况、技术实力、市场前景等关键信息可能缺乏了解，对光伏行业的政策环境、市场趋势、技术动态等也可能缺乏深入了解，其与 A 公司及光伏行业之间将存在明显的信息差。这种信息差可能导致该金融机构难以对与 A 公司的债权合作进行准确的风险评估和定价，进而导致在审批融资时过于保守或过于冒险。这种信息差还可能会阻碍金融机构与客户之间的有效沟通。光伏行业具有一定的专业性门槛，比如对行业术语和特定概念不了解，金融机构将难以与客户就业务需求和风险点进行深入交流。这种沟通障碍可能导致金融机构与客户之间产生误解和不信任，致使金融机构与客户之间难以建立良好的合作关系。

面对信息不对称，金融机构要如何应对 A 公司的融资需求呢？这个问题我们将在本章中探讨解答。

信息不对称是金融活动中普遍存在的现象。当金融机构进入一个不熟悉的领域或与一家新客户合作时，信息不对称将表现得更为突出。新领域、新客户的信息就像一个“黑盒子”，对金融机构而言充满着未知和不确定性，而不确定性对于金融机构而言就意味着风险。面对信息不对称，金融机构犹如盲人摸象、管中窥豹，难以形成客观、全面的认知，容易导致在风险评估、决策制定和资金配置时出现偏差，增加潜在的损失和风险。

金融是经营风险的商业活动。“信息”在金融机构降低未知和不确定性、提升对于风险的有效识别与管理上起着举足轻重的作用。其一，信息有助于金融机构构建行业认知。随着不断发现和积累信息，金融机构对未知领域将逐渐获得更加透明和深入的了解。实质上，这种对未知领域的探索，是一个金融机构系统地消除不确定性的过程。随着信息的不断积累，金融机构的认知边界不断扩展并弥补原有认知的不足，从而可为业务的开展提供坚实可靠的支持。其二，信息有助于提升金融机构的决策效率和准确性。在复杂多变的金融环境中，决策往往需要基于大量的事实和数据。通过收集和处理信息，金融机构能够更准确地识别并评估风险、预测市场趋势、制定投融资策略以及优化产品设计等，作出更符合自身风险收益偏好的决策和判断。其三，信息有助于金融机构发现新的业务扩展机会。比如，基于对市场趋势信息的收集和深入研究，金融机构可能会发现某些新兴领域或潜在客户群体，从而调整其业务策略，拓展新的市场空间。

综上所述，信息无疑是金融机构不可或缺的重要资源。重视和利用信息、尽力消减信息不对称则是金融机构构建认知、识别并管理风险、实现长期发展的关键所在。在不断变化的市场环境中，金融机构需要始终保持对信息的敏锐洞察力，更高效地收集、处理和运用信息，并将其转化为有价值的商业判断和决策支持。

（二）产业金融机构的“信息差”

信息对于金融机构而言意义重大，金融机构在消减信息不对称的过程中，关键的环节是尽可能获取更完整、更有效的信息。但是信息具有数量多、复杂度高等特点，并且相互联系、相互交织，难以逐一甄别和细分。现实生活中能为人们所识别和掌握的信息往往只是“冰山一角”。

金融机构要掌握完整、充分的信息是极其困难的。

1. 信息的广度与深度

对于聚焦于特定行业的产业金融机构，在展业过程中如何消减信息不对称，又需要面对并获取哪些信息呢？可以这么说，那些与行业相关、可能影响行业发展的信息，都是产业金融机构需要了解的范围，本书将这些信息简称为“行业信息”。产业金融机构只有通过不断地收集、整理和分析一块块“行业信息”拼图，才能逐渐拼凑出完整的行业图景，从而更好地理解行业的全貌。为了便于理解，可以从宏观、中观、微观三个层面对产业金融机构所面对的行业信息范围作出简单的分类。

（1）宏观层面的信息

宏观层面的信息主要指对行业发展可能产生影响的外部因素，例如经济环境、经济指标、国际贸易关系、货币政策等。对于产业金融机构而言，长期关注宏观信息是必要的，这些信息不仅有助于其理解和掌握宏观经济变动对行业的影响力大小，还可以帮助其判断行业的整体趋势。在某些情况下，宏观因素的变化甚至可能对行业产生颠覆性的影响。

我国光伏行业在发展早期经历的几度兴衰都与宏观因素密切相关。以2011—2013年光伏制造业的行业风险集中爆发为例，2004年开始，在各国政府新能源补贴政策推动下，全球光伏产业进入了大发展阶段，我国光伏企业利用这一时机，迅速布局产业扩大产能，形成了包括高纯硅生产、太阳能电池及组件制造、光伏系统安装及相关配套产业在内的较完整的光伏产业链。如图2-1所示，光伏行业的产业链上中下游环节上的企业集合共同组成了光伏行业。

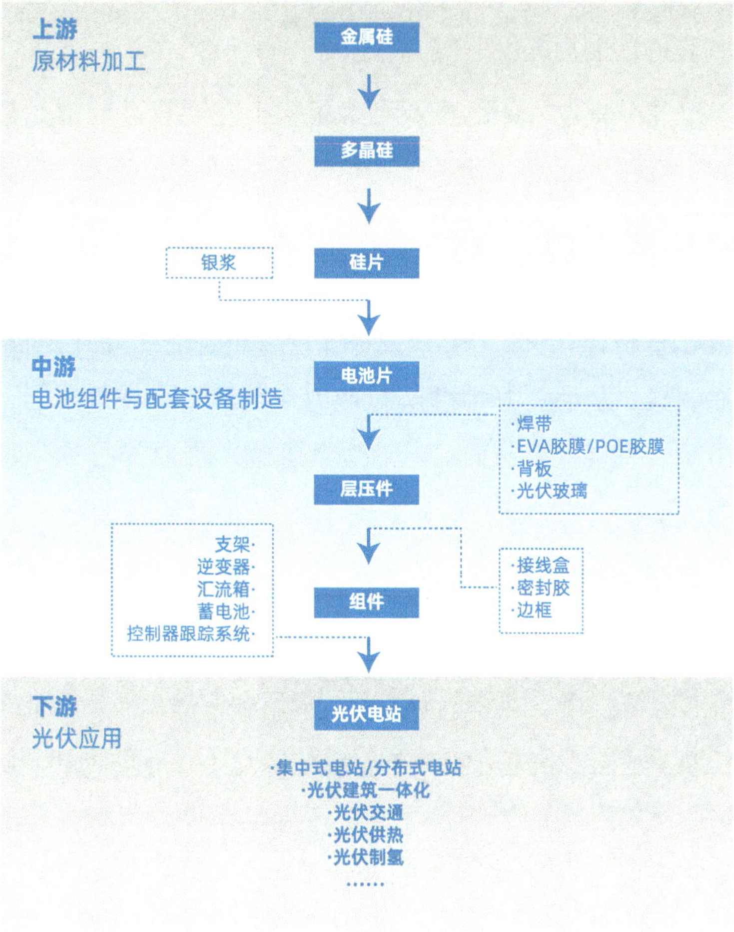

图 2-1　光伏行业的产业链

在2011年，我国光伏企业数达到260家，其中多晶硅企业达到60家；多晶硅产能超过16万吨，产量达到13万吨，约占世界市场份额的40%，几乎占据全球半壁江山。全球光伏产业在此期间获得的巨大利润空间和快速增长是以相关国家持续的政府补贴为前提的。而这种补贴随着产业的逐渐成熟、政府支付能力的减弱，也在逐步降低甚至取消。尤其是在2008年国际金融危机和后续的欧债危机之后，不少国家已经无力维持对光伏产业的有效补贴。在补贴退坡、金融危机等多种因素影响下，国际市场对光伏产品需求量急剧下滑，行业产能过剩的问题开始凸显。以出口为导向的我国光伏制造业遭到沉重打击，大量中小企业爆发风险、倒闭破产导致整个行业陷入危机。

彼时光伏行业的危机也冲击到了金融行业。在之前的光伏快速发展阶段，诸多金融机构为行业提供了大量融资支持。光伏行业的危机使不少银行机构，特别是中小银行承担了巨大的坏账和亏损压力。不少金融机构纷纷将光伏行业列入产能过剩领域，不再提供新增授信或干脆抽贷，金融业集体到了谈“光”色变的程度。

（2）中观层面的信息

中观层面的信息可以界定为与特定行业密切相关的信息或者动态，例如行业的政策法规、供需格局、价格走势、技术路线等。这一层面的信息含量最丰富，收集和分析难度最高，对产业金融机构构建行业认知影响最大。

以新能源行业为例，中观层面的信息包括以下几个维度（见表2－1）。

表2－1　中观层面的信息

维度	目的	内容
行业发展	了解行业整体发展现状及前景	如新能源市场的需求供应关系、新能源市场的总体装机容量、各类新能源技术的占比、行业发展历程、发展趋势、发展驱动因素等
政策法规	了解政策环境对行业发展的影响，以及潜在市场机会和挑战	如政府对新能源发展的政策导向，以及新能源电站开发、建设及运营全流程各环节的法律规定，国家及地方核准及备案政策、电价政策、用地政策等

续表

维度	目的	内容
盈利模式	了解行业的商业运营逻辑及各环节的收入来源	如各环节的业务开展模式、盈利模式、制约因素等
技术路线	了解行业的技术发展趋势，潜在的技术壁垒和竞争优势	如技术进展、专利情况、研发投入、各环节的成本及利润水平等
产业链上下游	了解行业的整体运作模式，以及与上下游企业的合作关系	如产业链上下游的原材料供应、设备制造、产品研发、市场销售等
市场竞争	了解行业竞争格局，以及潜在的市场机会和挑战	如主要市场参与主体情况、行业内各环节的竞争态势、供需格局、市场份额、产品线、战略布局等
投融资动态	了解行业的资金流向和投资机会，以及潜在的商业模式和创新方向	如与新能源相关的投资机构、投资方式、投资规模、融资规模、融资来源、流转机制等

表2－1中所列的仅是信息的大类，每一维度还可继续向下不断拆分出更多、更细的维度。通过对中观层面的信息进行系统的梳理、整合和提炼，通常可以找出其中具有代表性的共性内容，如行业规律、周期、趋势等。作者以光伏行业中的一组相对简单的信息为例，说明金融机构可如何处理、运用这些信息以发挥其意义和价值。

2022年，我国光伏行业的新增装机容量为87.41吉瓦，较2021年同比增长59.3%[①]。

以上信息仅是一组客观数据，反映了近两年我国光伏行业的整体发展情况，但是不同的信息接收方基于不同的认知水平或不同的交易场景，可能会得出不同的结论。例如一些尚未参与光伏行业投融资业务的金融机构，从这个数据里可能看到的是光伏行业的增长态势和市场需求

① 数据来源于中国光伏行业协会、赛迪智库集成电路研究所在2023年2月16日发布的《2022—2023年中国光伏产业发展路线图》。

的旺盛，可能会进一步结合自身的经营定位等考虑是否布局光伏业务。如果是已经布局了光伏业务的金融机构，那这个信息一定程度上可以起到帮助金融机构甄别、判断投融资标的企业经营情况的效果。再如，如果投融资标的企业的经营增速远低于光伏行业的平均增长速度，可能是因为其生产、技术或者管理显著落后于市场平均水平。相应地，如果投融资标的企业的经营结果显著超过了行业平均增长速度，则既有可能是因为其生产、技术或者管理水平在行业中确实出类拔萃，也有可能是因为其抓住了一笔不错的业务订单机会。整体而言，这个信息可以为金融机构的风险评估以及风险管理提供一个分析的视角。

中观层面的信息错综复杂、数量繁多，金融机构获取及甄别的难度较大，也最是考验金融机构的专业能力。它涵盖了特定行业内的各种因素和动态，这些因素之间相互关联、相互影响，而且随时都在发生变化。在早期阶段，这些信息往往又隐藏于微观主体经营活动的背后，不会以相对具象化的方式直接呈现。因此金融机构需要具备更高的专业能力来主动挖掘、提炼和准确解读这些信息。更为重要的是，中观层面的信息往往关系着未来，影响着金融机构的中长期经营策略。一旦金融机构对行业发展及趋势出现误判，则可能会加剧金融机构所需承担的风险。例如，若金融机构误判了技术密集型行业的技术路线选择方向，并在错误的技术路线上过多地配置了金融资源，即使客户的历史信用记录良好，金融机构也可能需要承担很高的行业系统性风险。

行业之变——光伏电池技术路线选择

自光伏电池从实验室走向商业化应用起，学术界及市场对光伏电池技术路线选择的讨论就不绝于耳。对行业长期发展而言，到底是多晶电池还是单晶电池更具备潜力和价值？在讨论这个问题之前，我们先结合下面一组数据，把视野拉回到2016—2017年的光伏电池行业之中（见表2－2）。

表2－2　2016—2017年的光伏电池行业数据　　单位：%

年份	多晶BSF电池市占率	单晶PERC电池市占率	其他电池产品市占率
2016	87.8	10	2.2
2017	83.0	15.0	2.0

上述数据表明，2016—2017年，多晶技术的BSF（铝背场）电池在光伏电池的销量中占比超过80%，处于绝对的龙头地位。那么，如果以金融机构的经营策略为起点，是否可以认为，在光伏电池制造领域中，金融机构选择与多晶BSF电池领域的龙头企业进行合作，配置金融资源，是一个比较不错的策略？虽然从上面这组数据本身来看，这个策略大概率没有问题，但事实真的如此吗？接下来，让我们进一步聚焦到2018年后的行业数据变化上来（见表2－3）。

表2－3　2018—2021年的光伏电池行业数据　　单位：%

年份	多晶BSF电池市占率	单晶PERC电池市占率	其他电池产品市占率
2018	60.0	33.5	6.5
2019	31.5	65.0	3.5
2020	8.8	86.4	4.8
2021	5.0	91.2	3.8

从表2－3可以看到，自2018年开始，单晶PERC电池的市占率开始迅速攀升，并在2019年实现了对多晶BSF电池的反超，到2021年，多晶BSF电池的市占率为5%，也即在短短4年左右的时间里，作为行业新秀的PERC单晶电池摇身一变成为行业的绝对龙头，形成了对多晶电池的碾压之势。如果金融机构没有对行业信息进行更加有效的分析和印证，而是将资金配置给了当时没有提前筹划技术革新的企业，那可能会陷入行业系统性风险的窘境之中。

可以说导致上述现象出现的核心原因是光伏技术的快速变化。2017年，一批光伏行业的新秀企业结合自身多年的专业技术积累，实现了单晶金刚线切割及单晶连续拉棒的技术突破，掀起了单晶技术革命，促使单晶电池对多晶电池在度电成本[①]方面实现了反超，进而对多晶技术形成了沉重的“降维打击”。这种标志性的变化，让单晶电池技术成功站上市场舞台的聚光灯下，并开始赢得市场用户的认可。在产品需求上行以及成本价格下行的共同驱动下，单晶电池的销量节节攀升。技术的红利也进一步刺激了相关企业加大对单晶电池领域的扩产力度，而产能扩张的规模效应则进一步促进了单晶电池生产设备的成本下降。在上述关系的循环往复下，单晶技术的发展势如破竹，并最终得以在效率、成本方面筑牢了对多晶技术的核心优势。

上述案例中“光伏电池技术路线”这一维度仅仅是中观层面的单一信息，金融机构单纯依靠这些信息片段就希冀作出正确的决策是非常困难的。在实践中，需要将这些片段化、碎片化的信息放置于行业完整的信息图景中进行整体考量。这个例证本质上考验的是金融机构对行业图景和认知的全面构建，以及对中观层面的信息的把握、理解以及提炼。在“光伏电池技术路线”这一案例中，光伏电池的下游应用是光伏发电领域。光伏发电作为一种需要在市场中与其他能源开展平等竞争的新型能源，其在市场竞争中的核心就是要不断追求更低的度电成本。理解下游光伏发电行业对降低度电成本的需求并将这一需求拆解至光伏电池技术路线的选择上，也就意味着市场对光伏电池技术的核心诉求应是在光电转换效率、生产成本以及土地资源集约使用效率中找到成本与收益的

① 度电成本简单来说就是发电项目每千瓦时上网电量所发生的成本，包括固定资产折旧、项目运行成本、维护成本、财务费用、税金等会计成本，还包括项目占用资本金在规定年限内的机会成本。

最优平衡点。在抓住了行业长期发展的主要矛盾之后，就可以把对单晶、多晶技术路线选择的讨论回归到其本质上来。那么，哪种技术和产品更符合行业发展的长期需要呢？很显然，在与多晶 BSF 电池的竞争过程中，光电转换效率理论上限更高、制造降本潜力更大的单晶 PERC 电池，其成长空间与行业长期发展规律更加匹配和吻合。

当然，在商业实践中技术路线的选择与突破不会一帆风顺，对于技术路线的认知是个迭代升级的过程。

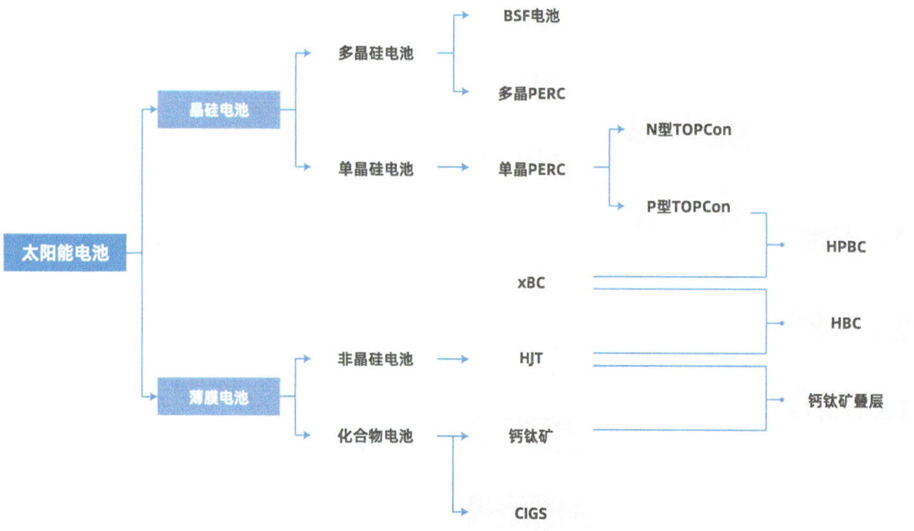

图 2-2 光伏电池技术迭代升级过程

如图 2-2 所示，目前光伏电池领域还在不断涌现如 TOPCon、HJT、BC 乃至钙钛矿等新型技术，这些技术在工艺迭代、设备配套的成熟程度不一。站在当前的时点上，行业的大部分生产企业以及作者所在的金融机构也很难去判断哪种技术会取得最后的胜利。但从行业发展趋势来看，最后的赢家一定是可以支持行业实现更优资源配置的那一方。这个判断也许不能帮助金融机构当前在某个技术路线中“押注”实现超额收益，但至少可以提示我们要尽量避免将过多的资源配置在即将为市场所淘汰的技术之中，同时我们也可以持续关注各类新兴技术的发展路线，以实现早于金融同业洞悉更为前沿的发展趋势。

回到A公司寻求金融机构合作的这一需求场景上来，假设A公司需要从金融机构获取的融资规模约为拟投资项目总投资的80%，且除拟投资项目所需的资本金以外，A公司无其他的资金补足来源。从金融机构的角度来看，A公司的融资需求属于典型的“小企业、大项目”。结合本书第一章所述，这种情况下通常A公司难以达到以商业银行为代表的大型金融机构准入门槛。从消减信息不对称的角度来看，无论金融机构投入多少成本和资源用于对称与A公司的信息，也都难以推导得出A公司具备还款能力、合作风险可控之类的结论。但从另一角度来看，A公司的融资用途是建设具体光伏电站项目，其所选择的行业属于能源电力行业，而绿色低碳转型是大势所趋。如果金融机构在对微观主体进行分析后认为难以做出决策判断，金融机构或许可以在进一步了解行业的信息后，结合行业特点对项目能否顺利投产并实现预期收益作出一个相对明确的判断，同时辅以更加适配的风险控制手段，或可为A公司提供相应的金融资源支持。

（3）微观层面的信息

在金融活动中，微观层面的信息通常指的是具体客户及投融资标的方面的信息，一般应用于金融机构对具体客户或项目的投融资业务判断之中。

例如在新能源电站的融资业务中，微观层面的信息主要包括以下几个维度（见表2－4）。

表 2-4　微观层面的信息

维度	目的	内容
客户情况	了解拟融资客户的资信情况和可持续经营情况	如企业资质、股权关系、行业经验、经营计划和战略、治理结构及主要管理层、管理水平、经营财务、行业声誉、关联关系、融资动机、以往信用履约等
项目情况	了解拟融资项目/资产的范围、权属及价值	如项目/资产的合规性、质量性、经济性等情况

微观层面的信息是金融机构对具体客户或项目进行细致入微的投融资业务判断的基础，但是仅仅依靠这些信息是远远不够的。金融机构对客户信息的认知理解与客户自身存在信息差，在大部分情况下，都难以比客户更了解其自身的履约、经营、担保以及供应链运行情况等信息。更为重要的是，若没有宏观和中观层面信息支撑，单独依赖微观信息可能会导致金融机构对风险的狭隘评估，进而导致决策变得片面和短视。

另外，虽然微观信息通常应用于金融机构对具体客户或项目的投融资业务判断之中，但是不能否认微观信息对于产业金融机构构建行业认知也起到重要作用。当积累了大量的微观信息后，产业金融机构可以从中提炼出更升维的视角、更普适的规律。这就意味着产业金融机构不应仅仅局限于了解自身既往或潜在客户的信息，还可以对行业内其他微观主体的信息加以广泛的分析。

2. 信息的联系和交织

整体来看，宏观、中观和微观三个层面的信息在产业金融机构构建认知、消减信息不对称的过程中相互联系、不可或缺。第一，宏观信息提供了行业发展的背景和总体趋势，影响着行业的走向和发展空间。只有充分理解了这些宏观信息，产业金融机构才能对行业所处的环境有一个整体的把握。第二，中观信息聚焦于行业的内部结构和运行机制，连接着宏观信息与微观信息。通过了解行业竞争格局、产业链和技术发展趋势等中观信息，产业金融机构可以深入了解行业的运营模式和发展动力，从而为其研判和预测行业、客户和项目的未来走向提供更为准确的依据。第三，微观信息关注的是具体企业和资产的情况，它既是产业金融机构进行具体投融资决策的依据，也是信息运用的落脚点。通过深入挖掘微观信息，产业金融机构可以对投融资目标进行更为精细化的分析和判断，从而确保资金的安全和收益。通过大量微观信息的积累，产业金融机构还能形成更全面、更深入的行业认知。宏观信息、中观信息和微观信息三者共同构成了产业金融机构构建行业认知、消减信息不对称的全面视角。

但是产业金融机构收集到了大量的信息之后，就能够作出正确的投融资决策了吗？答案是否定的。信息之间复杂交错、相互作用、相互牵引，使决策过程变得非常复杂。这一现象在上文提到的“光伏电池技术路线选择”这一案例中也有所体现。决策的过程是产业金融机构对信息进行综合收集、处理和运用的过程，已经有多少信息、还需要什么信息、信息相互之间的关系是什么、分别对应什么程度的风险和收益、风险发生的概率有多大、风险对于收益实现及提升的影响有多大、风险发生的直接及间接的后果能不能被量化，等等，这些都是产业金融机构在决策中需要厘清的事项，也是在业务推进过程中所面临的现实障碍。

在面对信息时，还需要抽丝剥茧、去伪存真、去繁就简。对信息不断向下拆解和细分，通过深层次挖掘和多重信息的交叉印证，梳理其中复杂的关联和因果关系，找出主线和关键，并做好经验的总结和提炼。利用科学的数据分析工具和技术将复杂的信息予以筛选与量化，在此基础上结合具体项目具体分析，通过逻辑缜密的分析推理和演算得出结论。

光伏电站的造价

在A公司寻求金融机构合作的这一案例中，我们以A公司拟投资建设的光伏电站的造价为例展开讨论。虽然造价呈现的仅是一个数字，但其背后蕴藏着丰富的信息量。宏观信息方面，包含着政府对新能源行业的支持政策、补贴政策以及税收政策等。中观信息方面，包含着电站所属区域的开发难易程度、产业链的供需关系、市场景气程度等。微观信息方面，客户信息包含着其对于资源的协调调用能力、议价能力、市场声誉、行业经验、管理能力等；项目信息则包含着项目建设单位资质、建设进度、建设条件、建设风险、运营管理方式、交易市场活跃程度等。

新能源电站的造价分析是一个非常重要、专业并且复杂的事项。拟对该新能源电站进行融资的产业金融机构需要对造价所包含的信息进行拆解，并对信息进行处理和判断。若造价预算过低，可能导致实际建设成本大幅超过预算，在无额外资金预备的情况下，项目或因资金短缺无法顺利完工，存在“烂尾”风险；相反，虚增造价则容易导致项目收益降低或者超额融资，不利于融资方的债权安全。

融资方有必要进一步核实造价的各项细节，并进行对比分析。例如对工期、细项成本、价格走势等进行深入的拆解和分析，而每一项分析又需要更多的信息作为支撑。例如，仅仅在围绕工期计划这一项作造价分析时，就有诸多需要核实的细节，具体包括项目建设时点的市场竞争情况，是否存在并网抢装，是否会存在设备或工程设施供应紧张，是否存在用地难度，是否存在影响并网的线路及变电站建设，客户对于项目的管控能力如何，施工方的历史经验如何，各相关方之间的义务边界是否清晰，等等。这些因素又将分别在多大程度、多大范围上影响到项目的造价，进而影响到项目的建设风险和未来的收益，都是需要仔细甄别和条分缕析的内容。

在对各项影响因素及其影响作出拆解的基础上，融资方还需要进一步找出影响具体项目造价的核心和关键要素，判断对项目及整体交易的影响程度，以及是否有优化的空间。通过这种深度分析和论证，才能更好地理解新能源电站行业的内在规律和变化趋势，发现潜在的机会和风险，从而作出准确的决策。

（三）产业金融机构消减信息不对称的掣肘

信息数量大、复杂度高的客观属性决定了金融机构消减信息不对称并非易事，并且消减信息不对称的过程中还存在其他诸多的障碍和挑战。例如由于信息的披露方与接收方在对信息的掌握和认知程度上存在差异，可能会影响信息的披露和应用；再如，信息在传递、交互过程中出现的信息遗漏、失真或者扭曲；等等。

但是，从内因方面来看，作者认为产业金融机构消减信息不对称方面的努力成效，归根结底取决于其是否具备足够的专业能力。就像驾驶经验丰富的驾驶员，相较于新手驾驶员，对复杂路况信息的理解及认识会更为深入，在弯道、刹车等事项的处理上也会更加游刃有余。专业能力高低对于消减信息不对称的影响体现在信息挖掘、处理和运用等多个方面。

1. 信息挖掘方面

产业金融机构所接收到的信息很多只是浮在水面上的表层信息，例如一些基本的财务数据、新闻报道或者表面的市场趋势等。然而，真正重要的信息往往是隐藏在水下的更深层的“冰山主体”。深层信息包括一些非公开的企业内部数据、行业内部惯例、隐藏在大量数据背后的关联关系或者是一些尚未被广大市场参与者所意识到的未来趋势等。这些信息通常更为关键，对产业金融机构的决策具有重要价值。

需要注意的是，深层信息的挖掘需要产业金融机构更多的时间和资源投入，同时也需要产业金融机构具备相应的识别能力和获取渠道。这也是区分产业金融机构之间认知水平高低的一个重要因素。只有那些愿意投入更多资源和精力进行信息挖掘，并获得深层次信息的机构，才能在激烈的市场竞争中获得更大的优势。

2. 信息处理方面

碎片信息中可能隐藏着有价值的规律和趋势，也可能包含对于决策没有实际价值，甚至干扰决策的冗余数据。对信息的筛选、鉴别和分析就显得尤为重要。

面对海量的碎片信息，产业金融机构有必要建立一套完善的筛选机制，将那些与自身业务紧密相关、有潜在价值的信息挑选出来，而将那些明显无关或低价值的信息排除在外。信息中的价值往往不是一眼就能看出的，需要通过深入的整合、对比、验证等操作，才能揭示出其中隐藏的规律或趋势。这就要求产业金融机构不仅要拥有科学的数据分析工具和技术，更要有经验丰富的专业团队，能够进行深入的数据解读和敏锐的业务洞察。

此外，不同经验和背景的人对于同样的信息可能得出不同的结论，因此形成并保持对信息的客观处理和共同认知非常重要。在此过程中，需要对信息模型化和数据化，将信息转化为客观的、有价值的数据资产，从而对业务决策、风险管理和产品创新提供更为理性和准确的支持。由于信息本身的复杂性、多变性，要想对其进行精确的模型化和数据化并不容易，需要投入大量的人力、物力和时间资源，进行持续的数据整理、分析和验证，而且，随着市场和环境的变化，模型也需要同步地进行更新和调整。

3. 信息运用方面

信息的运用是信息收集和处理的目的。产业金融机构在信息运用方面的核心挑战之一就是如何确保信息能够为业务决策和风险管理提供有实际价值的支持。当专业能力存在不足时，即便拥有大量高质量的信息，也可能无法充分、有效地利用这些信息来指导业务实践。这种专业能力的不足可能表现为多种形式。例如，可能缺乏具有深厚行业知识和实践经验，在信息运用方面缺乏创新性和灵活性，难以开发出合适的金融产品和服务，无法满足市场的多样化需求；可能存在公司部门之间的壁垒、决策流程机制的障碍等问题，阻碍了信息在机构内部的流动和运用；可能过于关注短期的业务利益，未能正确认识和运用信息的内在逻辑联系，忽视了与客户、合作伙伴和整个生态的长期关系建设，导致了业务发展的不可持续性；等等。

整体来看，专业能力在消减信息不对称方面的影响深远，产业金融机构在应对信息不对称难题时的掣肘在于专业能力是否足够。为了提升在消减信息不对称方面的成效，产业金融机构有必要不断加强自身的专业能力，更加主动、更加有效地进行信息收集、处理和运用。

第二节
消减信息不对称的策略选择

在展业过程中，金融机构需要加强专业能力建设做好信息的收集、处理和运用工作，通过消减信息不对称，实现对风险的有效识别与管理，在更好地满足客户合理需求的同时实现合理的收益回报。进一步来说，金融机构需要通过什么方式或策略去聚焦能力建设、围绕哪些方面去构建专业能力呢？由于在资源禀赋、经营理念上的差异，不同金融机构的选择也会有所不同。

本节将主要讨论产业金融机构消减信息不对称的策略选择问题。当前，对融资主体进行信用分析是金融机构消减信息不对称时常用的策略，经过长时间的演变和发展，信用风险管理已经成为金融学领域评估风险的主流理论。结合本章第一节的探讨，作者基于所在公司过往的经验，进一步提出有别于信用评价的，以行业为主维度的信息不对称消减策略，即结合自身对于行业形成的专业认知与判断，将行业信息作为消减信息不对称的主维度。为了更加具象地辨析上述两种策略，作者将继续沿用本章开篇提出的案例，聚焦于A公司寻求融资这一场景，分析金融机构如何采用不同的策略来消减信息不对称，进而实现有效的风险评估与项目决策。

（一）以信用为主维度的策略探讨

在金融领域的债权活动场景中，信用是指一个个体或组织在未来履行其财务义务的能力和意愿，包括还款本金、支付利息和履行其他合同义务。信用风险则是指客户无法履行合同义务或承诺的风险，具体到债权活动而言，信用风险是指债务人无法按时或完全履行其债务合同义务的风险。

信用风险分析是极为复杂的，准确分析信用风险非常具有挑战性。首先，信用风险受到多种因素的影响，包括宏观经济环境、行业发展趋势、公司治理结构、财务状况、市场竞争环境等。这些因素之间相互作用，难以通过通用的模型和分析方法进行准确预测和量化。其次，信用风险具有很强的隐蔽性，信息不对称程度高。借款人或债务人可能隐瞒自己的真实情况或者故意误导金融机构，导致信用风险被低估或者高估。最后，信用风险评估和预测所使用的标准化工具和模型存在一定的局限性。一般来说，信用风险分析可以基于财务报表分析、违约概率模型、信用评级模型等，但是这些模型往往无法充分考虑行业特性或个性化场景，难以捕捉到借款人及其所处行业未来的发展前景。

1. 信用评价及判断的基本逻辑

为了解决客户主体信用风险及信息不对称所引发的问题，以商业银行为代表的大型金融机构经过多年经营普遍建立了庞大的、复杂的信用评估方法论、体系及工具模型，并在贷后管理中建立了针对客户的信用风险监测体系，持续收集与之相关的信用信息，以达成闭环跟踪及管理信用风险的目的。

为了实现信用风险的管控，以商业银行为代表的大型金融机构通常采用对客户信用资质进行识别、评价以及分析的风险管理策略。在这种策略之下，金融机构通常会围绕客户主体、客户所属行业、资金用途、还款来源等维度从多个方面综合考虑信用情况，不同的维度也会被赋予不同的权重。为了便于理解，作者从中选取以下几个维度展开，希望能使读者更为具象地理解。

(1) 客户资质

准入资质是金融机构对客户信用状况进行评估的重要环节。金融机构可以通过评估客户的信用记录、经营状况和财务状况等因素，初步判断客户的信用风险水平（见表2-5）。

表2-5 客户资质

条件	具体描述
良好的履约记录	客户过去的履约历史清晰，按时还款，没有不良征信记录
稳定的经营模式	客户具有稳定且可预测的收入来源，能够支撑贷款的按时还款
健康的财务状况	客户的债务收入比例适中，具有合理的资产负债率和充足的现金流
可靠的业务前景	对于企业客户，其所在行业和市场前景良好，业务稳健

（2）股东背景

客户的“出身背景”对金融机构的评估影响是很大的。“出身背景”这个概念包括股东资质、股权结构、企业历史沿革等复杂因素。股东作为客户最重要的表外资源，对客户的资产负债表和利润表可以产生直接和间接的深远影响。从金融机构的视角来看，股东可以提供资金支持，这对客户的经营和发展至关重要；同时，股东的参与和承诺对客户的信用状况和整体商业前景具有重要影响；此外，股东的担保增信也可以提高客户的稳定性和可持续性评估水平。

（3）可接受的抵质押担保物

可接受的担保物可以帮助金融机构减轻风险、保护其投资。担保物主要指客户提供的对贷款偿还起到增信作用的资产，如房产、车辆等。通过设置这些措施，金融机构可以在客户违约或无法偿还贷款时，依靠抵质押担保物进行追偿，减少损失风险。

整体来看，信用评价的逻辑与方法，本质上是以提炼同一类别客户的共性特征为起点，通过不断丰富所识别的特征维度、设定并持续优化相应的准入标准，来消减金融机构与客户主体间的信息不对称。金融机构通常需结合自身所掌握的历史经验、数据信息，围绕客户还款意愿以及还款能力这两个维度，就高度相关的信息因子在共性上进行提炼归纳，并利用提炼得出的共性特征，与单个客户的适配性及风险特征进行校验和比对，筛选出适格的客户。同时，随着交易经验的丰富和数据信息的积累，逐步优化共性特征，进一步提升信用评价的精准度。

2. 信用方法与产业金融机构的适配性讨论

对于产业金融机构而言，采用信用及信用风险的评价逻辑与方法，是否能够有效地达成消减信息不对称的目的呢？这是我们在这一部分中需要具体讨论的问题。

为了回答这个问题，让我们先回到现实商业世界里，客观审视产业金融机构所面临的市场环境。在高度竞争的金融市场中，强主体信用客户的融资环境相对优越，一方面，可以通过资本市场进行直接融资；另一方面，即使在间接融资领域，也是各大金融机构竞争的目标客户。绝大多数的产业金融机构面临的客户群体可能较大部分为中小民营企业，例如A公司。该类客户群体通常资质相对一般，融资空间也相对有限。

在A公司寻求融资的案例之中，如果产业金融机构采用信用评价的方式对A公司进行评价，是否可以有效地实现项目风险识别、评价与决策的目的呢？为了回答这一问题，我们可以尝试结合前文提到的信用风险评价与管理的相关维度进行探讨。

从A公司的资质来看，一方面在履约意愿上，企业经营年限不长且没有金融机构贷款的历史，即没有可借鉴的、公信力强的信用历史记录，产业金融机构难以据此准确评估其履约意愿；另一方面在履约能力上，企业年均产值有限，且所处的建设工程施工行业竞争激烈，对于本次大额本金贷款的偿还能力并不充分。另外，从股东背景情况和可提供的担保物情况来看，A公司的实控主体为自然人，股东对于贷款偿还的资金与担保物增信支持大概率有限。

综上所述，如果产业金融机构仅以信用评价的方式来消减自身与A公司之间的信息不对称，大概率难以客观评估A公司投资建设光伏电站的投资风险，也难以就此开展业务合作。

在信用风险评价与管理体系下，A公司拿到所需融资的难度很大。针对产业金融机构面对的这一部分客群，信用评价方法难以实现风险可控情况下的业务合作。信用方法与产业金融机构的弱适配性主要是由以下两方面决定的。

一方面，产业金融机构面对的客群很大一部分是行业中的中小民营企业，这些企业没有大型企业那样完善的财务报告和透明的信息披露，这就致使产业金融机构在采用信用评价时难以获取准确和全面的信息。同时，中小企业往往成立时间偏短，可能没有足够的、可信的历史记录供产业金融机构进行评价，而即使有历史记录，部分中小企业的运营环境和经营策略频繁变化，也并不能准确反映其未来的偿债能力。中小民营企业抗风险能力相对较弱，产业金融机构也难以对于其经营前景形成稳定预期。为了降低风险，信用视角下的常规要求之一，即要求借款人提供担保物权等，但是这些措施在中小民营企业中所发挥的空间也会相对有限。整体上，由于客户群体较大部分为资质条件相对一般的企业，传统的用于筛选强主体的信用风险评估方法对于产业金融机构而言，适配性较弱。

另一方面，相较大型金融机构而言，产业金融机构采用信用评价方法处于相对竞争劣势。信用评价方法需要逐步提炼、不断优化具备共性的信息因子，这就要求金融机构的业务模式可以支持不断提供大量的、高质量的业务样本和数据。大型金融机构所面对的行业及客户数量众多，有利于其发挥自身在跨行业、跨场景的历史交易数据上的优势，提升共性信息因子提炼的精度和准度。同时，这类金融机构可以利用自身众多的分支机构，以及更大体量的业务规模对具备共性的信息因子做科学、合理的更新优化，更好地解决信息不完备、繁杂众多、相互影响等问题，以更好地服务于信用风险管理。而对大部分产业金融机构而言，大概率不具备这些禀赋，也就无法同样地开发、优化和使用信用评价方法和工具。

综上所述，一方面产业金融机构受限于自身禀赋，难以持续有效地开发和持续优化信用评价方法；另一方面信用评价方法旨在识别强信用的交易主体，与产业金融机构主要客群的特征不符。产业金融机构如果停留于以信用评价方法消减信息不对称，容易造成一些有发展潜力客户的合理金融需求无法得到满足，相应地也就不利于自身的经营发展。

为了继续解决产业金融机构消减信息不对称性这一问题，我们有必要进一步研究和讨论其他可行的方法思路。

（二）以行业为主维度的策略探讨

既然产业金融机构难以通过以信用为主维度的策略消减交易中的信息不对称，那么，我们可以考虑将视野转向行业，以行业信息为主维度消减信息不对称。

在了解了行业信息对金融机构的价值和意义，了解了产业金融机构大概率面临的客群和资源约束条件后，产业金融机构选择聚焦行业，以行业作为主维度消减信息不对称的选择也就自然合情合理了。产业金融机构一旦形成了有效消减行业信息不对称的能力，就可以更加准确地理解以及抓住行业的发展规律，从行业视角去理解客户的实际情况，对客户经营行为的商业合理性做充分分析和准确判断，进而消减与客户主体信息的不对称性。

为了消减行业信息不对称，产业金融机构有必要持续做好对行业信息的跟踪、研究及总结，构建基于行业的能力、资源、知识以及经验，夯实自身对行业规律的理解认知基础，抓住行业不同发展阶段的主要矛盾和资金需求，始终贴合行业规律为客户设计更为合适的金融产品。这种长期的投入不仅有利于产业金融机构在方向的抉择判断上做到理性客观，也有利于支持产业金融机构在面对行业、客户需求变化时，形成更有针对性的风险控制策略，帮助产业金融机构做到“先求不败而后求胜”。

最后，结合本章所构建的场景，初步谈一谈产业金融机构可以如何消减行业信息不对称。

如果以行业作为主维度，产业金融机构如何在有效识别与管理风险的前提下，满足A公司的金融诉求呢？我们可以回到A公司本次融资的投资方向，即光伏电站上来。产业金融机构可以从行业视角对A公司投资项目的合理性及可行性进行分析和判断：首先，在行业发展趋势方面，产业金融机构可以对于光伏产业的特点形成深刻理解，对光伏电站这一细分领域的长期发展前景予以合理判断；其次，在行业政策环境方面，产业金融机构可以对光伏电站投资的政策环境进行深入了解，例如政府对光伏电站的补贴政策、电价政策、土地政策等，就影响光伏电站的建设成本和运营收益的外部环境实现充分的把握；最后，在技术与运维方面，产业金融机构可以基于此方面的自身专业判断，结合光伏政策的分析，对所融资光伏电站的合规、质量和收益进行更为深入的风险认知与评估，等等。上述信息大部分均为市场客观反映，产业金融机构如对这些行业信息形成理解、判断，既可以帮助其对A公司的经营投资风格形成相应的了解和认识，对A公司融资事项的合理性进行客观的分析和判断，也可以在较大程度上建立对A公司还款意愿和还款能力的逻辑分析。

整体而言，消减客户主体信息不对称还是消减行业信息不对称，是不同规模的金融机构基于自身资源禀赋，在应对不同场景、不同环境时的合理策略选择。两者并不存在冲突或者矛盾，也无优劣之分，只是分析问题的侧重点不同。在信用评价的方法中，大部分金融机构也会考虑行业信息不对称对交易的影响，但通常会将其视为一项影响因素，并将其作为风险评估的众多维度之一。相较于大型金融机构，产业金融机构资源约束相对明显，客群主体信用相对较弱，选择聚焦特定行业，以消减行业信息不对称作为主维度，是一种更加行之有效的办法。

在下一节的内容中，我们将围绕产业金融机构在消减信息不对称中的具体做法进行深入的讨论。

第三节
以专业化消减信息不对称

在社会分工日趋细化的背景下，伴随着行业的成熟，行业信息的内容也日趋多样化，金融机构所面临的信息不对称的挑战更加巨大。能够更全面地收集信息，更科学地分析、处理和运用信息的金融机构，将具备更强的风险抵御能力和更高的决策效率，从而形成更大的竞争优势。

正如我们之前的讨论，产业金融机构若想通过主体信用评价方式来消减信息不对称，将面临更多的障碍和困境，因而可以考虑将视野转向以行业为主维度的信息不对称消减策略。面对浩渺的行业信息，产业金融机构又需要用什么方法支撑策略落地呢？结合本章第一节所论述的，消减信息不对称的掣肘来自专业能力的不足，产业金融机构有必要持续提升自身的专业能力，坚持专业化的发展道路。那么，在产业金融的语境下，专业化到底是什么呢？

（一）产业金融机构的专业化是基于行业专业化的金融专业化

产业金融机构聚焦于特定行业只是专业化的起点，最终还需真正理解或精通特定行业。专业化反映的是产业金融机构在特定领域经营活动中，通过持续的摸索、实践，逐步构建并提升自身专业能力的过程，是针对程度而言的一个动态的、历程性的概念。产业金融机构只有在特定领域里知识、能力和资源的积累在广度和深度上明显高于行业中的其他大部分机构，且转化为竞争优势，才能被称为专业。

产业金融作为聚焦特定行业、基于行业视角、服务行业需求的金融活动，行业和金融的专业能力都是必不可少的。行业专业能力和金融专业能力并非简单相加的关系，也不是各自为政，而是相互融合和协同的。一方面，行业是产业金融机构的展业方向，获取行业信息、提高行业专业知识是理解客户需求的基础，也是高效、有力消减信息不对称的最优手段。另一方面，金融专业能力是产业金融机构实现有效服务客户，兑现自身商业价值的关键。获取信息之后，需要以金融专业能力来处理和运用信息，通过综合使用数据量化、投融资策略、风险管理、产品设计、交易结构设计等金融工具和手段，将信息优势转化为决策和行动优势。

因此，产业金融机构的专业化应是“基于行业专业化的金融专业化”，即聚焦特定行业，构建对行业发展趋势、资产价值规律、产业运营能力等专业化的行业认知和理解能力，并在此基础上不断拓展并灵活运用金融专业能力，在满足客户需求的同时实现与之对应的风险收益，进而为行业输出专业的金融价值，促进更优的资源配置。在消减信息不对称方面，产业金融机构“基于行业专业化的金融专业化”的努力方向包括以下几个方面。

其一，持续提高信息收集能力，形成对特定行业的全面认知。如果说产业金融机构聚焦于特定领域是在对信息的收集范围做“减法”，那么在该领域持续深入挖掘和深度耕耘就是在信息的深度上做“加法”。产业金融内在要求金融机构既关注行业维度，又关注金融维度，以确保信息的全面性和准确性。长期的专注有助于产业金融机构不断构建、加深对行业的认知，加大自身对特定行业的理解广度以及深度，不断消减与行业之间的信息不对称。构建起对行业的全面认知可以帮助产业金融机构掌握相关的市场规律和风险特征，不仅能提高对单一项目的风险判断和决策精准度，更能够洞察行业发展趋势、预测未来风险、识别潜在业务机会，从而制定更具前瞻性的经营策略。

其二，持续提高对信息的处理能力，塑造专业自信。产业金融机构所收集的信息来源广泛，可能涵盖内部经验、市场调研、公开报告、社交媒体以及客户反馈等，这些信息种类繁多且数量庞大。如何基于对市场趋势、客户需求、风险特征等深入地理解和判断，从海量信息中筛选出对业务决策具有重要影响的信息，并对信息进行独立思考、量化分析、深入剖析、判断处理，既是产业金融机构必须具备的核心技能，也是金融机构认知优势的体现。塑造专业自信是金融机构在具备认知优势之后的一种表现。专业自信建立在全面认知和准确处理的基础之上，使金融机构在面对复杂多变的市场环境和业务挑战时能够保持冷静、理性、从容。在金融领域中，市场变化和风险因素复杂多变，如果金融机构没有足够的专业自信，将极易受到市场波动和风险因素的影响。构建专业自信有助于金融机构在面对复杂问题时不盲从他人的意见，而是根据自己的专业知识和丰富经验做出独立的判断。这种专业自信的提升将为金融机构在市场竞争中注入更为显著的优势。

其三，持续提高对信息的运用能力，输出专业价值。在做好信息收集及处理的基础上，通过综合运用处理后的信息，金融机构可以制定更加精准的投融资策略、产品设计和服务方案。同时，信息的运用能力还有助于金融机构树立自身的专业形象。信息不对称具有双向性，客户对金融机构同样存在信息不对称，客户在获取和判断金融信息方面也存在困难。随着客户对产品和服务质量的要求不断提高，客户对于专业化金融机构的需求也在不断增强。专业化金融机构在特定领域中的能力和资源，可以帮助其更好地服务客户，这种专业形象和专业能力成为金融机构吸引客户、建立市场口碑和获取长期竞争优势的重要因素。信息运用能力的提升也意味着风险识别、评估和防控能力的提高，有助于产业金融机构以债权融资为载体，向实体经济输出风险管理标准和专业能力，引导行业风险管理和资源配置的提升。产业金融机构还可以通过有效的贷后或投后管理，在产业生态里与产业主体共同管控风险，共享机遇和发展。

当然，信息的收集、处理和运用三者之间并不是独立的。信息收集是信息处理和运用的基础，只有通过广泛、深入的渠道收集到全面、准确的信息，才能保证后续的信息处理和运用的质量和有效性。信息处理则起到转化和编译的作用，通过对收集到的信息进行整理、分类、分析、挖掘等处理，更深入地理解信息的内涵和外延，提炼出对业务发展和风险管理具有指导意义的知识和洞察。信息运用是信息收集和处理的目的，只有将处理后的信息落实为具体的业务策略、风险管理措施和决策依据，才能最终实现信息的价值，支撑在信息收集和处理上的持续投入。信息收集、处理和运用三者相辅相成，构成一个有机的整体。产业金融机构需要在实践中不断探索和完善这个体系，以适应金融市场的变化和客户的需求，提升自身的竞争力。

（二）以专业化消减信息不对称的实现方式

在深入理解专业化的内涵和要求之后，产业金融机构需要实际解决如何通过专业化消减信息不对称的问题。产业金融机构专业化的方向是不断提高信息的收集、处理和运用能力，三者相辅相成，共同构成一个有机的整体。为了确保专业化得到有效实施，产业金融机构应围绕提升这一完整体系的质效方面展开具体工作。

1. 持续提升专业能力

产业金融机构要建立与产业相匹配的认知水平，关键在于全面收集信息并深入挖掘信息之间的内在联系和隐藏价值。对此，产业金融机构可以从以下几个方面努力。

（1）围绕行业特点做好能力建设

产业金融机构不仅应具备一般意义上的业务拓展能力、产品设计能力、风险防控能力、资产管理能力，还需要根据所关注行业的特性和风险点来有针对性地强化能力并持续拓展能力边界。这就要求产业金融机构一方面要不断精进自身的基本金融技能，保持对金融市场的清晰认识；另一方面，也是更为重要的，是综合运用金融专业能力和行业专业能力来处理并运用所收集到的信息。

具体来说，产业金融机构需在了解把握行业共性的基础上，提高对客户需求的认知和理解水平，减少客户信息对金融机构在风险识别和评估方面的干扰，形成对风险的独立判断；通过金融分析方法和行业研究能力，对所收集的信息数据进行模型化、数量化的分析，构建起自身的行业数据库、风险数据库及评估模型；根据客户需求设计、创新金融产品和服务，提供专业化、多样化的融资方案及风险管理工具，并在风险管理和产品创新方面保持优势；通过运用金融风险管理工具，构建对行业风险的独特洞察力，对具体项目量身定制风险管理策略，并结合行业动态，更精准地预测客户及项目的风险变化、及时调整融资策略；建立系统性、标准化的资产价值管理体系，通过灵活配置资产以及在运营过程中提高资产价值，更有效地应对行业发展及项目收益的不确定性，等等。

（2）以科学的管理机制打造专业团队

充分发挥专业人员的优势是实现信息专业化收集、处理及运用的关键，也是产业金融机构持续提升专业能力的基石。

产业金融机构不仅需要建立一支具备多样化专业知识和经验、善于进行知识积累和传承的高素质专业人才团队，以便能够进行准确和深入的信息收集、分析和解读，持续提升组织的整体专业能力；在决策机制、业务流程、组织架构等管理机制的设计和优化方面，也需要围绕对人才的重视、培养和尊重来进行，以确保信息的收集、处理、运用、存储等全流程都具备高效性和可靠性，并保证专业能力的持续提升和传承。

（3）围绕行业特点拓展信息渠道

要全面、深入了解所处行业的信息，并在此基础上构建信息处理和运用的能力，就意味着需要深入探索到行业的各个层面。这既是全面收集行业信息、提高信息判断能力的重要途径和重要资源，也是金融机构展现专业价值、实现价值输出的关键平台。

产业金融机构需要主动与行业内各方积极互动，从多个维度去获取行业信息，更深入地了解行业的发展动态、市场需求以及技术趋势。与传统的信息收集方式相比，通过此种方式获取的信息更具实时性和针对性，能够帮助产业金融机构更准确地把握市场脉搏。更重要的是，与行业内各方的广泛合作也为产业金融机构提供了一个展现其专业价值的平台。通过与行业内的企业、机构等建立合作关系，产业金融机构可以将其专业知识、经验和技术转化为实际的产品和服务，满足各方的需求。这不仅能够帮助产业金融机构提高市场竞争力，更能够提升其在行业内的影响力。

2. 找准专业化在行业不同发展阶段的着力点

在不同的行业发展阶段，行业有其特定的市场环境、竞争态势、技术发展、供需格局等因素，不同阶段也有不同的信息内容。这些信息都会对产业金融机构认识行业、解构自身与行业信息不对称的来源、范围以及深度造成影响。

在最大化构建行业认知、提升专业能力的过程中，产业金融机构还应根据行业的不同发展阶段的特点和需求，找准专业能力的着力点，动态地调整自身的专业能力构建重点和金融应对策略。

（1）行业起步阶段：专业化的着力点在于判断趋势

处于起步阶段的行业对于金融机构而言是一个新兴市场，因行业发展的不确定性带来的风险最大。在这个阶段，行业内企业的生存环境及发展方向的不确定性较高，没有历史数据和经验借以参照，经验能力积累需要历经“从 0 到 1”的跨越式增长，大部分缺乏连续的业务记录和财务数据记录，公开信息少，信用评级等级低，风险特征相对较高，较难获得以商业银行为代表的主流金融机构认同和资源支持。

面对这个市场，产业金融机构的核心能力要求在于对于行业未来发展趋势的判断以及对业务本身的理解。这需要金融机构构建对行业和市场的深入了解和分析能力，能够从宏观经济、政策、技术、市场等多个角度进行综合判断。同时，还需要具备一定的探索精神和创新意识，能够适应市场的快速变化和不确定性，及时捕捉市场趋势和业务机遇。

（2）行业成长阶段：专业化的着力点在于提高差异化竞争优势

行业进入快速变革成长期后，主要的产品、技术或者服务基本得到市场认同。市场需求及供给规模的快速扩张，会不断刺激行业内部开展技术创新及模式创新。行业经验能力也将进入“从 1 到 N”的发展阶段，知识以及技术快速更新迭代，变化变革加剧。在这个阶段，企业有了一定规模和可供印证的经营记录，信用等级也随之提高，相应的金融机构也开始加大对行业的关注和支持力度。

在这个阶段，行业的风险、商业模式以及金融机构可提供的产品模式大部分都已经被同业所参透，产业金融机构需要找到区别于其他竞争对手的差异化竞争优势。这一阶段还是行业的高速变化期，产业金融机构一旦松懈将极易被市场所淘汰，需要持续保持对行业的深度挖掘和紧密跟踪，在行业的快速变化中更加敏感、准确地把握变化方向，发现细微差异，保持认知领先并作出精准预判，持续构建主动适应市场变化的认知体系以及快速应对市场变化的能力。面对处于成长阶段的行业客户，产业金融机构需要通过持续钻研，提供定制化高、针对性强、可更好适应行业变化的金融解决方案，保持对客户需求的高度理解和满足，良好的品牌形象和市场口碑。

（3）行业成熟及之后：专业化的着力点在于协同创造价值

行业步入成熟阶段后，影响行业扩张的各项变量逐步稳定，行业生产进入规模化、标准化以及同质化阶段。产品供需关系趋于平稳，成长增速边际下滑，行业集中度逐步提高，并可能出现一定程度的集中或者垄断。行业内、外部的竞争加剧，供需结构、竞争环境及盈利能力出现恶化，新的替代模式蓄势待发。在这个阶段，金融与产业的关系进一步融合，联系更加紧密，双方不仅是在业务拓展上，而且在风险防控上，发展为一种金融与产业共生的生态。

行业所处阶段要求产业金融机构具备更宏观的经济视角，通过借鉴其他行业的发展规律和发展经验，跳出单一领域的思维定式对行业周期进行普遍性研究，结合所处领域的特性，在更高维度识别行业发展规律，思考行业的市场价值及发展方向。

在上述基础上，产业金融机构还需进一步站在客户角度探索有利于客户整体发展的商业模式，引领客户需求，充分发挥自身在产业资源、资金市场中的枢纽作用，协助客户进行资源的开拓和整合，助力客户竞争突围。

产业金融机构要避免在竞争中自乱阵脚，需要理性审视市场竞争态势，准确界定资源和能力，在准确判断行业及金融市场中竞争者的差异点、影响程度及时间长短的同时，辨识可能存在的业务机会。产业金融机构还可以根据自己已构建的专业能力及差异化竞争优势，考虑是否具备向新的领域拓展的可能。

3. 找到关键的信息载体

虽然信息的收集要尽量全面，但这是不可能穷尽的。产业金融机构也不可能无限制投入成本获得所有相关的信息，也不可能在所有方面都具有卓越的信息获取能力。因此，产业金融机构应善于洞察海量信息背后的本质，并在此基础上化繁为简，抓主要矛盾和关键问题，识别出最重要、最关键、最核心的要素，这一要素我们称为“信息载体”。

在海量、复杂的信息中识别信息载体，是产业金融机构又一次做减法的过程。产业金融机构所需要的信息载体应呈现出以下几个特点。

第一，代表性。信息载体所反映的信息内容在数量及维度上相对具有代表性。例如，行业政策、技术、供需、价格等多方面的信息，信息载体身上都有所体现。从实践角度来讲，信息载体所涵盖的信息内容越丰富、越具有代表性，金融机构通过信息载体收集、整合以及提炼信息的成本也就越低，消减信息不对称的效率自然也就越高。

第二，客观性。信息载体对外反映的信息相对独立公允，在用于观察及分析的过程中主观色彩的影响可忽略。信息客观意味着信息载体上的信息呈现对所有信息接收方“一视同仁”，有利于减少人为主观造成的不利干扰。从实践角度来讲，信息载体所呈现的信息越是独立客观，就越有利于对其开展科学的分析评估，也越有利于作出准确审慎的决策判断。

第三，重要性。信息载体所包含的信息应能直接反映出事物的本质，帮助产业金融机构降低不确定性，是可支撑产业金融机构作出决策的关键因素。从实践角度来讲，信息载体所呈现的信息越是深刻有效，越有助于金融机构了解事物运行过程中的实际情况，也越有利于决策聚焦。

整体来讲，当信息载体呈现出上述特点时，也就意味着金融机构找到了低成本收集及处理信息的接口，有利于金融机构聚焦信息载体的特征，构建自身能力资源，有效并持续地消减自身与信息载体的信息不对称程度，从而在消减金融与行业的信息不对称过程中达到事半功倍的效果。

新能源电站
——一种适用于产业金融机构的信息载体选择

新能源电站是新能源产业链的末端环节，是产业链整体在产品、技术及资源维度的集成成果。从市场实践上来看，新能源电站上可形成较为明显的信息聚集效应。

首先，行业政策、技术选择、成本价格等信息贯穿于新能源电站的全生命周期之中。例如，电站所选用的组件技术及支架技术信息，电站所处区域的建设指标分配信息、建设合规信息，区域电价及消纳信息，造价成本信息等，这些信息会在新能源电站开发、建设、投资、运营以及交易过程中全面显现。

其次，新能源电站的经营标准程度高，信息收集方可以在尽量减少电站所有者主观隐瞒以及干扰信息，实现信息的有效收集及加工。例如，新能源电站的发电量信息、电费收入结算信息等都由外部中立的第三方（电网）提供，不受电站所有者的直接干扰，有利于信息收集者客观理解政策、消纳及新能源交易规则等行业特征。

最后，新能源电站的资产情况、资产价值将直接影响到金融决策。以新能源电站的内涵价值（对内涵价值的定义详见本书第六章）为例，内涵价值在估算上涉及多项关键信息的汇集及分析（如电价、消纳、质量及技术等），这些关键信息的背后，一方面间接反映了对新能源电站的交易风险偏好、市场供需关系、交易价格走势判断等核心信息，可以代表行业一段时间的特点或者发展趋势；另一方面更是直接反映了电站的合规性、质量性及经济性，直接影响到产业金融机构是否可将该电站作为投融资标的。

综上所述，新能源电站汇集多种信息，具备代表性、客观性以及重要性三个特点，从事新能源电站投融资业务的产业金融机构可以将其作为消减信息不对称的信息载体。

在变化节奏较快的新能源发电行业，新能源电站本身就沉淀并富集了大量的信息，同时，新能源电站作为客观存在的有形资产，其聚集的信息比评估行业客户的主体信用要更加稳定、易于识别和判断，也更有利于金融机构高效、简洁地构建与资产相关的专业能力与资源。

当然，不同的行业和不同的金融机构都有其独特的特点和需求，金融机构需要根据自身的资源禀赋、展业方向和业务需求来实事求是地选择合适的信息载体，以实现更明智的决策及更优的资源配置。结合作者所在公司的经验，在面对快速变化、行业主体信用相对不稳定的行业时，产业金融机构选择适格的资产作为信息载体，并围绕资产来构建专业能力是比较有效的。

在本章的内容中，我们讨论了信息对于产业金融机构的价值、产业金融机构消减信息不对称的选择以及方法，并深度讨论了更适用于产业金融机构的基于行业专业化的金融专业化视角。产业金融机构坚持基于行业专业化的金融专业化，有助于积累深刻的行业洞察，不断提高并拓展产业研判、需求识别、风险评估、方案设计、资产管理等能力。专业能力越高、对行业市场客户各方面的分析越精准，就越能够有效降低不确定性，从而可以在庞大的市场中筛选出适格客户和适格业务，识别出其他金融机构无法进入、难以服务的客户及业务，构筑起差异化竞争优势。

至于产业金融机构在实践中如何围绕“基于行业专业化的金融专业化”的视角进行实践拓展，以及如何构建更适配的专业能力，我们将在本书的后续章节中进行更加深入的讨论。

第三章

以专业化能力构筑差异化优势

本书第二章通过对信息不对称的来源、构成和消减方式的讨论，在理论层面提出“基于行业专业化的金融专业化”是有效消减行业信息不对称的产业金融方法论。金融机构长期坚持这一方法论，能够提升服务产业客户的质效，形成差异化竞争优势。本章拟从金融机构对该方法论的长期战略实践层面讨论三个核心问题：第一，在具体的经营过程中，金融机构如何运用这一方法论在特定的行业细分领域构筑起差异化竞争优势；第二，在确立“基于行业专业化的金融专业化”的战略并且长期坚持的过程中，金融机构可能会面临哪些需要做出取舍的情境，以及在这些情境中如何作出有利于坚持专业化战略的选择；第三，基于前面两个问题的讨论，当金融机构把“基于行业专业化的金融专业化”方法论上升为长期坚持的战略时，保证专业化战略有效实施的那些基本的实施要求、原则、路径和保障条件是什么。

第一节
差异化优势来源于专业化能力

我们以我国光伏发电行业的发展变迁为具体的行业背景，讨论一家金融机构能否在实践中按照“基于行业专业化的金融专业化”方法论在特定的行业细分领域中构筑起差异化竞争优势。

在产业金融领域中，金融机构的差异化竞争优势主要表现为能够比竞争对手更及时、更充分地满足行业客户金融服务需求。基于第二章的讨论，差异化竞争优势首先来源于在有效消减行业信息不对称过程中所形成的相对市场平均水平的行业认知优势、资产运营能力和所积累的行业资源等行业专业能力；其次，来源于合理利用行业专业能力，在风险可控基础上更及时、更充分地识别和满足行业客户的个性化需求的金融专业能力。这个立足于“基于行业专业化的金融专业化”方法论，通过专业能力建设来构筑差异化竞争优势的过程，我们称为“以专业化能力构筑差异化优势”。

接下来，我们将结合光伏发电这一具体的行业背景和客户需求的变迁，探讨一家金融机构如何“从零到一”构建行业认知、如何利用认知优势形成专业能力上的差异化优势、如何将专业能力转化为差异化竞争优势、如何保持和重塑差异化竞争优势，以及如何将差异化竞争优势迁移到新的行业细分领域等问题。通过有效回答上述问题，以清晰阐释通过运用“基于行业专业化的金融专业化”方法论来构筑差异化竞争优势在实践中是可行的。

（一）如何“从零到一”构建行业认知

一家金融机构，如果想要在特定的行业细分领域实践“基于行业专业化的金融专业化”方法，应该从哪里着手呢？应该做些什么呢？为了回答这个问题，我们想站在一家新组建金融机构的视角，从 2014 年的光伏发电行业说起，思考如何伴随光伏发电行业的发展“从零到一”构建行业认知。

2014 年前后，受欧美“双反”制裁等不利外部因素影响，光伏行业“出海”受挫，光伏行业相关信贷风险陆续爆发。为了保护和促进行业发展，国内密集出台利好光伏行业的产业政策。在利好政策的扶持下，光伏产业链上下游的制造企业为缓解压力，纷纷将光伏组件等产品销售重心转向国内市场，并开始大规模投资地面集中式光伏电站（以下简称光伏电站）。以光伏设备制造商为主体的民营开发商群体的光伏电站融资需求代表了行业发展的未来方向，是合理有效的金融需求，但是却鲜有金融机构予以积极响应。在这种情况下，有能力率先满足民营开发商群体光伏电站融资需求的金融机构，相对于其他金融机构就会处于领先地位，就会形成初步的差异化竞争优势。

那么，如果一家新组建的金融机构想要进入这个市场，该从哪儿入手呢？按照“基于行业专业化的金融专业化”方法论，为了有效满足民营电站开发商群体的光伏电站融资需求，一家新组建的金融机构最先需要着手做的事情是将有限资源聚焦在建立对光伏行业、电站资产和开发企业的专业认知这件事情上，“从零到一”和“从浅入深”地逐步构建起相较于市场平均水平的行业认知优势。具体来讲，可以按照以下几个步骤入手。

首先，大量阅读行业研究和市场分析报告，并结合对光伏发电项目资产的实地调研，形成公司和团队对光伏行业的初步认知；其次，带着认知和问题，有计划、有步骤地走访行业内龙头企业和典型客户，形成对行业、市场、客户和电站资产的系统认知；再次，通过密集参加行业峰会、组织行业专家调研和典型客户访谈等方式，多方位了解并有目的地验证自身行业认知和关键判断的专业程度；又次，当对自身的行业认知有了一定的专业自信后，金融机构可以先从风险较低的优质客户的运营期光伏发电项目开始试单，通过具体项目实践对前期调研成果和关键判断进行有效验证；最后，通过低风险项目试单积累经验，对业务尽职调查、风控审查和项目审议的框架、要点进行梳理提炼，初步构建前中后台从项目推进、尽职调查、审查审议到融资对接、商务签约、资金投放和投后管理的全流程运营机制。

通过上述步骤，这家新组建的金融机构就可以逐步建立起聚焦光伏发电行业的系统化业务推进思路和专业化风险控制体系，再结合业务实践对内部相关制度和审查审议流程进行打磨完善，就有很大的概率在2014 年前后的市场中率先构建出满足民营电站开发商群体融资需求的专业化能力，形成初步的差异化竞争优势。

（二）如何利用行业认知构筑差异化优势

基于行业认知和资产管理能力的有效积累，这家金融机构可以尝试逐步摆脱对客户信用的依赖，从已投产运营并产生稳定现金流的光伏电站做起，利用电站现金流实现资产自偿。随着业务经验的不断积累和行业、市场、客户接触面的不断扩展，金融机构必然会对光伏发电行业、市场格局及客户需求形成更深刻的理解，对光伏电站资产的合规性、经济性和质量保障形成更系统的认知。在当时以民营企业持有光伏电站为主的市场格局下，该金融机构也必将或早或晚认识到，民营企业电站建设期融资难是影响行业发展的关键痛点，也是进一步构筑差异化竞争力的重要着力点。

因此，金融机构可以组织专门团队，围绕光伏电站建设期融资需求场景下的客户诉求和痛点、交易各方权责分配、风险识别、风险评估和风险缓释等重难点问题，展开重点调研攻关，各个击破，逐步构建起以民营光伏电站建设期融资为主打产品的光伏业务体系，进而形成能够有效满足客户需求的差异化产品模式和竞争优势。站在今时今日回看，这种差异化竞争优势的形成主要来自以下三个方面的行业认知优势和专业能力优势。

一是对光伏电站建设期风险的有效识别与精细管理。2016 年前后，市场上绝大多数金融机构尚未构建起上述专业能力。而践行“基于行业专业化的金融专业化”方法论的金融机构，可以通过持续专注提升自身对光伏发电行业和光伏发电资产的专业认知，在对光伏电站建设期风险因素进行细致拆解的基础上，系统设计有针对性的风险缓释措施和建设期管理方案。例如，供应商“白名单”管理、工程造价分析、资金

“穿透式”支付、按工程进度分笔放款、第三方监理监造等。以上述措施为基底，针对行业特性的专业化风险管理体系就得以逐步完善，从而有力保障金融机构在光伏电站建设期融资领域的业务拓展，有效解决民营电站开发商融资难、融资贵的核心痛点，为光伏发电行业的蓬勃发展贡献专业价值。

二是对光伏电站国补延迟发放节奏的合理预判。针对当时市场上“谈虎色变”的国补延迟发放风险，基于对国家政策和行业现实的深刻理解，金融机构有足够的行业认知支撑作出国补“只拖不欠”的关键判断，并对国补到位节奏作出合理预判，结合对电站资产收入现金流结构特征的把握，从而能够在风险可控前提下设计推出更具针对性和前瞻性的金融产品。例如，在交易结构中设定匹配国补到位节奏的只还息不还本，甚至免本免息的宽限期，同时叠加国补到位后需大额还本等一系列风控措施和管理要求，以最大限度地缓解光伏电站因国补延迟发放所带来的阶段性现金流压力，有效解决民营光伏电站业主因国补拖欠可能导致被动违约的核心痛点。

三是内部运营高效保障资金及时到账。2015—2017 年，抢装并网的政策强制性要求和光伏电站建设周期短、资金需求大等特点，决定了电站业主对融资效率的合理诉求。但是，当时银行等大型金融机构在光伏电站业务准入及审批效率方面存在较多掣肘，无法满足光伏电站业主对融资效率的合理诉求。要想有效响应电站业主对融资效率的合理诉求，金融机构就必须牢牢把握关键时点的业务窗口期，持续提升业务尽职调查、审查审议、融资对接、签约投放等关键节点运营效率，并在风险可控基础上对风控措施和内部管理要求适当做“减法”。只有始终坚持围绕市场需要和客户需求不断调整和优化内部制度流程，最大限度地压缩从业务洽谈到资金投放的时间间隔，减少非必要的管理要求，才能有效满足民营业主抢装并网过程中对资金投放的效率诉求，才有可能在风险可控前提下进一步提升项目推进质效和客户合作黏性。只有不断地按照这种要求去实践，金融机构服务产业客户的方式和效率才有可能持续超出市场和客户预期，形成相较于同业的差异化竞争优势。

时至今日，我们更加深刻地认识到，在产业金融领域中，差异化竞争优势的形成，源于金融机构坚持专业化能力建设所带来的对行业发展趋势和市场变化规律的深刻洞察，以及在此基础上对资产价值变化规律和风险收益特征的系统认知。这些认知优势通过权责平衡的交易结构设计、必要但克制的风险缓释措施、高效的交易执行与专业的投后管理等金融专业化能力，再辅以充分考虑市场需要的流程机制优化，在风险可控的前提下持续有效满足客户合理需求，成功构筑差异化的竞争优势。

（三）如何保持和重塑差异化竞争优势

差异化竞争优势的保持，如逆水行舟，不进则退。差异化竞争优势的消退，表面来看是内外部诸多不利因素的影响，实质上往往是专业能力的积累速度滞后于行业和市场变化。

2018 年 5 月 31 日，国家发展改革委、财政部、国家能源局联合发布了《关于 2018 年光伏发电有关事项的通知》（以下简称“光伏 531 新政”），决定暂不安排 2018 年普通光伏电站建设规模，同时加快光伏发电补贴退坡，降低补贴强度。这一政策调整反映了国家对光伏电站去补贴化的决心，旨在发挥市场配置资源的决定性作用，进一步加大市场化配置项目力度。至此，光伏行业开始了长达两年多的去补贴历程，短期内导致光伏电站建设规模和项目经济性水平的显著下降。2020 年，碳达峰、碳中和目标提出，加快发展新能源被明确提升至国家战略高度，中央企业和地方国有企业逐步主导光伏电站投资市场，光伏制造企业则开始将经营重心重新转回生产制造，逐渐退出电站开发市场。2021 年光伏迎来了全面“平价”时代，标志着我国光伏行业“哺乳期”的结束，也是光伏行业真正市场化的开始。

随着新能源产业的发展与政策的逐步成熟，光伏电站建设期施工管理已逐步标准化，国补退坡转平价后不再需要业主压缩建设期进行抢装，建设期风险大幅下降，“建设期”已不再是行业与金融之间信息不对称问题的关键。2020 年首批平价光伏电站项目的申报，预示着全面进入平价时代。新建平价项目收入更加稳定，可预期性更强，不再受国补延迟发放的困扰。集中式光伏业务产业属性越来越弱，金融属性越来越强，业务竞争的焦点从产业认知差距逐渐转向围绕融资成本和商务条件的价格竞争。早期介入的金融机构，基于当时集中式光伏业务较强的产业属性（建设期风险、国补延迟风险等）和基于专业能力建设所带来的产业价值输出间的高度适配性（建设期主动管理能力、国补延迟预测能力、主观判断和投放效率），进而在光伏电站领域建立的差异化竞争优势逐渐失去了赖以发挥作用的行业现实基础。以银行为代表的大型金融机构凭借自身规模优势和资金成本优势不断加大对光伏电站融资领域的业务拓展。如果早期介入的金融机构还躺在过去的功劳簿上按照以前的做法进行业务营销，就会发现业务机会越来越少，客户需求越来越难以捕捉，如果不能及时构建起新的差异化竞争优势，业务必将停滞不前，甚至不得不退出光伏业务。

差异化竞争力的重塑依然离不开金融机构对行业认知的深化。合理的应对策略不是急于在市场中寻找业务机会，而是重新研究行业，调研市场和拜访客户，重新找回对行业趋势和市场格局的认知优势，找到产业客户的发展痛点和有效需求，从而使光伏业务重回健康发展的轨道。而事实上，如果继续坚持更新和提升行业认知，金融机构就可以挖掘出中央企业和地方国有企业收购民营光伏电站的资产交易流转阶段的金融服务需求，以及部分民营客户希望长期持有优质光伏电站资产的金融服务需求。围绕上述需求做好能力构建和资源积累的基础性工作，金融机构就可以重回光伏业务的发展正轨，重新赢得差异化竞争优势。

（四）如何将差异化优势迁移到新的细分领域

随着行业的发展和演变，行业内新的细分领域不断出现，产业金融机构得以形成差异化竞争优势的那些专业能力能否在新的行业细分领域有效发挥作用？这取决于以下两方面因素：一是已经形成的行业认知能否指导金融机构在新的细分领域的经营活动。指导作用的发挥，有赖于新的细分领域与原有细分领域在认知规律上的相关性是否足够高。在行业认知相关性方面，户用光伏和集中式光伏发电的相关性，就比充电桩和光伏发电的相关性高得多。二是在原有细分领域所汇聚的产业金融资源能否有效覆盖新的细分领域。在这个意义上，在集中式光伏发电领域构建的产业金融资源也能更有效地覆盖户用光伏领域，而非充电桩领域。下面以户用光伏这一新的细分领域为例，阐释为什么户用光伏可以作为原来专注集中式光伏领域的金融机构新的突破方向。

首先，在政策驱动、技术迭代以及光伏企业的持续努力和探索下，户用光伏“规模化开发＋集中式运维”的商业模式逐渐清晰，产业链配套逐步成熟，自2021年开始户用光伏开发规模快速上量。根据国家能源局与中国光伏行业协会的数据，2021年全国新增光伏发电装机54.88吉瓦，其中户用光伏新增装机21.5吉瓦，占当年新增光伏装机的39.18%。

其次，户用光伏的规模化开发引起了以电力背景的中央企业、国有企业、地方产业投资基金、险资投资机构等为代表的收购主体的广泛关注，户用光伏资产交易流转过程中的金融需求比较旺盛。户用光伏电站开发周期短，收购主体投资决策相对较慢，导致电站开发方对电站建设期和收购过桥阶段的融资需求存在匹配速度要求高、存续时间短且不确定等特点。大型金融机构的标准化融资产品无法满足开发企业的融资需求，为专业化金融机构提供了快速进入市场的足够空间。

最后，作为光伏发电行业的一个细分领域，户用光伏电站的开发投资主体与原先集中式光伏电站大体上是一致的，主要是光伏产业链上下游的主流制造企业，资产收益特征与集中式光伏电站没有本质上的差异，而因其装机规模小、区域分布分散等造成的运营难点也可通过信息化技术实现高效处理。

因此，金融机构在原有地面电站业务拓展中建立的专业能力和积累的行业资源，能够在较大程度上有效迁移到户用光伏电站业务的拓展中。针对户用光伏电站开发业主的资金需求，结合户用光伏资产特点，金融机构可以利用自身专业能力合理设计与之匹配的个性化交易结构（融资期限、宽限期、付款节点等的个性化安排）、有针对性的风控方案（基于大样本的抽检规则和资产分层管理等）和信息化系统支撑（工程建设、物料流转、发电监测、电费回款等方面的在线监控），从而通过充分运用在新的细分领域形成的专业认知和专业判断，构筑在户用光伏领域的差异化竞争优势。

（五）差异化优势来源于专业化能力

站在今时今日，从行业客户和金融同业的视角来观察，践行“基于行业专业化的金融专业化”方法论的金融机构在集中式光伏业务和户用光伏业务领域的差异化竞争优势直观上表现为服务方案的设计更符合光伏电站资产的价值规律，在不依赖主体信用的基础上，相比同业更加及时和充分地满足了各类电站开发主体的电站投融资需求。但在融资方案背后，真正体现差异化竞争优势的是，与之相匹配的三权抵质押、监管账户、资金沉淀、保证金安排、信用风险隔离、发电量监测、运行状态监测、运营增效、价值管理等差异化的风险缓释措施、权利义务分配条款和资产管理要求的系统化设计。这样的差异化金融服务方案所倚仗的，是对行业发展趋势和资产价值规律更深刻的理解认知，是对资产价值更准确的评估判断和更坚实的资产管理，进而表现为对行业客户新能源电站开发、构建电站资产或长期持有资产等合理需求的更有效响应和满足。

就上述案例归纳，差异化是市场检验的果，专业化是能力建设的因。抛开外部因素影响，差异化竞争优势的建立和保持都离不开对专业化能力建设的坚守；差异化竞争优势的丧失，则大概率是因为偏离了专业化能力建设的要求。从上述分析可知，这种深入理解特定行业发展趋势并且深刻把握该行业核心资产价值规律的能力建设和运用，需要力出一孔，需要循序渐进，需要厚积薄发，更需要长期坚持。

第二节
专业化战略的取舍与选择

前面基于真实行业背景下的案例讨论表明，金融机构是可以在特定的行业细分领域通过专业能力建设来构筑差异化竞争优势的。上一节谈到的光伏发电行业变迁，以及金融机构随之深化自身行业认知并设计有针对性的交易结构匹配光伏电站融资需求的案例，既是金融机构围绕“基于行业专业化的金融专业化”方法论进行经营实践的一个行业缩影，也是实践成果的直观表现。接下来，我们将探讨，在把“基于行业专业化的金融专业化”方法论上升到企业整体战略的高度并且长期坚持的过程中，一家金融机构可能会面临哪些战略取舍的情境，以及在这些情境中如何做出有利于坚持专业化战略的选择。

（一）专业化成长的路径选择

一家金融机构，尤其是中小金融机构，在成立初期一定会面临未来按照什么发展路径成长的战略选择问题。

一种路径选择是，立足规模化，通过快速做大规模，借助标准化产品和低成本优势，逐步建立市场竞争优势和竞争壁垒。对于金融机构而言，标准化产品和低成本优势，通常来源于资金成本优势、客户群体优势和营销布局优势，背后还需要领先的信用评价体系的有效支撑。一家新成立的金融机构，大概率不会具有上述优势。进一步讲，如果有强大的金融集团或产业集团作为股东，新成立的金融机构是否可以走规模化的发展路径呢？理论上，不能排除这种可能性。金融集团或产业集团背景的股东可以在一定限度内提供必要的资金、资源支持以及集团内业务协同机会，但是依托市场实现自主发展的能力才是金融机构实现长期可持续增长的关键因素。这就意味着金融机构必须不断地在市场竞争中历练和成长。不同于集团内业务，集团外部市场化业务的开展，必然会涉及成长路径、竞争策略等事关长期生存的战略选择问题。

事实上，相当一部分金融机构之所以会选择依托政策红利和市场热点迅速做大业务规模的成长路径，在很大程度上是希望通过成立初期业务的快速发展找到规模化发展的长期可行模式，或者寄希望于成功复制其他金融机构过往的成长模式来获得商业成功。可现实中，无论是借助“三差”政策利好，还是在监管套利、地方城投、房地产、上市公司定向增发等市场热潮中追逐的金融机构，尤其是中小金融机构，在政策红利消失或市场热潮退去后，都面临了一定的生存困境。

对金融机构，尤其是中小金融机构而言，应该按照怎样的成长路径寻求长期发展？结合前两章的讨论，本书认为，专业化成长是一种可行的战略选择。在本书产业金融的语境下，专业化的成长路径就是“基于行业专业化的金融专业化”。践行这一成长路径的金融机构就是本书所讨论的产业金融机构。

相较于那些已普遍建立了较为完善的主体信用评价方法的大型金融机构，产业金融机构在成长路径层面与它们存在本质上的差异。这种差异，其实就是各自所适用的金融方法论不同。以主体信用评价为核心的金融方法论，是在最普遍意义上消减金融机构与单个客户之间的信息不对称，而产业金融机构显然并不具备主体信用评价方面的专业优势和信用评价方法所依赖的经营规模与资金成本优势。产业金融机构的战略优势在于，坚定地把资源积累和能力成长聚焦于特定行业的细分领域，在相对狭窄的细分领域通过更高效的能力建设来形成行业认知方面的信息优势，在有效消减金融与行业信息不对称的过程中，立足于专业能力的持续积累和有效运用，通过持续有效满足行业细分领域客户的个性化需求逐步构筑起差异化的竞争优势。

这种差异化优势不是天然具备的，而是需要一个长期且缓慢的专业能力建设过程来支撑。就像蝌蚪，为了解决生存问题，首先要像鱼一样生活在水里并用腮呼吸。但是，蝌蚪终究是蝌蚪，不会忘记自己最终要变成青蛙，所有能力和资源的积累都是为以后在陆地上生活、用肺呼吸做好准备。同样的道理，成立初期的产业金融机构可以参照和模仿大型金融机构的评审流程、运营手段和管理工具，但必须在这个过程中逐步实现对这些流程工具的行业专业化改造。前面所讲的光伏电站行业发展和客户金融需求匹配的案例，就是在特定行业细分领域对“基于行业专业化的金融专业化”的战略实践。基于不断积累的行业认知，按照行业不同发展阶段所面临业务需求的风险程度和操作难度，产业金融机构结合对自身专业能力建设成果的客观评估，循序渐进地在风险可控的能力边界内选择和推进业务。这是一个专业化能力成长和差异化优势显现的自然的次序和过程。只有围绕行业专业化耐心地做好资源积累和能力构建工作，才能让自己成为一只“上岸的青蛙”。

综上所述，只有坚定地选择“基于行业专业化的金融专业化”方法论作为成长路径，并把它上升到公司战略的高度去长期践行，这种方法论才能在最大程度上帮助产业金融机构在运用专业能力有效服务行业客户的过程中，体现出独特价值和差异化竞争优势。

（二）专业化道路上的“曲折”

企业经营从来没有一帆风顺，市场竞争永远都是云谲波诡。专业化能力构建的过程同样是道阻且长，必然会面临内外部的困难和挑战。甚至相比其他成长路径，坚持专业化的成长路径是更加“难而正确”的事情。之所以这么说，是因为专业化能力建设的成效从来不是立竿见影的。没有长期耐心的投入和坚持，就不会有专业化的成效。当产业金融机构沿着专业化路径前行时，一定会遇到这样或者那样的内外部不利因素。问题的关键在于，在具体的不利情境下产业金融机构是坚定信念，继续坚持？还是转换赛道，寻找新的发展契机？

上一节我们谈到的“光伏 531 新政”所带来的行业巨变就是这样的外部不利因素。“光伏 531 新政”发布的 2018 年，我国光伏新增装机容量 43 吉瓦，同比下降 18%，其中集中式光伏电站新增装机容量约 23 吉瓦，同比下滑 31%。行业低潮带来的是原有市场需求的萎缩和市场格局的巨变，金融机构在相关领域的业务布局该何去何从？是控制规模乃至暂停业务？还是坚持按照原有的模式寻找业务机会？抑或是通过专业能力的构建找到新的客户痛点和业务破局点，形成新的差异化竞争优势？产业金融机构的选择应该是后者。那就是，通过系统细致的行业研究和高水平的专业交流，持续加强对光伏行业发展趋势和光伏市场格局的研判，提升专业认知水平，增强信心，找到新市场格局下的业务破局点，重新赢得差异化竞争优势和发展空间。实践表明，为数不少的中小金融机构的光伏电站融资业务不仅没有因为“光伏531新政”而沉沦，甚至在经受“光伏531新政”考验后进入更加蓬勃发展的新阶段。在专业化成长过程中出现的困难和挑战，反而是对产业金融机构自身专业化能力建设成果的有效检验。如果能够凝聚资源和能力有效克服困难和挑战，实现专业化能力建设的有效突破，产业金融机构就能够进入更高层次的发展阶段。

专业化能力的突破并不只是发生在经历行业重大变化的考验这种大场面，也会出现在产业金融机构应对具体业务挑战的过程中。比如，作者所在公司就曾经遇到过光伏电站出险项目。在该项目的建设期，由于资金链断裂，项目业主无法继续对项目进行有效投入，项目存在无法并网的风险。而如果项目未能并网，将会对公司的债权安全造成颠覆性风险。如何才能有效推动项目实现并网，那么毫无疑问是债权人、债务人和行业的“三赢”。但能否实现这个目标，取决于公司对自身能力、资源状况的准确评估和有效运用。或许也正是因为在这一点上存疑，当面对这种情形时，更多的金融机构选择不再继续投放，而是通过诉讼等被动手段追偿。回到当时的情形，作者所在公司通过信用隔离手段有效阻断了业主信用风险向项目端的传导，在严格把控资金安全的情况下继续确保项目建设期必要的资金投入，利用自身具备的产业生态圈优势，主动引入专业的第三方建设单位和技术服务机构，有力地保障了项目现场施工进度和质量，按期实现项目的全容量并网和电站资产的现金流自偿。通过依靠专业能力和行业资源进行项目的主动管理，公司的债权安全得到完全的保障，也为当地减少了一个烂尾资产，贡献了一个优质发电资产。更为重要的是，在这个过程中，作者所在公司构建出应对和处置类似风险隐患的关键专业能力，也更加理解了所谓“风险的相对性”，即风险影响的大小在很大程度上是相对于自身的专业能力而言的。这段经历，让我们更加坚定了走专业化道路的信心。

（三）有所为有所不为

2018年，曾有金融同业就开展一项ABN通道业务合作事宜接洽作者所在公司。按照该笔业务的整体规模和费率水平计算，公司大致能够获得约3000万元的净收益。考虑到该业务项下基础资产质量较优和公司可能投入的管理运营成本较低，该收益不仅可观，还具有极高的风险收益比。面对如此“巨大”的诱惑，公司内部存在各种不同的声音。有人认为，面对这样的业务机会，应当毫不犹豫地紧紧抓住；有人认为，这样的机会不做白不做；也有人认为，天上不会掉下馅饼。公司管理层当时的考虑是，虽然这样的获利“机会”非常难得，但是对于我们这样一家当时全身心投入专业化建设的初创公司而言，接受这样的机会就意味着要在所聚焦行业之外的领域投入宝贵的资源和能力，意味着对专业化战略的偏离。这样的做法，不仅对公司在行业细分领域的专业能力建设无甚裨益，还会对我们坚守专业化战略的集体信念造成冲击，甚至可能会动摇内部人员对走专业化道路的信念。经过公司管理层深思熟虑和内部充分交换意见后，公司坚定地拒绝了这一“唾手可及”的获利机会。而这一事件的发生正值“光伏531新政”出台之际，公司一方面要在行业低潮中寻求专业化的突破，另一方面却又要放弃这种可以较为

“轻松”实现的巨大收益。当时公司管理层面临的决策压力，回想起来仍令人唏嘘。

如果说这个通道业务因为特征太过鲜明而不具有普遍意义，那么自成立以来，作者所在公司坚决拒绝参与“城投业务”就更加体现了对专业化战略的坚定信念。与通道业务、城投业务，或者追随市场热点相比，走专业化发展道路，因为经营成果见效慢而显得尤为艰难。但是与见效慢相伴随的好处是，专业化所带来的价值可以长期持久地释放。实践表明，专业化战略“道阻且长”，只有主动排除各种干扰因素，心无旁骛地长期坚持专业能力建设，产业金融机构才有机会始终将命运的主动权掌握在自己手里。

（四）主动构建产业生态圈

既然是产业金融机构，必然面临如何构建与产业的密切联系的问题。是停留在简单地融入产业生态，还是更进一步主动地构建产业生态圈，甚至有意识地影响和引领产业发展？这是一个关系到长期资源投入的战略选择问题。在本书的语境下，所谓“产业生态”，更加强调的是产业中各类主体动态的联系和互动。这种联系和互动，既包括产业上下游企业之间的联系和互动，也包括围绕产业需要提供各类服务的配套企业、金融机构、专业机构、专业团体、政府部门等组织与产业上下游企业之间的联系和互动。

构建产业生态圈是为更有效地构建专业能力和积累行业资源打基础的长期资源准备活动。主动地构建产业生态圈，甚至随着能力的提升有意识地影响和引领产业发展，才是产业金融机构构建与产业密切联系的更合理有效的选择。“基于行业专业化的金融专业化”，体现的不仅是金融评价方法本身的专业化，更根本的在于产业认知能力的领先和产业运营手段的丰富。要达到这个目标，产业金融机构就要有意识地主动构建产业生态圈，在其周边汇聚包括行业协会、制造商、研究机构、政府部门、合作客户、专业服务机构、多元化投资机构等产业金融资源。这是实践行业专业化这一金融方法论的必要举措，其原因在于如下两方面：一是与前述各类机构的交流与互动本身，正是借助多元信息渠道获取行业信息以消减行业信息不对称的过程；二是产业生态圈本身就是产业金融机构赖以发挥专业能力优势实现经营目标的行业资源集合。

与更为直观的资产规模指标相比，产业生态圈的完整度与可靠性很难量化。但是，难以量化评价的产业生态圈恰恰能够更加准确地反映产业金融机构行业影响力和资源集聚号召力的发展状态。本章第一节介绍了包括作者所在公司在内的相关金融机构的光伏电站融资业务的几度沉浮，在当时初看起来似乎是突然之间“毫无征兆”地发生了。但是，通过事后分析来看，实际上是业务规模的持续增长在很大程度上掩盖了能力建设问题，即“项目取向”和“短期绩效取向”的业务拓展模式已经极大地偏离了专业化战略的要求。一个生动的表现就是，“书到用时方恨少”，放眼整个产业，发现没有几个真正能靠得住的朋友。该问题的实质，不是朋友靠不住，而是自己没能真正建立有效的产业生态圈。正是认识到了产业生态圈的重要意义，作者所在公司起步稍晚的市场化风电业务，即使在发展初期艰难的业务爬坡过程中，也始终坚持不懈地构建风电产业生态圈。通过专业化能力的持续积累和有效运用，作者所在公司不断提高服务客户的效能，在取得细分领域市场领先地位的同时，还通过多项研究专业成果的输出，极大地增强了在风电行业的专业影响力和市场口碑。在这个阶段，产业生态圈已经不仅是产业金融机构获取行业信息、积累专业能力的来源或者渠道，它还是产业金融机构专业化能力的外向辐射和有机延展的基础条件，是差异化竞争优势的有机组成部分。

十年树木，根深才能叶茂。如果把“基于行业专业化的金融专业化”战略的实践过程比喻成一棵树的生长，是否有意识地系统地构建产业生态圈，就决定了这棵树的根在产业的土壤里扎得是否足够深入，根系和产业链上下游的结合是否足够紧密，专业能力建设和行业资源积累的基础是否足够牢固。总之，产业金融机构在践行“基于行业专业化的金融专业化”战略过程中，必须有意识地持续扎根产业生态，长期系统地加强产业生态圈的构建。

第三节
专业化战略的若干启示

（一）专业化战略的内涵提炼

通过前面两节对新能源发电行业相关金融机构实践过程和战略思考的粗略观察和经验提炼，可以得出如下结论：基于行业专业化的金融专业化，就是在聚焦特定行业构建对行业发展趋势、产业运营能力、资产价值规律等专业化的行业认知和能力运用的基础上，在实现风险可控和满足客户需求两个维度上拓展金融专业能力，从而持续实现金融机构在服务产业客户的方式和效率方面的帕累托改善，并据此构筑差异化竞争优势。通过所构筑的差异化竞争优势，金融机构得以更有效地构建产业生态圈，更有效地集聚产业和金融资源，从而更有效地培育积累产业端和金融端的专业能力。借助更富集的产业金融资源和更强大的专业能力的相辅相成和有效运用，金融机构得以不断构筑更高维度的差异化竞争优势。如此循环往复，围绕金融机构就形成了一个自强化的能力成长系统。

由此，本章所讨论的“基于行业专业化的金融专业化”的战略实践问题，就是产业金融机构要把“基于行业专业化的金融专业化”这一方法论上升到企业整体战略的高度来践行，将自身所能获得的有限资源最大限度地投入所聚焦的行业细分领域的专业能力建设活动中，以专业化能力构筑差异化优势，力出一孔，循序渐进，厚积薄发，长期坚持。从竞争战略的视角来看，“基于行业专业化的金融专业化”这一方法论在金融机构的战略实施，可以概括为“以专业化能力构筑差异化优势”，在本书中简称“专业化战略”。

（二）专业化战略的内在要求

为确保专业化战略的有效实施，产业金融机构应当深刻理解专业化战略的内在要求。专业化战略的内在要求就是着眼行业和自身的长远发展，专心致志地系统构建专业能力。具体来讲，这一内在要求包括如下两个相互联系的方面。

1. 遵循长期主义

首先，“基于行业专业化的金融专业化”方法论的内在要求决定了必须坚守长期主义。产业的发展具有其自身的规律，完整的行业周期演变是一个长期的过程。要解决这一长期过程中信息不对称的问题，“基于行业专业化的金融专业化”这一方法论的有效性就必须建立在“长期视角”和“长周期实践”上。

其次，专业能力的构建从来不是一朝一夕之功。无论是个人，还是企业，要形成一种高于市场平均水平的专业能力，都需要长期的构建和积累，是一个相对漫长的过程。对金融机构而言，无论是认识特定行业的发展规律，还是认识特定行业核心资产的价值规律，抑或是围绕资产价值的稳定和提升构建产业运营能力，都是一个持续而漫长的过程，无法毕其功于一役，更不可能一蹴而就。

最后，从专业能力的持续构建到差异化竞争优势的有效展现，天然存在量变到质变的过程。专业能力只有积累到一定程度，跟同业相比能够拉开足够的认知差距，才能真正展现为差异化的竞争优势。这就像我们平时烧开水一样，只有把水从常温一直加热到100摄氏度并维持一个较长的时间，水才能持续不断地变成水蒸气。在此之前，无论加热到多少度，都难以改变水的形态。专业能力的构建也是如此，逆水行舟，不进则退。没有长期不懈的坚持，结果往往是“行百里者半九十”。

2. 系统构建专业能力

系统构建专业能力，包括三个互为前提、互相补充的方面：一是坚持构建行业专业能力；二是坚持构建金融专业能力；三是坚持构建产业生态圈。

第一，坚持构建行业专业能力。在“基于行业专业化的金融专业化”这一方法论中，行业专业能力是金融专业能力的实现基础。没有行业专业能力，“基于行业专业化的金融专业化”就无从谈起。行业专业能力大致包含以下四方面内容：一是对行业发展趋势的判断力；二是对市场格局和客户需求变化的感知力；三是对行业细分领域核心资产价值规律的洞察力；四是对行业细分领域产业运营资源的掌控力。

第二，坚持构建金融专业能力。“基于行业专业化的金融专业化”，体现在实现风险可控和满足客户需求两个维度。作为金融机构，持续实现风险可控是赖以生存的基础能力；通过持续拓展风险可控的能力基础，从而不断实现金融机构服务产业客户的更优方式和更高质效，则是金融机构差异化竞争能力的金融表达过程。金融专业能力主要体现在以下方面：一是对行业细分领域核心资产价值的评估、判断和实现能力；二是在对资产价值形成深刻认知的基础上，在风险可控基础上有效满足客户需求的金融交易方案的设计执行能力。

第三，坚持构建产业生态圈。产业生态圈构建过程是产业金融机构基于产业认知，有意识地、系统地实现产业资源和金融能力有机联系的过程。产业生态圈的构建，既有利于金融机构持续提升行业专业能力，也有利于金融机构实现“基于行业专业化的金融专业化”，是产业金融机构专业能力构建和产业资源积累的根基。构建产业生态圈对于金融机构聚合产业资源，提升专业能力，发掘商业机会和增强专业影响力均具有重要支撑作用。产业生态圈的构建大致可分为三个层面的内容：一是构建获取行业专业认知和感知市场客户需求的多元化信息渠道；二是集聚助力资产价值管理的产业运营外部资源；三是通过业务合作、联合调研、发布白皮书等方式主动构建行业细分领域的专业影响力。在产业生态圈的构建过程中，产业金融机构应重点关注产业生态圈组成内容的重要性、完整性和结构性。

（三）专业化战略的实施原则

前文提到，专业化战略的实施必然是一个长期的过程。在长期的战略实施过程中，要确保战略推进的方向正确和节奏平稳，产业金融机构应当遵循自身资源禀赋、遵循行业发展规律、遵循市场规律约束和遵循自身成长规律。

1. 遵循自身资源禀赋

专业化战略实施的起点应该是产业金融机构创立之初所具备的资源和能力，包括股东行业背景和股东投入资源、公司初创时所具备的团队基础和管理基础，以及企业创始团队的视野和认知等。

在准确认识和评估自身所具备能力资源的基础上，金融机构应围绕选定的细分行业有效组织和投入公司资源，持续构建行业细分领域的专业能力。也就是说，金融机构需要根据自身优势来选择最适合的特定行业细分领域，避免盲目跟随市场潮流。同时，在专业化战略实施过程中，金融机构也应根据自身资源积累和能力成长的不同阶段有针对性地制定战略实施的方向、路径和节奏。

2. 遵循行业发展规律

产业金融机构应当持续研究和深入理解特定行业的发展趋势和发展规律。现代经济中的每个产业，每个产业中的细分行业，都处于或快或慢的发展变化中。为了保持风险可控和有效满足客户需求，金融机构行业专业能力建设的核心和关键在于持续提升对行业发展趋势和资产价值规律的认识和理解。这种认识和理解，既包括对行业发展趋势，技术演进方向、行业发展痛点、市场竞争格局、行业客户需求、法规政策变化等的超过市场平均水平的深刻认知，又包括在此基础上对行业细分领域核心资产价值规律的洞察把握。只有在严格遵循行业发展规律和资产价值规律的基础上，金融机构才有可能持续实现风险可控和有效满足行业客户需求。

3. 遵循市场规律约束

市场是现代经济中资源配置的基本方式，因而也是检验专业能力构建成效的核心标准。遵循市场规律约束，就是要求产业金融机构的专业能力构建必须符合市场规律，满足市场需求。

市场规律约束还包括竞争对手的行为和行业客户的偏好，产业金融机构需要通过自身的专业能力准确识别和评估这些行为和偏好，作出合理的商业判断，从而制定正确的竞争策略和适当的风控措施。市场是最公正的裁判，产业金融机构只有通过专业能力构建不断准确识别市场格局和客户需求，持续提供符合市场需求的产品和服务，才能在市场中建立良好声誉，在竞争中脱颖而出。

4. 遵循自身成长规律

专业化战略的实施应该与金融机构自身专业能力与资源的成长阶段和成长节奏相匹配。处于不同成长阶段的金融机构，其行业认知水平不同，产业资源和专业能力的积累层次不同，专业化战略实施所面临的关键问题和资源要求也不尽相同。金融机构应该结合自身专业能力成长和行业资源积累的具体阶段，有效识别专业能力构建的关键问题和重点环节，力出一孔，节奏平稳，循序渐进，步伐坚定地推进专业化战略实施。

（四）专业化战略的实施路径

第二章提出资产可能是行业信息比较富集的载体，可以作为金融机构消减行业信息不对称的着力点。就新能源发电这一行业细分领域而言，专业能力建设的过程正是围绕新能源电站资产这一信息载体展开的。因此，在资产可以作为信息载体的那些行业细分领域中，围绕资产构建专业能力就成为专业化战略的实施路径。该实施路径在专业化战略实践过程中发挥的核心作用和功能主要体现在以下三个方面。

1. 聚焦资产是专业化风控体系构建的方向和路径

金融机构是经营风险的商业机构，有效风险控制是确保金融机构长期稳健发展的基石。不管选择了什么样的成长路径，要想实现长期稳健发展，金融机构首先要做好风险管理工作。风险来自不确定性，对不确定性的准确评估和有效应对是金融机构风险管理的核心内容。在金融机构经营管理的过程中，信息不对称是影响风险管理有效性和可靠度的首要因素。因此，风险管理效能的提升，关键取决于金融机构对信息不对称的消减能力。

产业金融机构可以立足于“行业专业化”，通过将能力和资源建设聚焦于消减自身与所聚焦的行业细分领域之间的行业信息不对称，围绕资产这一信息载体在该细分领域构建行业认知优势，并合理利用这种信息优势实现有效风险控制，通过不断拓展风险可控的专业能力基础来实现业务边界的持续拓展。这个通过专业能力建设不断夯实风控基础和拓展业务边界的过程，我们称之为“基于专业能力的风险可控”和“基于风险可控的业务拓展”。在这个意义上，“围绕资产构建专业能力”成为指导产业金融机构构建区别于“信用评价模式”的专业化风控能力体系的方向和路径。本书第四章将对该部分内容进行更加系统和详细的阐释。

2. “围绕资产构建专业能力”是产业金融机构组织资源构建专业能力的指导原则

不仅风险控制体系需要围绕对行业和资产的认知来构建，产业金融机构的业务拓展、客户选择、项目准入、资产管理、融资管理等方方面面的能力构建和职能作用发挥都离不开对风险的认识、判断和管理，因而也就都离不开对“围绕资产构建专业能力”原则的遵循和坚守。“围绕资产构建专业能力”不仅是指导产业金融机构构建区别于“信用评价模式”的专业化风控能力体系的方向和路径，更成为产业金融机构在整个企业范围内组织资源进行专业能力建设的一般性指导原则。本书第五章将对该部分内容进行更加系统和详细的阐释。

3. “围绕资产构建专业能力”的核心是对资产价值的管理

在通过消减行业信息不对称提升风险管理效能的意义上，资产是行业信息的载体。资产的信息载体功能只有通过对资产价值的持续动态衡量才能体现出来。资产价值是行业信息的综合、具体和动态呈现，资产价值同时也是金融交易安排中风险收益的实现基础，因而理应成为产业金融机构风险管理的核心内容。围绕资产构建专业化风控体系和更普遍意义专业能力体系的过程，核心是对资产价值的评估、判断和实现能力的不断完善和迭代升级过程。本书第六章将对该部分内容进行更加系统和详细的阐释。

（五）专业化战略的实施保障

在本书的讨论框架下，专业化战略的核心内容是产业金融机构在发展中如何长期实践“基于行业专业化的金融专业化”这一方法论。为了确保在专业化战略的长期实践过程中，方向不动摇，动作不走样，产业金融机构就要做到始终保持战略定力。而要保持战略定力，就要充分发挥组织机制及其背后文化治理因素的保障作用。

1. 自身的战略定力

战略定力就是对专业化战略坚定不移的信念和长期不懈的坚守。这种信念和坚守不会随着内外部环境的变化而轻易改变。由于专业化战略见效慢，这种信念和坚守就容易受到外界的干扰。因此，对坚守战略的信念，必须接近甚至达到信仰的程度。战略定力，具体可体现在领域专注、节奏平稳和信念坚定三个方面。

一是领域专注。金融机构应该专注于特定行业的细分领域，并在特定行业的细分领域内持续精耕细作。领域专注，才能力出一孔，企业有限的资源和能力才能发挥最大的效用。通过围绕特定行业细分领域，持续投入资源和构建专业能力，产业金融机构才更有可能在行业细分领域形成超出市场平均水平的差异化竞争优势。

二是节奏平稳。在专业化战略实施过程中，节奏平稳意味着能力的积累和运用要循序渐进、厚积薄发，不能急于求成。对于产业金融机构来说，要扎实稳健地推进战略，研究先行是第一步。在推出新产品或服务新客群之前，产业金融机构首先应对所涉行业细分领域、细分市场和细分客群进行系统深入的研究，形成可靠的研究框架和初步结论；然后安排试单跟进评估市场和客户反馈，识别运营过程中存在的风险和问题；接下来根据反馈信息进行研究深化和产品优化，以确保产品或服务能够在风险可控基础上有效满足产业和客户需求；最后在试单并总结经验的基础上，方可逐步扩展产品服务规模或客户服务范围。这种有计划、有节奏地推进方式，可以帮助金融机构及时发现能力积累的不足，避免冲动扩张可能带来的风险。通过研究先行、试单跟进和成熟拓展的方式，金融机构能够以更加平稳的节奏实施战略，确保战略的成功落地。

三是信念坚定。选择专业化战略，体现的是产业金融机构在市场竞争中追求的是长期利益和长期价值，其本身是一种长期判断。对这一长期判断的信念至关重要。只有相信专业化战略的力量，相信坚守专业化战略的长期价值，金融机构才能不受短期市场波动的干扰和影响，才能专注于专业能力的长期构建。唯有如此，金融机构才能以理性的态度应对市场的波动，才能做到“市场过热时不冲动，市场低谷时不退缩”，才能成为有效支持行业长期健康发展的专业金融力量。

2. 良好的组织建设与运行

战略实施是一个长期实践过程，是通过把战略要求分解到一个个具体的经营活动中来执行和落地的，而这些经营活动又是由个体员工或者个体员工组成的团队来完成的。员工“履职行为”需要制度、流程等进行规范和约束。关于员工的互动关系以及制度、流程的构建和实施，我们可以称为“组织建设和运行”。

组织建设和运行是公司战略目标实现的重要保障因素。良好的组织建设和运行可确保产业金融机构内部权责清晰、决策高效、运营顺畅，从制度、流程等“基础设施”层面保障专业化战略的实施。

制度建设过程中也可能出现各种“冲突”。当既有的制度规范、流程机制本身或其指导下的团队、员工行为偏离专业化战略要求时，与专业化战略要求适配的企业文化将发挥关键的协调作用。通过塑造符合专业化战略要求的企业文化，在金融机构内树立共同的战略目标和价值理念，激发员工的工作热情和创新精神，在构建专业能力的漫长过程中逐步形成员工共同的信念，可以有力支持专业化战略的长期实践，为专业化战略实施提供坚实的无形保障。本书第七章将更加深入系统地探讨本部分内容。

如前所述，“基于行业专业化的金融专业化”战略实践过程就像一棵树的生长过程。特定行业的产业生态就是这棵树赖以扎根的土壤。这棵树的根须与产业生态的紧密结合就是金融机构对产业生态圈的持续构建，根系不断向下向外扎根的过程就是专业化程度不断深化的过程。坚实挺拔的树干代表产业金融机构在特定行业所构建的能力和资源，树干不断生长的过程就是能力和资源沿着特定行业发展要求持续积累的过程。这棵树最终开枝散叶的过程，则是产业金融机构有效运用专业能力和产业资源持续解决特定行业中痛点问题和有效满足行业客户个性化需求的过程，是产业金融机构体现独特价值和行业引领力的过程。

根深才能叶茂，本固方可枝荣。这棵树能否枝繁叶茂，参天蔽日，取决于树的根在产业生态的土壤里能扎多深，根系与土壤的结合有多紧密。因此，产业金融机构应当排除一切干扰因素，长期保持战略定力，专注扎根产业生态，心无旁骛地把企业可以获取的有限资源最大限度地聚焦于行业细分领域，在风险控制、业务拓展、资产管理、融资管理、组织流程建设等方方面面，耐心细致地围绕核心资产持续建设专业能力和积累行业资源。

本书后面章节将分别从上述不同维度的能力构建视角刻画这一战略实践过程，并尝试提炼归纳出本书认为那些有助于践行“基于行业专业化的金融专业化”方法论的行之有效的做法。

第四章

基于专业能力的风险可控

第三章的分析认为，产业金融机构应该将“基于行业专业化的金融专业化”这一方法论上升到企业战略的高度来践行，这一战略被概括为“专业化战略”。在明确了企业战略之后，产业金融机构下一个需要思考的问题就是如何开展有效的风险管理。因为金融机构是经营风险的商业机构，如果开展的业务频频出险，金融机构便会对战略路径产生动摇，难以长期坚持。事实上，风险管理贯穿金融机构经营的始终，良好的风险管理是金融机构长期稳健发展的重要基础。

本章将围绕产业金融机构的风险管理，探讨以下三个问题：第一，在专业化战略定位之下，产业金融机构如何形成与战略定位相匹配的风险管理理念；第二，如何在风险管理理念的指导下构建与产业金融机构业务开展相适配的风险管理体系；第三，风险管理体系背后需要哪些专业能力支撑，怎样才能不断拓展这些专业能力从而保障风险管理体系持续有效发挥作用。

第一节
基于专业化战略的风险管理理念

（一）风险与风险管理理念

讨论风险管理，需要追本溯源，从两个基本概念谈起。

第一个需要讨论的概念，是“风险”，确切地说是“企业风险”（以便与“健康风险”“战争风险”等其他语境下的“风险”相区别）。不同学者和机构对“企业风险”的定义不尽相同，但基本均认为对企业而言，风险并不必然带来损失，也有可能带来收益。国务院国有资产监督管理委员会发布的《中央企业全面风险管理指引》（以下简称《指引》）中，将“企业风险”定义为“未来的不确定性对企业实现其经营目标的影响”。《指引》进一步根据不确定性的影响是否能带来盈利，将企业风险分类为“纯粹风险”（只有带来损失一种可能性）和“机会风险”（带来损失和盈利的可能性并存）。作者将《指引》对企业风险的定义作为本书对企业风险的定义。如无特殊说明，本书所指“风险”均为上述定义下的“企业风险”。

从上述定义可知，风险是“不确定性的影响”。这一影响有带来损失的可能性，某些情况下也有带来盈利的可能性，但无论如何，风险的来源是不确定性。对不确定性的准确评估和有效应对是金融机构风险管理工作的核心内容。结合第二章的分析，消减信息不对称是准确评估不确定性并有效应对不确定性的关键。事实上，能否有效消减信息不对称进而准确评估和有效应对不确定性，正是金融机构专业能力的一种体现。

因此，“不确定性”虽然是客观存在的，但是风险作为不确定性的影响，却是因不同金融机构专业能力的差异而不同的。对于同一不确定因素，如果甲金融机构依托自身的专业能力能够全面掌握与该不确定因素相关的各项信息，进而对该不确定因素进行准确评估和有效应对，那么这一不确定因素对甲金融机构而言就是“风险可控”的；如果乙金融机构不具备这样的专业能力，无法全面掌握相关信息也无从评估和应对该不确定因素，那么这一不确定因素对乙金融机构而言就是“风险不可控”的。从这个意义上来说，风险是具有相对性的。一家金融机构希望进行有效的风险管理，本质就是要不断提升专业能力，将经营中可能面临的各项不确定因素尽量多地纳入“风险可控”的范畴之内。

第二个需要讨论的概念，是“风险管理理念”。风险管理理念是一家金融机构看待风险、识别风险和管理风险的基本原则和基础方法。风险管理工作包含的内容非常丰富，从项目准入到风险应对，涉及日常经营的诸多环节。面对千头万绪的风险管理工作，如果没有统一的原则指导，容易出现各项风险管理工作之间不协调不匹配的情况，导致进退失据、难以形成有机统一的风险管理体系。因此，风险管理理念，作为金融机构看待风险、识别风险和管理风险的基本原则和基础方法，应该起到全面统领风险管理工作的作用，即金融机构应该在风险管理理念的指导下，系统构建风险管理体系。因此，能否形成适宜的风险管理理念，是构建风险管理体系的首要问题。本节讨论的核心就是，产业金融机构应该树立怎样的风险管理理念。

（二）战略定位决定风险管理理念

承前文所述，风险管理理念至关重要。那么，风险管理理念应该以何为依据进行确定呢？本书认为，对产业金融机构而言，风险管理理念是由产业金融机构的战略定位决定的。这一结论的得出有以下两方面考虑。

其一，任何金融机构的风险管理理念都应该与其战略定位相匹配。战略的价值在于落地。金融机构的风险管理涵盖业务开展的很多环节，如果统领风险管理工作的风险管理理念与战略脱节，那么日常经营中的诸多环节将难以避免地出现与战略定位相悖的情况，其结果是战略极易沦为口号，无从落地。因此，金融机构的风险管理理念应该与其战略定位相匹配，这个道理并不难理解，本章不做过多阐释。

其二，具体到产业金融机构，其风险管理理念与其战略定位具有相同的理论渊源。通过第二章的论述，我们认识到，产业金融机构与其他金融机构不同，选择“基于行业专业化的金融专业化”这一方法论，以行业专业化为主维度（与之对应，一般的金融机构选择以信用评价为主维度）消减信息不对称；而通过第三章的论述，我们认识到，产业金融机构应该进一步将这种消减信息不对称的方法论上升到战略高度来践行，形成“以专业化能力构筑差异化优势”的战略，简称为“专业化战略”。可见，产业金融机构“专业化战略”的源头是消减金融与行业信息不对称的方法论。另外，通过本章前文的分析我们也认识到，风险管理理念指导下构建的风险管理体系，就是要对经营中可能面临的各项不确定因素进行准确评估和有效应对；而对不确定因素的准确评估和有效应对，又扎根于围绕这一不确定因素消减相关的信息不对称。可见，风险控制理念的源头也是消减金融与行业信息不对称的方法论。只有深刻认识到产业金融机构的战略定位和风险管理理念均源自于消减金融与行业信息不对称的方法论，两者有着相同的理论渊源，才能得出“产业金融机构的战略定位决定其风险管理理念”这一结论。

（三）专业化战略下的风险管理理念

既然产业金融机构的风险管理理念是由战略定位决定的，那么专业化战略之下，应该形成怎样的风险管理理念呢？

首先，专业化战略下的风险管理理念不应该是信用评价导向而应该是行业专业化导向的。

所谓信用评价导向，是指金融机构基于信用评估进行风险管理。通过对大量信用主体历史数据的积累与分析，提炼出共性指标，运用大数法则及相关信用评价工具评估债务人的信用风险；构建庞大的客户群体规模，通过在数量众多的债务人之间的资金分配，降低单一债务人违约的风险影响，从而实现风险分散、损失可控的效果。其风险管理体现出标准化、同质化的特征。通常而言，信用评价导向更适合业务规模和客户基数庞大、掌握丰富客户信用数据的金融机构。

所谓行业专业化导向，是指金融机构基于对特定行业的深入理解和深度参与所形成的专业能力来进行风险管理。产业金融机构选择聚焦于特定行业而不是全行业规模化经营，意味着不寻求在信用评价方面形成优势，而是寻求在行业专业化方面构筑差异化优势，从而有效进行风险管理。因此，专业化战略下的产业金融机构，风险管理理念应该是行业专业化导向的。

其次，结合作者所在机构的实践经验，本书认为专业化战略下的风险管理理念，应该具备以下三方面内涵。

1. 用专业的态度看待风险

如前文对风险概念的分析所述，风险的来源是“不确定性”。用专业的态度看待风险，要求金融机构充分认识到风险的相对性，即不同金融机构消减信息不对称的能力不同、对不确定因素进行评估和应对的能力不同，那么同一不确定因素对不同金融机构而言，其风险是否可控的结论也不同。

业内常说不同的金融机构具有不同的风险偏好，有的金融机构更趋于保守，对不确定因素多的业务领域敬而远之；有的金融机构对风险的态度更开放，积极涉足不确定因素多的业务领域。作者认为，这种“风险偏好”差异，很多情况下只是一种表象，其背后反映的是消减信息不对称从而对不确定因素进行准确评估和有效应对的专业能力差异。当然，当这种专业能力的构建落后于业务拓展需要的时候，将极易出现不可控的风险事件。

用专业的态度看待风险，深刻认识风险与专业能力的辩证关系，对金融机构提出了两方面要求。第一，要时时刻刻敬畏风险。聚焦于目标行业长期深耕，充分尊重行业的客观规律，不断积累消减行业信息不对称的能力以及准确评估、有效应对不确定因素的能力，将业务开展涉及的各项不确定因素纳入“风险可控”的范畴。敬畏风险的最佳体现就是不断加强专业能力的积累与运用，并且有意识地主动追求风险可控的边界拓展，让专业能力的构建总能覆盖业务拓展的需要。第二，要以“风险可控”为目的，对不必要的风控措施做减法。一味在风控措施上求全责备，并不是敬畏风险，而是出于专业能力的不足而表现出的对风险的恐惧。金融机构需要认识到，风控措施并不是越多越好，不必要的风控措施将对客户造成困扰甚至影响业务落地。而能否恰到好处地设计风控措施，在实现风险可控的同时最大限度地减轻客户的负担，其关键仍旧是专业能力建设。

2. 用专业的视角识别风险

一个行业蕴含着大量的信息，而在行业不断发展演进的进程中，还将有更多的信息持续涌现。这些信息中包含着哪些不确定因素？这些不确定因素导致的风险影响如何？这些问题要求我们用专业的视角去识别风险。

用专业的视角识别风险，对金融机构提出了以下三项要求。第一，积极构建行业生态圈，与行业内的生产经营机构、第三方专业咨询机构、行业协会等建立广泛联系。在面对棘手的不确定因素时积极邀请行业专家发表专业意见，从产业生态圈中积极汲取行业信息、认识行业规律。第二，在聚焦于行业开展产业金融服务的过程中，深入了解行业痛点和客户需求，积极积累风险应对经验，并将业务各项信息系统归类记录，形成自己的行业数据库，作为今后识别风险的依据和参考。第三，在广泛借鉴行业专家、整理业务实践的基础上，独立自主地研发风险识别模型，并随着业务的拓展、行业认识的加深，不断迭代和优化模型。

风险识别模型一定会经历从初级到高级、从片面到全面、从不够准确到准确的优化过程。而这个风险识别模型，就是产业金融机构用专业视角识别风险的有效工具。

3. 用专业的手段管理风险

有效管理风险是所有金融机构的目标，包括预防风险事件的发生以及风险事件发生后的有效应对。专业化战略要求产业金融机构“用专业的手段”去管理风险，就是要求产业金融机构综合运用产业专业能力和金融专业能力进行风险管理，最大限度地摆脱对客户信用评价的依赖。

通常而言，以信用评价为风险管理导向的金融机构，预防风险事件发生的主要方式是依托丰富的业务数据积累和先进的信用评价工具，将不符合信用准入要求的客户剔除在外；而风险事件发生后的应对方式主要是对押品进行拍卖变卖、向保证人追偿等。显然，这种风险管理手段对于主体信用一般、无力提供足值担保的中小客户（尤其是中小民营客户）并不适配。

产业金融机构希望深耕特定行业，有效满足行业客户（尤其是行业中的中小客户）的合理融资需求，就应该持续积累和运用产业专业能力和金融专业能力，用专业手段管理风险。在产业端，依托产业专业认知，判断客户投资需求的合理性；运用产业生态资源和专业能力，协助客户解决资产建设和运营中遇到的难题，实现资产价值的兑现。在金融端，结合项目建造进度合理设计投资安排，基于资产现金流特征合理设计还款安排，进行权利义务对等、风险合理分担的交易结构设计；等等。可见，用专业的手段管理风险，就是不断积累产业专业能力，并将产业专业能力在金融服务领域进行有效运用，通过产业专业能力和金融专业能力的综合运用来有效管理风险。

上述三个方面内涵，“用专业的态度看待风险”“用专业的视角识别风险”“用专业的手段管理风险”，落脚点都在“专业化”。它们共同构成了专业化战略下的风险管理理念。本书将这种风险管理理念归纳提炼为“基于专业能力的风险可控”。下面，以作者所在公司遵循上述风险管理理念对新细分领域的业务拓展进行风险管理为例，对“基于专业能力的风险可控”这一风险管理理念进行具体阐释。

2015 年开展市场化光伏业务之后，公司考虑将业务范围拓展至风电这一清洁能源行业的细分领域。

本着“用专业的态度看待风险”的原则，公司充分认识到，进军风电这一新的细分市场的风险是否可控，取决于公司对于风电行业的专业程度、取决于公司能否充分掌握风电行业信息并对不确定因素进行准确估计和有效应对。因此公司从 2015 年起就对风电行业开始了系统研究，围绕风电行业整体发展历程与趋势、行业所处阶段特征、产业链上下游各参与方的基本情况、业务开展机会等进行充分地实地调研、信息收集与分析论证，为风电融资业务的落地形成有力支撑。从开启研究到首单业务落地，历时一年有余。时至今日，公司每一次向新的细分领域进行业务拓展，都遵循着“研究—试单—推广”的审慎展业路径，这充分体现了公司对风险的敬畏。另外，随着风电项目的持续积累，公司对于风电行业的专业化认识不断加深，开始逐步对项目的风控措施做“减法”。比如，逐步形成了风电 EPC“白名单”，对“白名单”内的 EPC 不必要求资金定向穿透式支付等。其目的在于精简不必要的风控措施，在保证风险可控的前提下，减少客户负担。

本着“用专业的视角识别风险”的原则，公司从风电行业研究之初，就注重积累专业能力，从而识别相关风险。公司基于充分的行业调研，结合与风电产业专家、电力市场专家以及行业主流经营机构的沟通交流，提炼出风电行业存在“项目建设周期长”“国家补贴发放节奏不确定”“存在弃风限电现象”“目标客户主体信用一般”及“客户出资能力不足”等风险点。识别出上述风险点后，公司又进一步对各风险点进行评估。比如，针对“国家补贴发放节奏不确定”这一不确定因素，公司对国家新能源补贴资金的来源、需求、缺口等进行调查分析，将国家新能源补贴的发放进行模型化处理，从而对国补发放这一不确定因素造成的影响进行合理评估。对新能源补贴的发放进行模型化处理之后，随着风电业务的持续积累，公司广泛收集各风场数据，不断对该模型进行修正校准。

本着“用专业的手段管理风险”的原则，公司从风电行业基本特征出发，对识别出的各不确定因素有针对性地设计风险管理手段，以保障项目风险的有效管理。比如，针对项目建设周期长这一不确定因素，形成了根据项目建设进度分笔投放款项、公司工程经理或第三方专业监理机构跟踪建设进度与质量、必要时进行资金穿透定向支付等风险管理手段。随着风电项目的不断拓展，公司管理风险的专业手段也在不断积累和丰富。后来出现了某风电项目业主由于自身原因无力对风场完成建设的风险事件，公司基于专业能力的积累自主将该风场建设完毕及并网发电，这是公司“用专业的手段管理风险”的一次重大进步。

从上述案例可以看出，“用专业的态度看待风险”是产业金融机构有效管理风险的认知基础，“用专业的视角识别风险”是产业金融机构有效管理风险的必要保障，“用专业的手段管理风险”是产业金融机构有效管理风险的根本途径。这三者形成的有机统一体，可以概括为“基于专业能力的风险可控”这一风险管理理念。在这一理念的指导下，产业金融机构能够系统地构建立足行业专业化的风险管理体系、有条不紊地开展各项风险管理工作。

第二节
聚焦资产的专业化风险管理体系

在本章第一节，我们从“风险”的概念出发，逐步推导出产业金融机构在专业化战略下的风险管理理念是“基于专业能力的风险可控”。然而，风险管理理念是一家金融机构看待风险、认识风险和管理风险的基本原则和基础方法，它可以从总体上指导风险管理工作，但并不是一套可以直接使用的风险管理工具。为了在日常经营中有条不紊地开展各项风险管理工作，产业金融机构还需要在风险管理理念的指导下形成一套有效、可行的风险管理体系。本节将探讨在风险管理理念的指导下，如何聚焦于资产构建专业化的风险管理体系。

（一）聚焦于资产的原因

在构建专业化风险管理体系时，为何要聚焦于资产呢？原因有三。

第一，聚焦于资产构建风险管理体系，有助于消减信息不对称。

产业金融机构的风险管理体系，就是要对经营中可能面临的各项不确定因素进行准确评估和有效应对；而对不确定因素的准确评估和有效应对，又扎根于围绕这一不确定因素消减相关的信息不对称。这一结论在本章第一节中进行过详尽论述，此处不再重复。简言之，对行业信息不对称消减越到位，风险管理体系就越有效。

结合第二章的分析，我们知道，产业金融机构消减信息不对称的有效方法，是以金融和行业之间的信息不对称为目标，通过“基于行业专业化的金融专业化”的方法论，来消减行业信息不对称。而资产确切地说是资产的价值，往往可以体现出行业纷繁复杂的各项信息。例如，行业最新的政策导向（符合政策导向的资产价值高、不符合政策导向的资产价值低）、行业最新的技术参数（接近先进技术参数的资产价值高、远远落后于先进技术参数的资产价值低）、行业的供需关系（供不应求的资产价值高、供大于求的资产价值低）等。因此，从这个角度来说，资产可以集中反映行业的各类信息，是行业信息的有效载体。聚焦于资产构建风险管理体系，更有助于以资产为抓手消减行业信息不对称，从而有效管理风险。

第二，聚焦于资产构建风险管理体系，契合产业金融机构的经营实践。

产业金融机构的经营实践，是紧紧围绕产业投资开展的。这种经营实践，要求客户有真实的产业投资场景、有真实的产业投资需求、有真实的产业投资标的。从这个意义上来说，产业金融机构的经营实践，就是围绕实体经济提供金融服务的实践。

显然，资产是连接产业和金融的桥梁。一方面，资产承载着行业的发展，它的投资建设体现着行业的需求，它的运营效果决定着所属公司的经济效益，它的升级改造反映着行业发展的趋势。另一方面，资产承载着金融机构的资金安全，既是金融机构资金流出的投资标的，也是金融机构资金回收的现金流来源。如果产业金融机构的资金支持没有用于企业的实体项目，进而导致没有有效形成资产，则金融机构对于产业的支持就失去了价值支撑。

产业金融机构对产业客户的支持不能浅尝辄止，而是一旦投资就要深度参与确保资产建成；对产业客户的支持不能苛求短期收益，而要做好围绕资产的建造和运营进行全生命周期长期投资的准备。可以说，产业金融机构的经营实践就是围绕资产展开的。因此，产业金融机构聚焦于资产构建风险管理体系，才契合产业金融机构的经营实践。

第三，聚焦于资产构建风险管理体系，能有效保障还款来源。

信用评价导向的金融机构，在进行风险管理体系的构建时，通常关注资金的出入两端，即借出的资金和收回的资金。而对于资金借出和资金收回中间的资金使用环节，所能施加的影响力有限。这也导致通常而言金融机构债权的还款来源，主要依托债务人的主体信用。

而产业金融机构，开展业务的逻辑链条是“钱—物—钱”。除了资金的出入两端之外，产业金融机构还增加了一个有效的管理抓手，即投资建造的资产。通过控制资产的价值来控制两端的资金流动，这是一种更加全面和综合的风险管理方式。

产业金融机构聚焦于资产来构建风险管理体系，将重心放在资产能否按时形成、资产的质量性、合规性是否满足要求、资产的经济性能否符合预期、资产产生的现金流能否被有效管控等，可以最大限度地降低对债务人主体信用的依赖，从而将资产作为第一还款来源。这样的还款来源，无疑是更有保障的。

在第一节中，我们将专业化战略下的风险管理理念，提炼为“基于专业能力的风险可控”。事实上，对资产这一行业信息的有效载体进行深入研究的能力，对资产这一连接产业和金融的桥梁进行价值评估的能力，对资产这一产生现金流的重要标的进行持续运营管理的能力，正是专业能力的集中体现。聚焦资产构建专业化风险管理体系，本质上是风险管理理念的要求。

作者所在公司将清洁能源发电行业作为开展业务的目标行业，风险管理体系也是聚焦于清洁能源电站资产构建的。下面，以在建期风电站项目为例，说明如何围绕资产开展风险管理工作（见图4－1）。

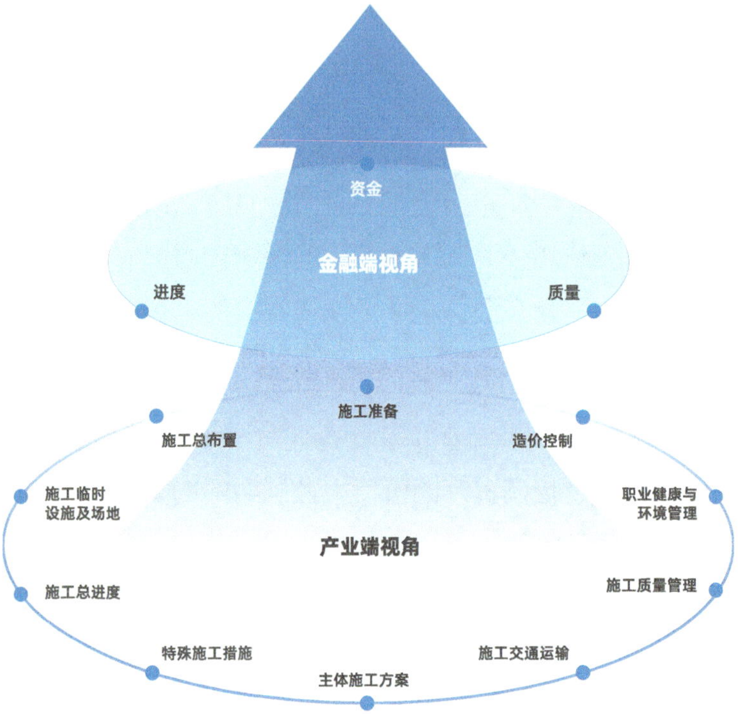

图4－1　风电站项目风险管理体系

图4－1中圆环所列示的各要素，是产业端对于一个在建期风电站项目在施工组织方面需要关注的因素。基于对行业、资产特性的认知与建设期项目风险特征的分析和判断，公司从金融端选择资金、进度、质量三个维度对电站资产风险进行管理，如图4－2所示。

在资金方面，如何结合客户的需求合理核定项目融资额度，并在项目投放过程中保障资金真实、有效使用在项目建设之上，是建设期资金风险管控的重点。在建设期投放额过高、资金投放节奏与建设进度不匹配等均会使项目风险敞口与不确定性增加。因此，在融资额度核定方面，公司通过多年深耕清洁能源领域的专业积累，出台风电与光伏项目造价评估指引，为建设期融资项目额度核定提供决策依据；在投放安排方面，根据每个项目工程中不同的重要里程碑节点设计与之对应的资金投放安排，在满足客户项目建设资金需求的同时，保障已投放金额与对应工程量相匹配。而在资金挪用风险管控上，则是根据项目风险情况，采用设立监管账户将资金定向支付给设备供应商或施工方，检查总包方（EPC）项目资金对外支付凭证等方式进行风险管理。

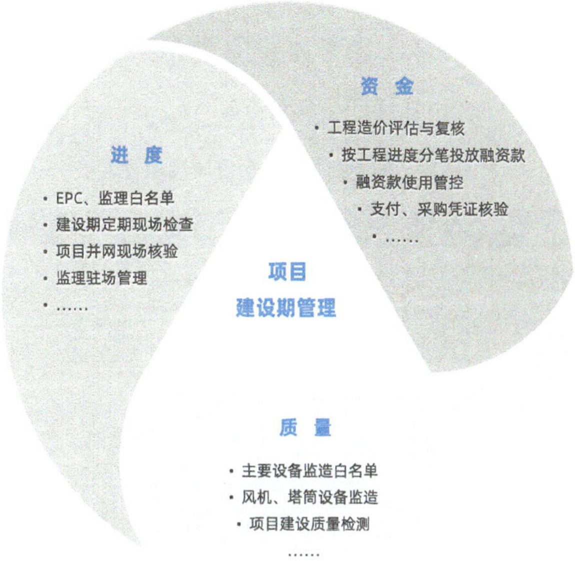

图4－2　风电站项目建设期管理

在进度方面，工程进度直接影响电站资产的形成，如无法按时并网将会导致项目无法享受补贴电价、无法按时产生运营收益等影响电站价值的情况发生。公司对于项目建设进度的管理，并非仅仅依赖于客户或工程监理提供的项目建设进度信息，而是采用专业化的手段及时收集、分析项目建设进度信息。例如，公司工程管理人员定期对建设期项目进行现场检查，依据现场收集到的工程量信息判断项目是否存在进度滞后或其他建设风险，并向业主提供风险管控建议。

在质量方面，基于清洁能源电站资产可长期运营这一特性，公司对于清洁能源电站融资期限一般较长，这就要求公司严格把控项目建设质量，因为电站资产质量直接影响其是否可以长期稳定运行。对于在建期项目，公司制定了主要设备供应商“白名单”，确保设备质量；聘请监理机构对施工质量持续监督；聘请第三方电站检测机构对完工电站进行质量检测；同时公司还会安排业务经理和工程经理赴现场对施工进展和质量进行现场检查。表 4 - 1 是对在建期风电站资产进行现场检查的内容汇总。

表 4 - 1　风电站建设期项目现场检查内容

序号	检查维度	检查细项
1	风机安装工程	设备到货及安装等情况
2	升压站建筑工程	升压站综合楼建设、设备安装等情况
3	电气安装工程	主变、箱变等安装情况
4	线路工程	集电线路、外线施工情况
5	项目整体建设进度	判断项目建设是否滞后于计划
6	设备到货与保管情况	与租赁物清单进行实物核对
7	工程管理情况	监理、总包单位项目对于项目日常管理情况

这里有必要对“资产”的含义进行明确。《辞海》中对于“资产”的定义为：某一主体由过去的交易或者事项形成的、现时拥有或者控制的、预期会带来未来经济利益的资源，包括各种财产、债权和其他权利。

结合前文对“聚焦于资产的原因”的探讨，显然本书中探讨的资产，是在《辞海》对资产定义的基础上，进行了进一步限定的。本书界定的资产，是指产业金融机构基于产业客户的实际投资需要而提供融资进行建造的、能够有效管控并能够带来经济利益的有形财产。本书后文中提到的“资产”，如无特殊说明，均为上述定义下的资产。

（二）聚焦资产构建专业化风险管理体系

对资产进行充分讨论之后，我们可以探究产业金融机构如何聚焦于资产构建专业化风险管理体系了。结合作者所在公司产业金融业务实践，本书认为聚焦资产的专业化风险管理体系，是由前瞻性的行业研究体系、专业化的资产价值评估体系、产业级的资产全生命周期管理体系、适配性的信用风险防范与隔离体系四个体系形成的有机整体（见图4－3）。

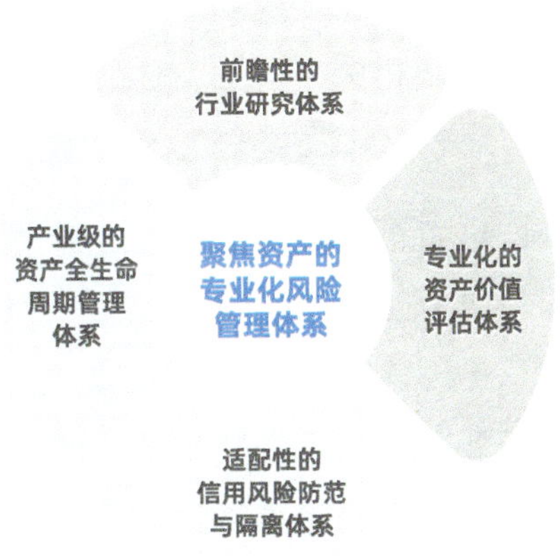

图4－3　聚焦资产的专业化风险管理体系

1. 前瞻性的行业研究体系

对产业金融机构而言，其战略定位和风控理念的逻辑起点都是消减行业信息不对称的方法论，即“基于行业专业化的金融专业化”。可以说，产业金融机构能够走出一条不同于其他金融机构那样依赖主体信用的经营之路，根本原因就在于能够通过行业专业化来消减金融与产业之间的信息不对称。从这个意义来说，前瞻性的行业研究体系是产业金融机构风险管理体系的基础。

这是因为，只有进行充分的行业研究，才能够广泛了解目标行业的信息，从而消减行业与金融之间的信息不对称。而有效消减行业与金融之间的信息不对称之后，产业金融机构才能够围绕行业开展经营，风险管理体系的其他三个组成部分也才能发挥作用。前文介绍的作者所在公司在正式开展市场化风电业务之前，进行了一年有余的风电行业研究，正是这个道理。

“前瞻性的行业研究体系”，有几个关键词，需要做详细解释。

首先是“体系”。产业金融机构的行业研究忌讳视野狭窄，仅对行业某个局部有深入了解是不能满足风险管理要求的。行业研究的目的在于支撑后续的金融服务活动和风险管理，应该以能够准确评估和有效应对各种不确定因素为目标来确定行业研究的边界。换言之，业务开展中可能面临的所有相关且重要的不确定因素，均应纳入行业研究的范畴，从而构建真正的“行业研究体系”。

例如，作者所在公司对风电行业的研究体系包括以下内容：(1) 设备供应方面，对风电场站所需的关键设备开展研究，包括主要供应商及市场份额、各供应商生产设备的优劣势以及设备技术的发展情况；(2) 工程建造方面，研究内容包括风电场站施工的主要步骤和要点、业内主流的总包方和监理方；(3) 合规性方面，研究风电场站从核准到全容量并网发电再到后续经营每个阶段所涉及的合规性文件内容及出具部门；(4) 下游市场方面，研究电站所在区域的电力消纳情况、电价发展趋势等。上述研究内容，任何一项没有纳入研究范围，都不能形成有效的“风电市场研究体系”，也不足以支撑公司开展市场化风电业务。

其次是“前瞻性”。产业金融机构的行业研究，不能满足于对行业已有信息的归纳整理，还应该基于现有信息，综合运用专业能力对行业未来发展进行合理预测。行业研究的目的在于指导产业金融服务的开展，考虑到产业金融机构对产业客户的金融服务有可能贯穿标的资产全生命周期，如果不能对行业发展的长期趋势进行合理预测，那么行业研究对产业金融机构业务开展的指导作用便无从谈起。

作者所在公司对电价进行研究时，不但对当下目标区域的电价构成进行了归纳整理，还对目标区域未来电价趋势进行合理预测。因为风电站通常寿命是20年，部分情况下风电站的运营期限可能超过20年，如果仅了解当下目标区域电价情况，就无从对风电站全生命周期的电费情况形成合理判断，项目也就难以落地。具体来说，公司对各省份未来各年基本电量占比、中长期交易电量占比及电价、现货交易电量占比及电价、绿电交易占比及绿电溢价、辅助考核及分摊费用等分别进行了预测。

2. 专业化的资产价值评估体系

资产价值这一概念具有丰富的理论内涵，本书的第六章将围绕资产价值展开详细的论述。这里我们不对资产价值做过多展开，简单来说，资产价值是资产未来获利能力的量化体现。

产业金融机构的经营实践和风险管理，都是围绕资产展开的。资产的价值决定了产业金融机构可以向产业客户提供的融资额度，资产的现金流特征决定了产业金融机构应该为产业客户设计怎样的还款安排。如果不能对标的资产的价值进行准确评估，产业金融机构为产业客户提供金融服务就失去了可靠的依据。因此，专业化的资产价值评估体系是产业金融机构风险管理体系的依据。

在“聚焦于资产的原因”部分，我们讨论过，资产的价值集中反映了目标行业的各种信息。换言之，对资产价值产生影响的因素非常多。

一般来说，从资产内部特征分析，资产本身的技术参数、制造工艺、质量水平、合规性状况都会对资产的价值产生影响；从资产外部环境分析，资产所属区域的属地政策、供求关系、市场空间是影响资产价值的中观因素，而国家政策、市场趋势则是影响资产价值的宏观因素。产业金融机构需要聚焦于目标行业的资产，从上述多个层面对影响资产价值的信息进行识别、收集、处理，并将各个层面的信息整合到统一的资产价值评估模型中，形成一套真正的资产价值评估“体系”。有了这样一套专业的资产价值评估体系，产业金融机构在开展业务和管理风险时，才有了锚定的基准和依据。

作者所在的公司也在持续努力围绕电站资产构建专业的价值评估体系，此处以风电站的价值评估体系为例进行阐释。结合行业研究和业务积累，公司总结出影响风电站资产价值的内部因素有：电站的装机规模、并网时间、运维费用、发电小时数（反映电站质量和当地风资源情况）等；影响风电站资产价值的中观因素有：所在省份标杆电价、所在地区限电比例、所在省份电价发展趋势等；影响风电站资产价值的宏观因素有：是否享受国补、是否享受税收优惠、通胀速度等。公司将上述各个因素进行量化，纳入统一的风电站资产价值评估模型，构建出一套行之有效的风电站资产价值评估体系。

3. 产业级的资产全生命周期管理体系

资产全生命周期管理体系，顾名思义，就是对资产的管理要贯穿投资建造—建成运营—结束运营的整个生命周期。产业金融机构将资产作为风险管理的抓手，以求最大限度地降低对债务人主体信用的依赖。在债务人主体信用出现恶化的极端不利情况下，产业金融机构如果有能力确保资产的建造质量、确保资产的投运时间、确保资产在整个运营期内平稳良性运营、确保资产的合理处置，那么也可以实现有效的风险管理。可见，资产全生命周期的管理体系，是产业金融机构风险管理体系的保障。

这里需要对“产业级”这个修饰语做详细解释。产业金融机构为产业客户提供金融服务，依据的不是信用分析方面的优势，而是行业专业化的优势。因此在对资产全生命周期的管理中，不能流于表面，而应该基于行业专业能力和行业生态圈资源，达到“产业级”的管理水平。具体有两层表现。第一层，在资产的监控中，应该具备“产业级”的监控水平。对于在建期项目，不能仅满足于了解资产是否正在施工建设，而应能够利用自身能力或专业机构的支持，判断建设进度是否正常、建设质量是否达标、建设安全性是否有隐患等，并提出专业建议；对于运营期项目，不能仅满足于了解资产是否正在运营，而应该能够利用自身能力或专业机构的支持，分析资产运营情况是否正常，并在运营情况不及预期时找到症结。第二层，在资产暴露问题时，应具备“产业级”的应对水平。面对资产无法建成、建成的资产无法运转等风险事项时，应对手段不能只有起诉、向保证人追偿等“金融”的手段，还应该具备“产业”的手段，即依托自身能力或生态圈资源将资产建成、修复。

这里仍旧以作者所在公司开展的清洁能源电站业务为例进行说明。清洁能源电站的生命周期，大致可以分为开发建设、运营与退出三个阶段。公司构建了贯穿这三个阶段的全生命周期清洁能源电站资产管理体系。其中，开发建设阶段的风险管理体系，在本节“聚焦于资产的原因”部分进行了详细论述，这里主要介绍运营与退出环节的风险管理体系。

运营期资产的风险管理，从资产运行信息收集与分析、资产价值持续跟踪与评估两个方面进行。在资产运行信息收集与分析上，通过资产信息平台运用、现场检查及现金流管控结合的方式，形成资产信息的有效收集与积累，为及时识别风险提供信息支持。当监测到资产发生较大风险影响正常运营时，公司通过专业手段接手项目运营工作，由公司项目管理团队配合外部资源，实现对项目的自主管理，促成项目资产运营恢复正常。在资产价值的评估与持续跟踪上，通过专业化的资产价值评估体系，对资产价值对于融资余额的覆盖情况进行监测，并关注其他与资产收益相关的指标变化。其重点是确保两个覆盖，即资产价值始终覆盖融资本金、资产现金流始终覆盖项目本息。

在资产退出阶段的风险管理上，公司与行业内各类潜在的资产收购方建立起广泛而稳定的合作关系，并充分了解相关方的资产收购需求和具体标准；同时，持续跟踪与积累行业内资产交易的特点、动因和价格形成机制等信息，并对未来交易趋势进行研判，通过上述举措搭建可靠的资产退出渠道。

4. 适配性的信用风险防范与隔离体系

对行业进行前瞻性的研究、能够准确评估资产价值并对资产进行全生命周期管理，围绕资产构建的风险管理体系似乎已经完备。事实上，风险管理体系仍旧欠缺一环。

产业金融机构选择专业化战略，围绕资产构建风险管理体系，目的是最大限度地降低对产业客户主体信用的依赖。但这并不意味着在风险管理体系中完全不考虑信用方面的影响。产业金融机构风险管理体系对信用风险的考虑有两个层面。

第一，排除有重大风险隐患的客户。产业金融机构可以接受产业客户资产规模较小、股东背景薄弱、出资能力不足等劣势，但是对于存在失信被执行记录、恶意逃废债记录、存在大额负债或重大未决诉讼等事项的客户，仍需要审慎判断客户的适格性。具体来说，在项目准入阶段，要对客户经营情况与财务状况通过信用评估工具进行信用风险识别；在投后风险监测阶段，通过定期查询征信报告和专业信息化平台等手段对于客户信用风险进行关注。上述措施的主要目的是识别可能影响标的资产正常建设和运营的相关信用风险信息。

第二，将客户的信用风险与资产进行有效隔离，以确保当客户的信用风险真正暴露时，不会对资产的正常建设和运营造成影响。具体来说，在信用风险发生前，产业金融机构通过合同安排取得债务人股权质押、债务人收益权质押以及标的资产的所有权或担保物权；在信用风险发生后（如债务人股东破产等情形），产业金融机构可以选择设立信托计划进行风险隔离，从而确保资产的正常建设和运营以及金融机构对资产运营收益的合理管控。

这里的信用风险防范和隔离体系，仍旧是围绕“资产”构建的，以确保信用端风险不影响资产的正常建设和运营为目的，而不是以筛选出信用优质的客户为目的。因此，这种信用风险防范与隔离体系不必苛求优异的主体信用，而需要与产业金融机构的专业化战略定位相“适配”。适配性的信用风险防范与隔离体系，弥补了风险管理体系在信用方面的欠缺，是专业化风险管理体系的必要补充。

综上所述，前瞻性的行业研究体系是基础，专业化的资产价值评估体系是依据，产业级的资产全生命周期的管理体系是保障，适配性的信用风险防范与隔离体系是补充。这四项体系形成的有机整体，即产业金融机构聚焦于资产构建的专业化风险管理体系。

下面，以作者所在公司开展的第一单市场化民营中小水电项目为案例，阐述聚焦于资产的专业化风险管理体系是如何发挥作用，从而有效管理风险的。

2017年初，某中小水电站实控人L先生与作者所在公司取得联系，寻求电站融资。该电站为L先生在我国西南某省份正在开发建设一座中小水电站，该项目已于2015年取得核准，到2017年初时建设进度已经达到工程量的80%。2016年9月，考虑到水电消纳矛盾，四川、云南等西南部水电大省先后出台文件，要求严控中小水电项目核准。由于这一政策变动，原先已经形成融资意向的银行快速调整准入政策，不再介入民营在建期中小水电项目。此后L先生向多家金融机构寻求电站融资，但由于类似原因，均未能取得融资。项目公司已经向其小股东（L先生的合作伙伴和亲友）借款数千万元（借款利率颇高），但仅投资了项目总造价的约50%的资金，剩余50%的资金一直无法落实。由于该电站尚未建成，再加上政策利空，此时如出售该电站，交易价格仅相当于项目总造价的约15%。

然而，当时公司尚未开展过民营水电融资项目，也未对水电行业开展系统行业研究。结合公司在开展市场化光伏业务和市场化风电业务之前都进行了长期且充分的行业研究这一背景，公司对水电行业研究的欠缺成为制约该项目推进的首要因素。

为了解决行业研究体系欠缺的问题，公司的策略是，聚焦于该电站本身，迅速积累该电站资产相关的各项行业知识，事后再全方面开展水电行业研究。公司采取的措施有：（1）请水电行业专家对公司的风险审查经理、项目评审委员、资产管理经理等普及水电相关专业知识，包括坝式水电站工作原理、水文资料的分析方法、发电能力计算方法等。（2）业务和风控人员先后对项目所在地电力公司、发改委、移民局、水资源局、林业局、国土局、工商局、税务局的工作人员进行访谈，准确了解该项目相关的市场消纳格局、合规性要求、水资源情况、工商变更要求、税收优惠政策等。(3) 分别邀请电力央企的水电专家和专业的第三方水电咨询公司专家赴项目现场调研，请两位专家就该项目的安全性、质量性、经济性分别出具报告。同时，公司多次组织业务经理、风险审查经理、项目评审委员、资产管理经理共同对两位专家进行访谈。通过上述步骤，公司围绕该电站资产迅速搭建了具有一定前瞻性的水电行业研究体系。客观地说，当时这套研究体系，尚不足以支撑公司大批量、规模化地在各地开展中小水电业务，但是已经可以对本项目的开展提供支撑。

下一个问题，是形成专业化的资产价值评估体系。首先，公司基于前文所述的行业研究，将影响该水电站价值的因素进行了明确；其次，结合当地政府机关和行业专家的专业意见，将影响因素分别进行量化取值并预测其变化规律；最后，形成水电站的价值评估模型。基于该模型的推演结果，公司针对性设计了还款方案。一是考虑到项目并网发电前债务人无力还款，因此在项目投放前两年期间不安排还款；二是为了预留足够的风险缓释空间以应对可能超出预期的恶劣变化，根据水电站运营期限较长的特点适当延长项目期限，保证足够的偿债覆盖倍数。

在资产全生命周期管理方面，当时公司尚未形成“资产全生命周期管理体系”的提法。在针对该项目推进策略的讨论中，公司形成的讨论结论是“这个项目要么不投资，如果决定投资就不要只投一点点资金，而要确保项目建得成、建得好，还要确保我们管得好”。事实上，这一结论，正体现出构建“产业级的资产全生命周期管理体系”的要求。具体来说，公司采取的措施有：(1) 业务经理、央企专家和咨询机构专家分别赴现场，对项目已经完工部分的施工质量进行评价，对剩余工程款项金额进行估计，同时对电站建设提出合理化建议；(2) 结合后续施工内容，设计四笔资金投放，并分别明确每笔资金投放前应达到的施工进度、取得的合规性文件；（3）每笔款项直接投放至上游供应商或施工方账户，确保资金完全用于设备购置和资产建设；（4）合同约定电站的保险要求，并在项目的存续期持续关注项目投保情况、电站运营情况和电费回款情况。另外，公司还协助客户积极解决项目建设中面临的问题，确保项目及时并网。比如，水轮机供应商发货延迟影响建设进度，业务经理飞赴水轮机厂家现场检查水轮机建造质量并监督设备发货。又如，由于当地居民对移民补偿款发放的确定性存疑，移民工程进展缓慢，业务经理与当地移民办和当地居民多次沟通说明资金到位的保障性，推动移民工程顺利完成。

最后，是信用风险防范与隔离体系方面。该项目突出的信用风险点是，为了筹集电站建设资金，项目公司从其小股东处借款数千万元，且利息较高。这些借款构成民间借贷，如债权人在电站建设或运营过程中主张项目公司还本付息，将对电站的建设或运营产生巨大影响。为了将这一信用风险与资产的建设和运营进行隔离，公司要求对上述股东借款完成债转股：一是要求项目公司出具股东会决议同意将全部股东借款转为股权投资款；二是在工商机关办理完毕注册资本增资变更手续；三是由专门审计机构出具股东实缴到位的验资报告；四是项目公司在工商信用查询系统对小股东实缴资本变更情况进行更新；五是要求所有股东签署连带责任保证协议。除了上述债转股要求外，公司还要求电站收益权质押、项目公司股权质押等措施，确保有效防范和隔离信用风险。

经过三个月高强度地工作，公司围绕该电站资产初步完成了水电领域的专业化风险管理体系的构建，该项目也顺利投放。在债务人和作者所在公司的精诚合作下，该电站于 2019 年 1 月全容量并网发电。目前，该电站已经平稳运营近 5 年，从公司资产管理部对该电站持续追踪的反馈来看，电站经营情况良好，公司和债务人的收益均有较好的保障。

（三）将专业化风险管理体系融入经营

前文对产业金融机构专业化风险管理体系的内部构成及各构成要素之间的逻辑关系进行了介绍，本书将围绕专业化风险管理体系的运用进行讨论。具体地说，是探讨两个问题：这套专业化风险管理体系由谁来运用、何时运用？

1. 专业化风险管理体系的运用主体

有一种观点认为，金融机构进行风险管理的主责部门是风险管理部门，因此风险管理体系的运用主体也是风险管理部门。这种观点背后，是“业务经理踩油门、风控评审踩刹车”的二元对立风控观，将业务推进和风险管理进行了一定程度的割裂。

而本书介绍的专业化风控体系，其运用主体应覆盖前中后台各部门全体人员。（1）在行业研究体系方面，不同部门的研究重点会有所侧重，但各部门应将研究成果及时在公司各部门间分享，实现公司整体对行业专业能力的持续积累。例如作者所在公司，资产管理部主要负责对工程建造方面的研究，风险控制部主要负责对合规性和经济性方面的研究，战略发展部和业务部门主要负责对国家政策和市场趋势方面的研究，各部门定期交流研究成果并加以运用。（2）在资产价值评估体系方面，风险控制部门负责对资产价值评估模型的研发和优化，并以该模型作为项目风险审查的重要依据；业务部门需要以该模型作为确定融资额度、设计交易方案的重要依据；资产管理部门需要掌握该模型从而在项目运营中持续判断资产价值是否大于债务余额、资产产生的时点现金流是否可覆盖当期应还金额；信息科技部需要掌握该模型从而有效地将该模型线上电子化。（3）资产全生命周期管理体系方面，业务部门需要在项目准入时判断项目建造质量并设计合理的管理方案，风险控制部需要基于该管理体系判断业务部门设计的管理方案是否完善有效，资产管理部门需要持续监控资产运营状态并解决运营中遇到的各项问题，信息科技部需要将全生命周期的资产管理体系线上电子化。（4）信用风险防范与隔离体系方面，业务部门需要基于该体系设计信用风险与隔离措施，风险控制部需要判断措施的有效性，商务运营部需要将相关措施逐项落实。

这套专业化风险管理体系，仅凭任何一个部门的运用，均不能有效发挥作用。只有通过前中后台各部门的有效运用与协调配合，才能最大限度地发挥这套风险管理体系的专业价值。因此，对产业金融机构而言，“风险管理人人有责”并不只是一句口号，更是其专业化风险管理体系发挥作用的根本要求。

2. 专业化风险管理体系的运用时机

专业化风险管理体系的运用时机，要从短期视角和长期视角来分析。

从短期视角来看，就单个项目推进角度而言，从项目准入到项目结束，均需要运用专业化的风险管理体系。前文在论证“专业化风险体系的运用主体应该覆盖前中后台所有员工”这一结论时，介绍了业务部门、风险管理部门、资产管理部门、商务运营部门、信息科技部门分别应该如何运用风险管理体系，这是从部门划分的角度进行分析。而从项目推进的环节角度来分析，上述介绍也说明了在项目准入阶段、项目评审阶段、项目投放阶段、项目投后管理阶段、项目退出阶段应如何运用风险管理体系。部门划分的角度和项目推进环节的角度，是一枚硬币的两面，此处不再赘述。

从长期视角来看，就产业金融机构将业务领域拓展至某个细分行业的进程而言，从行业研究到业务试单再到业务规模化开展，均需要运用专业化的风险管理体系。细分行业处于不断发展演进的进程之中，专业化风险管理体系如果停止更新、故步自封，将难以适应行业的发展。在产业金融机构向某细分领域进行业务拓展的整个进程中，应该构建并持续运用专业化风险管理体系，在运用中不断更新行业信息、不断对风险管理体系进行迭代优化。

以作者所在公司向水电站这一细分领域的业务拓展进程为例，当第一单市场化水电业务投放完毕后，公司对专业化风险管理体系的运用和优化并没有结束。在行业研究体系方面，公司深刻认识到当时对水电行业的研究并不足以支撑大规模开展水电项目，因此重新对水电行业进行系统研究并持续对研究成果进行更新。在资产价值评估体系方面，公司一方面在运用该体系的过程中优化模型内部逻辑，另一方面结合电力市场化交易对电价的影响不断修正模型参数。在资产全生命周期管理体系方面，公司一方面持续运用和丰富水电站资产的管理手段，另一方面围绕近年来气候变化导致来水不足的现象研发适宜的资产管理方案。在信用风险防范与隔离体系方面，公司主要是在实践中不断识别新的可能对资产运营造成影响的信用风险并研发与之适配的信用风险隔离方案。正是在对专业化风险管理体系的不断运用与优化中，公司的市场化水电业务实现了从试单到规模化、从稚嫩到成熟的扎实进步。

综上所述，就运用主体角度而言，专业化的风险管理体系应该覆盖前中后台所有部门的工作人员；就运用时机角度而言，专业化的风险管理体系应该贯穿金融机构工作的始终。因此，我们得出结论：产业金融机构的专业化风险管理体系应该融入日常经营的方方面面，在持续运用中不断得到优化和迭代——这正是专业化风险管理体系的生命力的来源。

第三节
通过专业能力实现风险可控

（一）专业化风险管理体系的能力支撑

第二节详细探讨了产业金融机构如何聚焦于资产构建专业化风险管理体系。这套专业化风险管理体系，本质上是一套自成体系的风险管理工具。而能否运用好这样的工具，取决于风险管理体系背后的专业能力支撑是否到位。如果用武侠世界做类比，将专业化的风险管理体系比作一套武功招式，那么风险管理体系背后所需的专业能力就相当于内力。不同内力的人使出同样的武功招式，效果差异是巨大的。

那么专业化风险管理体系背后需要哪些专业能力做支撑呢？作者认为，产业金融机构应该从产业端和金融端分别构建风险管理能力，从而支撑专业化风险管理体系的有效运用（见图4－4）。

在产业端，一方面是深入的行业研究能力。这项能力与风险管理体系中“前瞻性的行业研究体系”相对应。行业研究体系是表现，行业研究能力是内在。行业研究能力实质是消减产业信息不对称的能力。行业研究能力的构建，需要产业金融机构留心积累业务数据逐步形成丰富的数据库，需要产业金融机构全面收集行业信息并内化为深刻的行业理解，需要产业金融机构勇于提出领先的行业洞见，甚至需要产业金融机构对标产业公司掌握一定的行业专业技能。行业研究能力的持续构建支撑了行业研究体系的不断完善和优化。

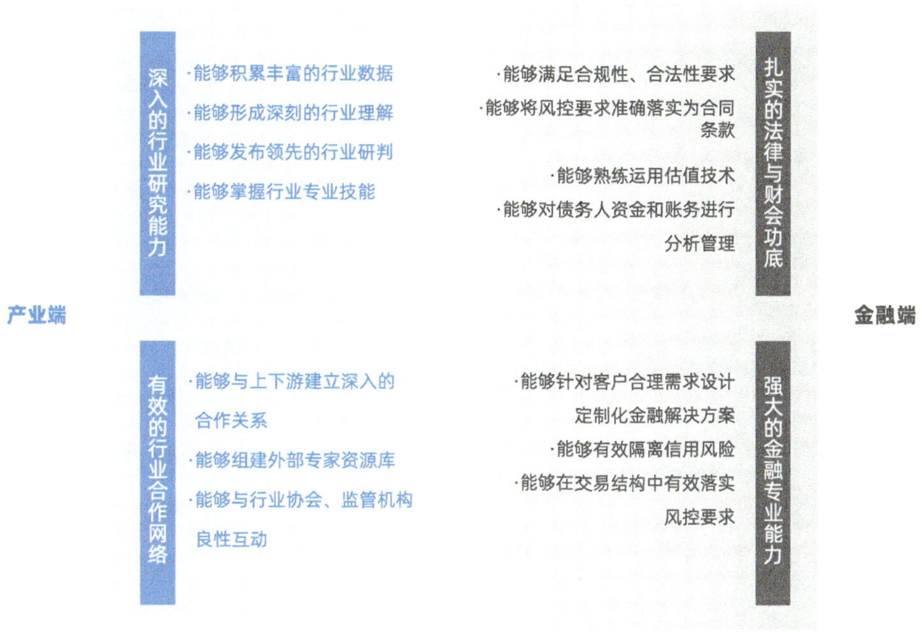

图 4－4　专业化风险管理体系的能力支撑

另一方面是有效的行业合作网络。行业合作网络的搭建，本质上是获取行业信息的渠道的持续构建以及解决产业难题的资源的持续积累，反映的是产业金融机构获取行业信息的能力以及调动产业资源的能力。有效的行业合作网络，要求产业金融机构能够与产业链上下游建立深入的合作关系，要求产业金融机构能够锁定行业专家并形成外部专家资源库，要求产业金融机构能够与行业协会和监管机构进行良性互动。专业化风险管理体系中，“专业化的资产价值评估体系”和“产业级的资产全生命周期管理体系”，均需要有效的行业合作网络提供支持。

在金融端，一方面是扎实的法律与财会功底。产业金融机构的财会功底，决定了将行业理解内化为评估模型的能力，同时也决定了对债务人的资金和账务进行分析甚至管理的能力；产业金融机构的法律功底，决定了将风控要求落实为合同条款的能力，同时也决定了保障工作开展的合法性和合规性的能力。一个影响着“资产价值评估体系”的质量，另一个影响着“资产全生命周期管理体系”的质量。

另一方面是强大的金融专业能力。金融专业能力，是金融机构的基本功，它是“信用风险防范与隔离体系”的能力基础，也是“资产价值评估体系”和“资产全生命周期管理体系”的能力保障之一。强大的金融专业能力，要求产业金融机构能够有效识别影响资产建造和运营的信用风险并妥善隔离，要求产业金融机构能够针对客户的实际需求设计定制化的金融解决方案并将风控要求在交易结构中有效落实。

综上所述，支撑专业化风险管理体系的，是产业金融机构从产业端和金融端分别构建的风险管理能力。但是，产业端和金融端的风险管理能力并不是相互独立的，它们均围绕资产这一连接产业与金融的桥梁展开。产业端的专业能力来源于行业，经由金融端专业能力的内化与应用，落实为风险可控的金融解决方案。这与本章第一节介绍的“基于专业能力的风险可控”的风险管理理念一脉相承。

下面，以作者所在公司对某风电站项目的风险管理为例，阐述专业能力对风险管理的重要支撑作用。

A 项目为作者所在公司于 2018 年部分投放融资款的民营风电在建期项目，位于我国新能源电力消纳情况较好的东南部区域，核准容量为 100 兆瓦，原计划于 2019 年末全容量并网。但是由于项目业主自身原因，业主无力再建设该项目，叠加当地天气恶劣、疫情影响等因素，项目未能按照计划实现全容量并网。截至 2019 年末仅实现 40 兆瓦容量并网，且自2020年初开始项目复工情况较差，项目建设进度缓慢。

2019年5月国家发展改革委发布《国家发展改革委关于完善风电上网电价政策的通知》(以下简称《通知》)，《通知》明确“2018年底之前核准的陆上风电项目，2020年底前仍未完成并网的，国家不再补贴”。因此，A项目如不能在2020年底全容量并网，将无法享受补贴电价，从而对电站价值造成严重负面影响。

受《通知》影响，2020年出现风电“抢装潮”，大批2018年前核准的风电项目需要抢装并网，导致行业内出现了风机、塔筒等设备与原材料供应紧张、价格飞涨的现象。与此同时，施工资源也变得异常稀缺，工程设备（特别是吊车）供不应求。

为确保A项目在2020年末全容量并网，公司决定引入新总包方继续推进项目建设。然而，在与新总包方沟通A项目复工事宜的过程中，公司了解到，新总包已签约、需于当年并网的风电抢装项目超过70个，其施工资源和施工能力应付这70个抢装项目已经是不小的挑战，很难满足A项目在年底前全容量并网的要求。

鉴于上述情况，公司审慎评估项目状况及自身行业资源和专业能力，于当年8月作出不再采用总包方建设，而是由公司自行组织A项目建设的决定。在两周时间内，公司完成了项目合同情况梳理，公司法务和工程经理与原业主代表、工程分包方、设备商共40余家单位完成谈判及合同签署工作，确保操作合法合规，为项目后续施工建设提供保障(见图4-5)。

之后，公司作出如下部署：(1) 由公司资产管理部工程经理牵头成立项目建设团队，进驻项目现场开展建设；(2) 风电业务经理依托与风电产业链上游供应商的良好合作关系，锁定风场关键设备，并安排专人在风机、塔筒生产现场确保设备及时供应；(3) 业务部门和资产管理部几乎全员出动在市场上寻找吊车资源，并前往吊车前手施工地点跟进吊车施工进度，确保吊车完成前手项目吊装后及时到达A项目现场施工；(4) 组建合规团队，与当地政府机构推进A项目合规性手续办理；(5) 聘请专业的第三方机构进行监理，确保项目建设进度和建造质量；(6) 派驻财务管理团队，对项目建设的资金使用和账务进行全面管理；(7) 根据项目情况有针对性地调整金融方案，保障项目建设资金的匹配性。最终，在2020年12月底前实现A项目全容量并网，为A项目获得国家补贴资格提供了重要保障。

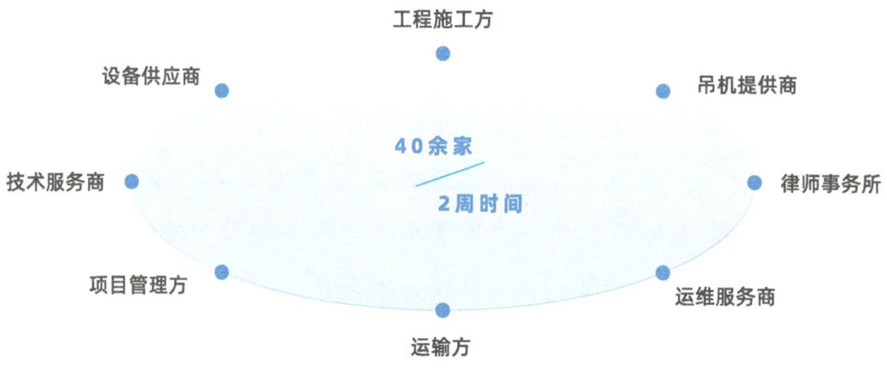

图4－5　公司项目合同情况梳理结果

上述案例集中体现了“产业级的资产全生命周期管理体系”在风险管理方面的运用。然而，这种“产业级资产管理体系”背后的支撑，是公司在产业端和金融端构建的专业化风险管理能力。没有深入的行业研究能力，公司就不具备自主建设风场的专业技能；没有广泛的行业合作网络，公司就无法在“抢装潮”中锁定关键设备和监理团队；没有扎实的法律和财会功底，公司就无法在两周内完成合同签署从而确保操作合法合规，也无法对项目公司的资金和账目进行有效管理；没有强大的金融专业能力，公司就无法根据项目变化情况适时调整金融方案。可以想象，如果公司不具备相应的专业能力，即便公司设计出自主建设风场的解决方案，也难以将方案落地。正是在各项专业能力的共同作用下，公司才完成了对 A 项目风险的有效管理。

（二） 业务拓展与风险管理能力拓展

专业化的风险管理体系的有效运用，依赖于从产业端和金融端共同构建起来的专业风险管理能力的支撑。那么，专业的风险管理能力应该如何构建和拓展呢？本书认为，专业的风险管理能力是在业务拓展的牵引下持续构建和拓展的。对这个结论进行充分论述，需要从“哪些业务是产业金融机构可以推进的”这个问题谈起。

产业金融机构聚焦于特定行业，然而该行业中存在形形色色的业务机会，哪些业务是产业金融机构可以推进的呢？作者认为应该满足以下三个条件。

第一，业务能够反映客户合理需求。

客户的融资需求是业务开展的起点，但并不是所有的客户需求都是合理的。所谓合理需求，是指该项需求与行业发展的要求相匹配。具体来说，就是投资的标的资产是市场真正需要的，融资的金额是与实际造价相统一的，投资的初衷是建立在客户真实的技术升级、规模增长需求之上的。如果投资的项目脱离市场需求、标的资产技术落后、要求的融资金额虚高，那么这种业务并不是合理的需求，不适宜推进。

第二，风险与收益相匹配。

业务自身的风险与收益相匹配，对于产业金融机构来说至关重要。它是合理配置产业资源和金融资源、促进行业良性发展的基础。如果一项业务预期收益有限，但是风险很高，这样的业务不适宜推进，否则将危及金融机构资金安全，危及产业客户经营安全，也不利于整个行业资源的优化配置。

第三，专业能力能够进行有效覆盖。

第一点和第二点是从业务角度展开的分析，第三点则是从专业化风险管理能力角度展开的分析。客户的需求是合理的、业务的风险与收益是匹配的，但是如果机构的风险管理能力不能进行有效覆盖，这样的业务仍然不适宜推进。

因此，可以推进的业务，应该是上述三点的交集（见图4－6中中心阴影部分）。

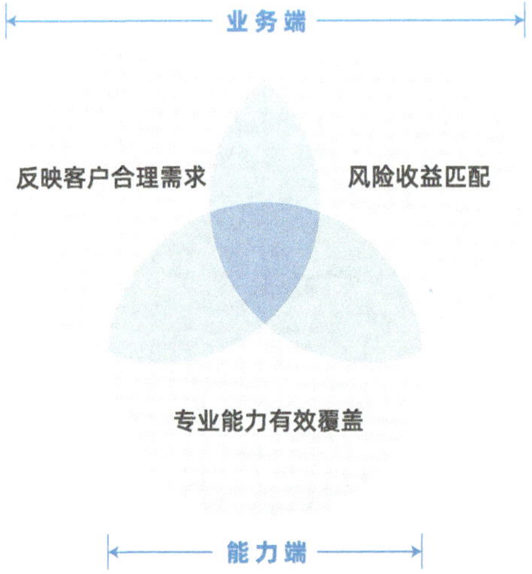

图4－6　产业金融机构可以推进的业务

作者以所在公司建设期清洁能源电站融资业务为例，从投资节奏安排这一细节，对上述观点进行阐释。一般而言，对于建设期项目融资，资金的投放主要有三种方式：一是在项目建设初期一次性投放，二是在项目临近并网或实现并网后一次性投放，三是在项目建设期分笔投放（见图4－7）。

图 4-7　建设期项目资金的投放方式

第一种方式，站在客户需求的角度，建设期一次性投放能够在较大程度上缓解客户的资金压力，对资金实力一般的客户吸引力较大。但是实际建设中，资金是根据工程建设不同阶段进行支付的，建设期初一次性投放并不是合理的资金需求。站在风险收益匹配的角度，虽然对金融机构而言，越早投放其债权业务能越早产生收益，但是金融机构需要面临的资金风险与管理成本远高于项目收益，风险收益并不匹配。

第二种方式，站在风险收益匹配的角度，该方式大大降低了金融机构面临的风险。但是项目建设期是需要资金投入的。此方式使客户在建设期需要资金支持的合理需求难以得到满足。

第三种方式，一方面能够针对“建设期需要资金支持”的合理要求进行满足，另一方面能够实现风险和收益的匹配。但是，这对产业金融机构的风险管理能力提出了更高的要求。即产业金融机构的行业研究能力是否足以支撑其根据项目实际情况合理设计建设期放款节奏，产业金融机构的合作网络能否支撑其对建设期每一笔放款前提是否达成进行准确判断。

综上所述，可以推进的业务，是“反映客户合理需求”“风险收益匹配”“专业能力有效覆盖”三者的交集。随着行业的不断发展，业务端“客户的有效需求”可能发生变化，“风险收益匹配的业务”的种类和数量也可能发生变化。这就要求产业金融机构的专业化风险管理能力随着业务端的变化而拓展。因此“可以推进的业务”范围不断扩大的过程，就是专业化风险能力持续构建和拓展的过程（见图4－8中阴影部分的拓展）。从这个意义上来讲，是业务拓展的需要牵引着专业化风险管理能力的拓展。

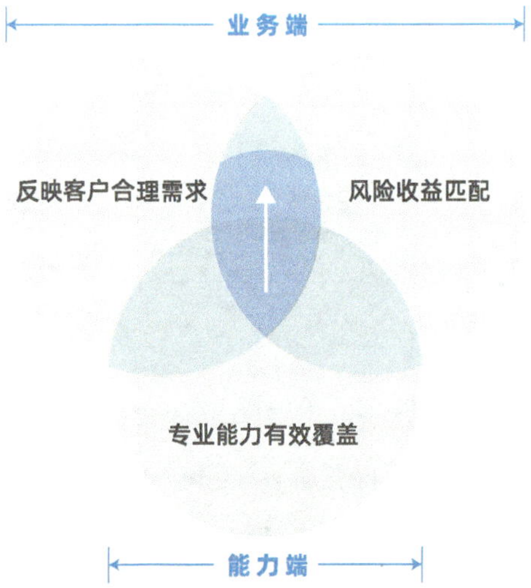

图4－8 产业金融机构“可以推进的业务”范围

近年来，随着国家“双碳”战略的不断深化，新能源行业格局与市场竞争形势发生了深刻变化。其中一项明显变化是，电站开发商企业对于债权融资的需求时点提前。很多资金实力较弱的民营中小业主需要在项目建设初期，甚至是项目尚未开工之前就明确项目融资方案。然而，项目开工之前，合规性手续文件并未完全出具，相比起已经开工的项目，金融机构介入的难度大大提升。面对这种客户合理需求的变化，产业金融机构为了拓展业务边界、保持甚至扩大市场份额，就需要结合业务端的变化诉求，有针对性地提升专业化风险管理能力，将风险管理能力从可以支撑在建期项目融资扩展至可以支撑未开工项目融资。

作者所在公司的应对方式是，以业务拓展需要为牵引拓展专业化风险管理能力的边界：进一步深化行业研究、进一步拓展合作网络，并加强对相关法律法规的掌握，对新能源项目开发的前置流程和合规性要求形成认识。基于上述专业能力的扩展，公司调整了尽职调查操作要求。例如，将文件要求从用地预审、建设用地批复向前扩展至项目用地红线图、占林批复、占草批复等；针对国土“三调”可能会导致部分已出具文件确定的土地性质发生变化的情况，要求业务人员前往项目所在地自然资源部门对最新的“三调”情况进行了解等。经过专业能力的拓展，公司成功将业务领域从在建期项目拓展至未开工项目。

从上述案例可以总结出业务拓展与专业化风险管理能力拓展之间的关系。业务拓展是专业化风险管理能力拓展的牵引，专业化风险管理能力的拓展是业务拓展的支撑。在两者的持续相互作用中，产业金融机构得以实现“基于专业能力的风险可控”和“基于风险可控的业务拓展”。

在本章的最后，对本章内容做简要总结。产业金融机构的专业化战略，决定了其“基于专业能力的风险可控”的风险管理理念。这一风险管理理念包含“用专业的态度看待风险、用专业的视角识别风险、用专业的手段管理风险”三项内涵。在风险管理理念的指导下，产业金融机构应聚焦于资产构建专业化风险管理体系。该体系由“前瞻性的行业研究体系、专业化的资产价值评估体系、产业级的资产全生命周期管理体系、适配性的信用风险防范与隔离体系”有机组成。专业化的风险管理体系作为一套风险管理的工具，其有效运用依赖于专业化的风险管理能力作为支撑。这种专业化的风险管理能力，是产业端能力和金融端能力的集合，包括“深入的行业研究能力、有效的行业合作网络、扎实的法律与财会功底、强大的金融专业能力”。产业金融机构应该以业务拓展为牵引，持续对专业化的风险管理能力进行拓展，从而实现“基于专业能力的风险可控”和“基于风险可控的业务拓展”。

由于产业金融机构的风险管理体系聚焦于资产，因此其专业化的风险管理能力是从产业端和金融端两方面，围绕资产这一产业和金融的桥梁进行构建和拓展的。事实上，产业金融机构的经营实践告诉我们，不仅风险管理能力，产业金融机构方方面面的能力都应该围绕资产进行构建和拓展。其根源在于产业金融机构选择行业专业化的方式消减行业信息不对称，而资产是行业信息的最佳载体。下一章将对上述内容展开详细论述。

第五章

“资产为本”指导能力构建

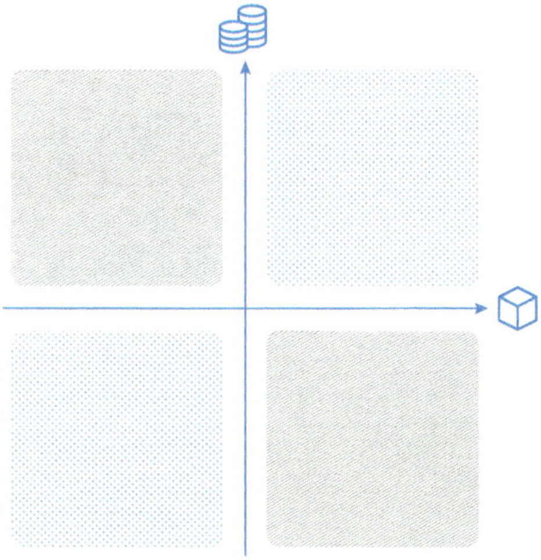

金融机构的经营活动，是自身能力积累与应用的外显化过程。金融机构如何构建自身的能力体系，作者认为这是由战略定位和经营策略决定的。不同类型的金融机构需要根据自身的经营特点和目标，选择合适的能力构建方向，以解决特定经营场景下的问题，实现长期、可持续发展。

前述章节已阐述了产业金融机构应该坚持行业专业化，实现基于行业专业化的差异化竞争优势。资产是行业信息相对富集的载体，因此，产业金融机构可以围绕资产进行专业能力构建，这也是实践“资产为本”理念最本质的要求。专业能力的积累并非一朝一夕之功，专业化是一条需要持久坚持才能显现成果的道路。本章将阐释“资产为本”的内涵，探讨如何用“资产为本”理念指导产业金融机构将经营与能力构建的重点都聚焦于资产，有效地实现专业化经营。

第一节
“资产为本”的内涵

本书第三章中，作者提到金融机构的业务拓展、客户选择、项目准入、资产管理、融资管理等方方面面的能力构建和职能作用发挥都离不开对风险的认识、判断和管理。在这个意义上，“资产为本”理念是金融机构业务经营时的一种视角，它将业务拓展、风险管理中存在的分析与判断聚焦于对“资产”风险的认识、判断和管理，既反映了金融机构的经营策略，也指导金融机构围绕资产构建专业能力，进行专业化经营。

（一） 经营策略的不同决定能力构建的差异

从资金融通的视角来说，在经营范围和服务内容方面，产业金融机构与一般金融机构没有差异。资金的有效配置和安全收回，同样是产业金融机构关注的核心问题。要解决好这些核心问题，需要对哪些信息进行收集与判断呢，无外乎是回答授信业务中的四个基本问题：钱借给谁（主体信用）？拿去干什么（融资用途）？用什么还（第一还款来源）？还不上怎么办（第二还款来源）？这四个问题并不是一两句话就能回答的，其中涉及大量信息的分析与判断，问题求解的过程就是消减信息不对称的过程。问题回答得越详细、越明确、越有逻辑、越符合常识，那么业务的可行性就越高。

对于上述问题的回答，不同类型的金融机构有不同的信息收集方式与分析判断逻辑，这里面体现的是战略定位和经营策略的差异。对于这些问题，不同机构都有自己的答案，这是由自身专业能力决定的。把答案分门别类进行整理，就形成了不同机构各自的经营策略以及对应的业务判断标准。金融机构经营的是风险，做能力范围内的事，就是对风险最大的敬畏。

不同金融机构的战略定位和经营策略不同，专业能力构建的重点自然也不同，所适用的业务场景也不同。但是，市场的需求是客观存在的，反映的是企业解决自身问题的真实诉求，不会因为金融机构的战略和策略不同而改变。任何一家金融机构的战略定位和经营策略，不可能满足所有企业的需求，这是金融机构基于自身资源禀赋的主动选择。作者认为，战略定位本身并无好与坏之分，有的机构适合走覆盖多行业的规模化经营路线，有的机构适合走聚焦特定行业的专业化经营路线。不同的战略选择和相应的实现方法，解决的是不同经营模式所面对的不同的核心矛盾和关键问题。下面从一个具体案例来讨论不同经营策略及其所代表的专业能力对相同业务的不同判断。

A公司为成立于2015年的民营企业，主要经营内容为在张北地区进行地面集中式光伏电站建设，其股东为自然人。2017年，A公司以其持有的20兆瓦在建期地面集中式光伏电站H项目向金融机构申请融资，资金用于项目建设。截至申请日，A公司总资产为3000万元，主要为货币资金2200万元，在建工程250万元、预付账款244万元、其他应收款118万元，主要负债为其他应付款150万元，实收资本2800万元。项目已完成备案，其余合规手续正在办理。

A公司对接的两家金融机构对于地面集中式光伏电站2017年的风险政策如下：

机构一：

1. 区域准入标准

禁止进入×、×等弃光限电严重地区。

2. 客户准入标准

（1）央企五大发电集团、省属国有发电企业及其控股子公司；（2）财务结构稳健，近三年资产负债率均不高于×%且上年度项目开发总量不低于×兆瓦的光伏行业上市公司及其全资子公司；（3）除能够提供全额覆盖项目融资本息的优质抵质押物和我司认可的非关联担保外，谨慎支持非光伏相关行业的上市公司。原则上不支持该类客户的新建项目融资。

3. 项目准入标准

在满足区域及客户准入标准的前提下，项目须取得主要的合规性支持文件，包括但不限于：（1）项目核准：《项目备案证》《项目可行性研究报告批复》;(2)电网接入:《项目电网接入意见》(建设期项目)或《购售电协议》(运营期项目);(3)土地:《项目土地预审意见》(建设期项目),土地证/国有土地划拨决定书或土地租赁协议(运营期项目);(4)环保:《环境影响评价报告批复》。

机构二:

1. 电站合规性

光伏电站用地不涉及生态红线,不占用基本农田、基本草原、重要湿地、禁止占用的林地,也未在其他法律、法规、规划中明确禁止的区域内建设。

2. 信用情况

承租人、股东或实际控制人近三年未被列入全国法院失信被执行人名单,不存在未决重大经济纠纷或大额对外负债、对外担保等影响项目偿债能力的情况。

3. 项目偿债能力

项目综合偿债覆盖倍数不低于1.1,最低一年偿债覆盖倍数应不低于1,或虽突破上述要求但有合理风险应对措施。

上述案例,A公司的H项目无法满足机构一的准入要求,但在机构二的准入要求下是可以进行推进的。目前该电站已经建成,发电情况良好,项目综合偿债倍数可以达到1.24。比较两家机构的风险政策,可以发现它们关注的侧重点存在明显的差异。机构一的侧重点是项目的开发主体,即主体信用。这意味着,在评估项目的风险时,机构一更关注的是项目背后的主体信用状况,包括其行业地位、财务状况以及股东实力等因素。而机构二的侧重点是项目本身,即资产自偿性。这意味着,在评估项目的风险时,机构二更注重的是项目本身的资产质量和未来收益的稳定性。这种不同的侧重点反映两家机构在战略实施策略和投资理念上的差异，也反映专业能力构建上的差异。

（二）“资产为本”是基于“资产”的方法论

金融机构的授信业务主要是围绕借款人主体信用与融资标的资产开展的。从事实体产业的民营企业，客观上存在一定的融资困境。这个问题既有其外部原因，也有其内部原因。从外部原因看，金融机构对民营企业的风险偏好较低，民营企业的抵押物不足或质量不高、信用记录可能存在瑕疵，致使其无法有效利用外部资源来扩大规模、提高效率、增强创新能力等。从内部原因看，部分民营企业管理水平和质量不高，同时在缺乏有效的监督和约束机制下，可能存在管理不规范、机会主义等问题。例如，管理不规范表现在财务报表不规范、信息披露不及时、内部控制不健全、法律合规意识不强等方面。这些问题会影响金融机构对民营企业的风险评估，增加信用风险评估难度，降低其信用评级和信用额度，影响其融资成本和融资效率。

由于民营企业，主要是中小民营企业自身存在的这些问题，导致金融机构对其信用风险评估难度较大。金融机构为了控制风险，只能在其客户准入方面提出较为细致且严苛的标准。但是，主体的信用风险，并不能代表其所建设的项目、持有的资产不够优质，投资价值不足。如图5－1所示，从主体、资产两个维度，对金融机构所面对的业务选择进行了划分。其中处于第Ⅰ象限内的业务，是各家金融机构都愿意进入的，但往往对成本要求较高，基本由大型商业银行或政策性银行支持。处于第Ⅲ象限内的业务，是各家金融机构都要识别并退出的业务。排除了第Ⅰ、第Ⅲ象限内的业务，第Ⅱ、第Ⅳ象限内的业务是多数金融机构需要面临的选择。“鱼和熊掌”该如何选择？到底是选强信用，还是好资产？其实这取决于金融机构的实施策略和相应的专业能力构建，到底是擅长主体信用分析还是资产分析，毕竟实现“基于专业能力的风险可控”是业务拓展的根本前提。针对上述选择，“资产为本”理念是一种区别于以信用为主的新视角，是基于“资产”的一种业务分析方法。

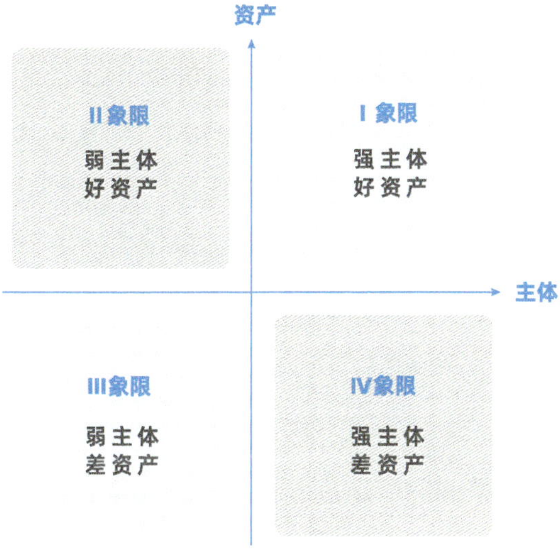

图5－1　主体、资产象限分布

“资产为本”理念是基于资产进行业务拓展、风险管理的视角，符合实体产业的经营规律。实体产业的经营过程，其实是从“钱”到“物”，再由“物”到“钱”的过程。这个过程是资产从形成再到产生收益的过程，资产既是经营成果的体现，也是经营收入的来源。也就是说，资产从形成到价值实现是实体产业的核心活动，而“资产为本”是主要围绕实体产业核心活动提供金融服务的一种方法论。

回到前文提到过的授信业务中的四个基础问题，在“资产为本”的视角下，问题会变得相对简单一些。融资用途已经明确，第一、第二还款来源都是资产，资产经营得好，靠经营还款，经营不好，就得靠处置了，也就不存在关于第二还款来源的问题了。四个问题便简化为两个，钱借给谁？用什么还（资产经营）？“资产为本”是基于资产风险的分析视角，以资产为核心汇聚行业、市场、经济、政策、技术等多方面信息，并对上述信息进行分析，进而认识、判断和管理风险，实现资金的有效配置和安全回收。

结合本书第二章对于消减信息不对称的策略辨析，作者认为，对产业金融机构来说，从“资产为本”的视角，聚焦资产开展经营具有以下优势：首先，资产风险主要受到市场条件、政策稳定性、自然灾害等因素的影响。这些因素通常可以通过市场数据、公开信息、专业报告等途径获得，并可以进行定量分析。因此，资产风险的分析维度相对明确，分析过程相对客观，预测结果也相对可靠。其次，资产价值的评估具有更加标准化的工具和模型。这些工具和模型可以依据市场、行业数据，并将金融机构行业专业能力积累进行参数化输入，对资产价值进行合理评估，为风险管理提供相对准确和及时的决策依据。最后，资产分析通常基于历史数据、同类资产数据和行业变化趋势，这些数据和趋势相较于信用相关的信息更加透明。虽然这些数据和趋势不能完全预测未来的市场变化，但是它们可以提供对未来市场趋势的参考，并为资产运营管理、价值变化判断提供更加可靠的依据。

（三）“资产为本”是围绕“资产”构建能力的指导原则

作者在本节第一部分阐释了不同的经营策略决定能力构建的差异。但是实践中，由于缺乏始终如一地对所需专业能力的投资，导致经营实践过程屡屡碰壁的现象并不鲜见。哈佛商业评论《打造核心能力，让战略落地!》一文中讲道，根据普华永道思略特的调查显示，在战略和实施两方面都非常出色的企业只有8%左右。作者认为，能力的建设需要一以贯之，找到一个关键的切入点，并且通过持之以恒地投入资源，不断建设和强化这些能力，才能最终为金融机构所用，支撑其选定的战略路线，实现价值的创造。

“资产为本”理念以资产为经营载体，强调围绕资产的能力建设，为产业金融机构能力构建指明了方向。资产是该理念下能力建设的关键，产业金融机构聚焦资产构建的能力是其参与市场的核心竞争力，能力的高低直接反映了其在市场中的竞争地位高低。需要强调的是，能力的建设，不是单一维度的概念，也不是单个人或者单个部门的事情，必须整合体系和系统的力量，从多维度、多方面开展能力建设，“资产为本”理念下的能力构建也不例外。

“资产为本”理念指导产业金融机构围绕“资产”动态优化能力体系。随着市场和行业发展，资产类型、运营模式、技术路线也在发生变化。作为市场竞争的参与者，产业金融机构必须顺应经济发展与产业升级的趋势，及时优化与升级自身能力体系，才能持续保持市场竞争优势。“资产为本”理念使产业金融机构依托资产建立起了和市场、产业动态沟通的桥梁，可以让产业金融机构主动适应资产及所属行业的变化，及时调整优化自身能力体系，并形成一个增强型的能力构建循环，使自身能力构建随着行业迭代而动态提升和丰富。回到第二章提及的“光伏电池的单晶及多晶路线选择”的案例，作者认为这既是光伏行业技术路线演变的一个过程，也是事物发展的微观缩影。从胶片相机到数码相机，从功能手机到智能手机，都无不体现了资产的自我迭代和升级，无不促成了一个行业的变革和发展。只有聚焦“资产”，才能及时感知资产的变化，才能动态优化能力，进而实现围绕“资产”的能力迭代升级。

“资产为本”理念能够协调产业金融机构各个部门围绕“资产”系统性地建设能力。当谈到打造专业能力的时候，作者认为更多的是谈及能力的系统建设，通常是相互联系、相互支撑的几种能力。相信读者都知道“酒香不怕巷子深”这句谚语。可在现实的商业世界里，想让消费者知道企业有“酒”并不容易，再想让消费者搞懂“酒”香的独特之处就更难，如果还想提升消费者对企业的“酒”的忠诚度，更是难上加难。从这个案例来看，一家企业光有好的产品研发能力是不够的，没有与之匹配的营销能力、客户服务能力、品牌建设能力等，“酒香”恐怕也怕巷子深。所以说，能力需要系统建设，回到本书产业金融机构的视角下，“资产为本”经营理念使产业金融机构各部门、职能、员工把能力体系建设的重点聚焦到“资产”上，使各经营单元明确自己的能力建设目标和方向，从而更加有效地达成共识，各经营单元朝着一个方向打造专业能力，补短板、扬长板，有效协同配合，最终构成一个有效的、可以支撑经营发展的能力合集。

第二节
“资产为本”的作用

“资产为本”理念是产业金融机构在基于行业专业化的金融专业化要求下，选择的经营实践所遵循的策略。从产业金融机构动态发展的视角上看，“资产为本”理念既明确了经营方向，又体现了产业金融机构专业能力的建设方向。在经营实践中遵循“资产为本”理念，能够让产业金融机构沿着专业化方向，持续、动态地获取产业信息、跟进产业发展，并将其转化为自身的专业能力，从而与产业更加紧密地结合。这一过程以具备基本专业能力为起点，以基于行业专业化的金融专业化发展为目标，专业能力的不断构建与有效应用则是实现目标的路径。基于行业专业化的金融专业化是一个目标，随着产业的发展和技术的进步，其所要求的能力将不断迭代。以“资产为本”指导能力构建，对于产业金融机构的专业化探索具有重要意义。

（一）引导产业金融机构不偏离行业专业化方向

产业金融机构，主要是通过金融手段支持实体经济发展，其专业能力的高低，决定了其服务质量的优劣。熊彼特在其代表作《经济发展理论》中指出，金融部门的本质功能是促进资金在时间和空间上的流动，以更好地配置资源和支持经济增长[①]。“资产为本”理念也体现了这个观点，通过围绕资产进行资金融通，促进资源的优化配置，契合行业专业化发展方向。产业金融机构遵循“资产为本”理念，能够确保其经营聚焦于资产，持续地围绕资产进行专业能力构建，而不是盲目追求规模扩张或短期利益，追逐热点，无法形成专业化深度。

“资产为本”指导下的能力构建主要体现在对资产的认知、对资产的管理以及与产业结合的紧密程度上。这些能力使产业金融机构在面对业务机会时，能够做出更加符合自身风险认知的选择，也更能设计出符合自身资产认知、贴合自身资产管理能力的方案。

产业金融机构与其他金融机构对于能力的认知存在差异，因此业务的选择也相应不同。业务拓展前，产业金融机构要对自身专业能力有准确的评估，毕竟做能力范围内的事可以避免绝大多数的风险。如果对自身能力的界限认识不清，就会产生冲动性投资行为，进而发生风险。市场上，有很多跨界投资并产生风险的案例。比如，某家电企业因进军金融行业（如成立小额贷款公司）而导致大量坏账的产生。又如，某医药企业在涉足旅游、文娱、金融等多个领域后，除了主业外，其余业务板

① 约瑟夫·熊彼特．经济发展理论［M］．北京：中国画报出版社，2012.

块持续大额亏损并最终发生违约。这些问题的出现，可能并非由于明知能力不足而强行涉足，更可能是由于缺乏对自身能力的评估原则，从而对自身能力的界限产生了误解。通过“资产为本”理念，产业金融机构可以明确其专业能力的构建方向，充分调用资源用于能力构建，并准确评估其专业能力的实际状况。有了对自身能力的清醒认识，产业金融机构可以根据专业能力评估业务机会，做到有所为有所不为，并更有的放矢地运用专业能力。在进行业务拓展时，产业金融机构会基于专业能力判断资产的长期价值、管理难度和发展潜力，优先选择与自身能力相适配的资产进行业务合作。在业务方案设计时，产业金融机构可以根据自身的专业知识和经验，对资产的价值进行准确、合理的评估；基于自身对资产的管理能力，在方案设计上突出对资产的有效管理，通过对资产进行有效的控制和运营以避免出险，最终设计出符合资产特性、市场需求以及自身能力建设的业务方案。

由此可见，“资产为本”理念可以引导产业金融机构始终基于围绕“资产”构建的能力进行业务拓展，在面对业务机会时更加理性、克制，聚焦行业专业化方向进行发展。

（二）实现产业金融机构经营的长期利益和价值

“资产为本”理念指导产业金融机构围绕资产进行专业能力构建，并且跟随资产进行动态优化升级。这种聚焦的、良性的专业能力构建方式有助于产业金融机构巩固行业竞争壁垒、增加行业影响力、构建产业生态圈，最终为产业金融机构带来长期的利益和价值。

聚焦资产的专业能力可以转化为行业竞争壁垒。首先，“资产为本”指导下的专业能力可以提高客户的黏性。产业金融机构可以有效识别优质资产，为中小企业提供融资的同时，保证自身经营安全。与此同时，能够根据资产特点提供与之相适应的产品和方案，赢得客户的偏好和忠诚度。其次，为产业金融机构带来更高的模仿成本。不同于信用评价方法的易迁徙性和可复制性，资产评估和管理方面的专业能力需要长期的持续的投入，包括制度体系、模型工具、信息系统等。专业能力一旦构建就能为产业金融机构带来明显的先发优势，其他金融机构想要模仿需要付出很高的学习成本。最后，可以提高客户合作共赢的意愿，巩固竞争优势。在《竞争优势》一书中，迈克尔·波特提出了价值链理论，强调企业竞争优势来源于整个价值链的各个环节，而市场动态是影响企业竞争优势的重要因素①。获得客户认可的产业金融机构，客户会更愿意与其共享信息，为其提供高质量的客户数据和行业反馈。这些信息有助于产业金融机构更了解产业内各种微形态的运行方式，准确感知产业变化，进一步提升定制化产品和服务能力，巩固自身的竞争优势。

聚焦资产的专业能力可以增加产业金融机构的影响力。“资产为本”指导下的专业能力可以提升产业金融机构在行业客户中的地位。第一，产业金融机构通过提供专业的定制化的金融方案，能够在客户融资决策时增加影响力。客户在面对融资痛点和难点问题时，会优先考虑能够提供定制化解决方案的金融机构。同时，客户之间的沟通交流，也会推动产业金融机构专业形象的传播，这种差异化的专业能力也能通过口口相传在行业内广泛传开，提升产业金融机构的行业影响力。第二，能够通过推动产业创新提升产业金融机构的价值。针对产业客户的特定需求，产业金融机构能够设计出创新的金融产品，将融资与产业技术创新有效结合，助推产业转型升级。这有助于产业金融机构从产业的跟随者转变成推动者，其在产业价值链中的地位也将提高。第三，有利于产业金融

① 迈克尔·波特．竞争优势［M］．北京：华夏出版社，2005.

机构参与制定行业标准、监管政策，推动行业健康有序发展。熟悉产业特点的金融机构更有可能成为行业协会、监管部门制定监管政策和行业标准时的重要参与者。这将大大提升其在行业中的影响力和话语权。

聚焦资产的专业能力有助于构建产业生态圈。首先，通过行业影响力的逐步扩大，产业金融机构将行业客户有机连接在一起。产业金融机构通过“资产为本”指导下的专业能力为不同客户、不同环节的特定需求设计金融产品，增进它们之间的合作与联系，建立起密切的合作伙伴关系，成为产业生态圈内部联系的关键节点。例如，产业金融机构可以通过构建的产业生态圈为光伏电站开发客户嫁接组件制造商、EPC、支架厂商等资源，有力推动项目开发。其次，使产业金融机构成为产业生态圈的重要价值创造者。通过专业化服务，产业金融机构更易于发现产业发展中的痛点、盲点，通过为生态圈客户提供融资、咨询、管理等服务创造附加值，提升整个生态圈的运营效率，降低客户运营成本。最后，有助于产业金融机构洞悉整体产业的发展趋势，进而更好地服务于自身的经营发展。在生态圈内部建立起强大的影响力后，产业金融机构可以优先获取竞争格局、技术趋势、未来供需走向等核心产业信息，从而进一步提升其对产业的认知、理解，进而有节奏、有方向、有策略地动态调整自身经营发展思路，牢固树立其在产业生态圈中的竞争力。

综上所述，围绕资产构建的专业能力可以提升产业金融机构的影响力和地位，提升其客户黏性和信赖度。同时，还可以使产业金融机构成为产业生态圈的重要节点和价值创造者，并洞悉整个生态圈的核心发展方向，进一步服务于自身的经营发展。通过实现上述目标，产业金融机构可以实现经营的长期利益和长期价值。

第三节
"资产为本" 指导下的能力构建

"资产为本"理念指导下构建起的专业能力，覆盖了资产的全生命周期，使产业金融机构能够将资产管理与风险管理建立起有机的联系。产业金融机构将资产认知分析、价值评估、运营管理等不同能力运用于经营的不同场景中，并以此设计出合理的、可控的、可校验的金融服务方案，满足业务层面、风控层面、融资层面不同维度多样化的合理需求，实现基于行业专业化的金融专业化的具体实践和有效体现。

（一）以满足业务需求为牵引构建业务拓展能力

金融机构进行业务拓展，首要的问题就是从众多潜在的业务中识别出贴合自身能力基础的业务，并成功地将其转化。业务拓展过程体现的是业务筛选能力和开发能力。如果以主体信用为标准进行筛选与开发，结合第二章对于信用评价策略的分析，识别到的客户主要是大型企业或已经有较好经营积累的中型企业。这些企业是众多金融机构的竞争标的，融资渠道本就非常丰富。因此，对于这些客户，基于"资产为本"的金融服务难以体现鲜明的差异化竞争优势。

基于同样的逻辑，采用信用评价策略的金融机构也就容易忽略有需求的中小企业。不同于信用评价策略以主体信用为标准进行业务筛选，"资产为本"指导下的业务筛选和开发，则是以满足企业的有效需求为标准。产业金融机构利用资产这一有效载体，来评估和发现实体产业的需求状况、发展潜力、风险特征等，从而提高业务拓展的有效性，发挥产业金融机构的独特价值。

1. 资产筛选是基本能力

资产是“资产为本”理念下业务拓展的起点，理念应用的主体。当然，并不是企业资产负债表中所有资产都适合作为信息的载体，相应地，也就并不是所有的资产都适用“资产为本”理念。“资产为本”核心关注的是资产的持续经营价值，而不仅是资产的抵押或者处置价值。“资产为本”理念对资产从“功能”与“价值”两方面进行了要求，需要满足功能完整、价值独立的特征。同时，对于产业金融机构而言，资产相对可控是其业务风险可控的基础，是资产价值之于产业金融机构的意义所在。

功能完整，指的是资产能够正常发挥作用所应具备的各方面条件齐全有效。具体条件应该包括两方面：一是物理构成。具体是指资产能够正常发挥作用所需要的功能构件。例如，一辆能正常使用的家用汽车，必须有发动机、变速箱、传动系统、方向盘等部件，部件缺失或损坏都会影响其正常行驶。同样，一个正常发电的光伏电站，也需要拥有完整的功能模块，包括组件阵列、集电线路、升压站等，缺一不可。二是合规手续，具体是指在法律法规、政策制度规定下，资产建设和运行所必须取得的批准性文件，如果缺失就会影响资产正常发挥作用。例如，上路行驶的汽车，必须要有机动车登记证书、行驶证等批文；正常发电的光伏电站，必须要有项目、用地、环境、电力等相关批文。

价值独立，指的是资产价值的产生与体现不依赖于功能完整条件之外的其他稀缺因素，如主体运营能力、资产特许经营权等。同时，在运营场景下，资产所产生的现金流能够单独区分，明确体现；在交易场景下，资产能够自由买卖，独立交易。再如，一个公司项下有一个水电站，电站电费收入进入专门账户。在这样的运营场景下，通过监控电费结算单和资金账户，可以明确区分和掌握电站现金流；同时，在交易场景下，通过股权交易或者资产交易，可以实现资产的买卖。这样的资产在概念上符合价值独立的判断标准，也是价值独立的基础表现形态。相反地，一个公司下的产品生产线，由于其价值产生依赖于原材料采购、生产、销售等多个环节，且与各个环节的效益高度波动，则不符合作者对于价值独立的认知。

相对可控，包含实物资产相对可控和资产价值相对可控两个层面，具体是指金融机构对于所融资的实物资产具有一定的管理和控制权利，通过协议与措施安排获取对实物资产实施控制的权利，并通过对资产价值的评估、监测以及必要时的管控，以确保其价值保持在合理的范围内，价值波动相对可控。

满足功能完整、价值独立的资产，就具备了价值评估与运营管理的基本条件。再加上资产相对可控的特征，就具备了金融机构开展融资的条件。在“资产为本”视角下，这样的资产是适格的融资标的，如何识别这样的资产是运用“资产为本”理念的产业金融机构需要具备的基本能力。

2. 依靠专业能力发现与到达目标市场

有了满足“资产为本”要求的标的资产，如何找到持有该类资产且有融资需求的目标市场客群，也是产业金融机构需要解决的重要问题。

金融机构进行业务拓展，寻找业务机会，从具体操作层面看，可以通过加强渠道建设或深化专业能力两种方式。就加强渠道建设来说，侧重于设立分支机构、增加人员投入、开发数字化平台、与其他机构合作等。就深化专业能力来说，侧重于深入市场研究、创新金融产品和服务、提升企业识别度、建立产业生态圈等，通过产业能力和金融能力的相互作用，实现产业和金融的有效链接。加强渠道建设可以扩大金融机构的服务范围和覆盖面，而深化专业能力可以提高金融机构的服务质量和水平，通过提升企业识别度，扩大服务的范围和覆盖面。

“资产为本”指导的是围绕资产构建金融专业化能力，这也就意味着主要通过深化自身专业能力去发现与到达目标市场。“资产为本”所要求的产业认知能力，不仅包括对资产自身的认知，还包括与资产有关的外部环境认知，如行业、区域、政策、经济、技术、客群等。通过对资产相关外部环境的调研、分析与筛选，可以以自上而下的视角，有目的、有章法地发现与到达目标市场客户。

T租赁公司拓展中小水电市场

2017 年，T 公司决定拓展业务范围，经过长时间的市场调研、分析，决定大力拓展中小水电市场，当时中小水电市场情况简要介绍如下①。

1. 发展现状

截至 2017 年底，我国已建装机 5 万千瓦以下的小水电站 4.7 万余座、总装机容量约 7927 万千瓦；装机 5 万 ~30 万（不含）千瓦的中型水电站 479 座、总装机容量约 4487 万千瓦；已建装机 30 万千瓦及以上的大型水电站 152 座、发电机组 797 台、总装机容量约 2.22 亿千瓦。按行政区划分，我国水电主要集中在西部地区。

由于小水电自身的特点并考虑到我国国情，国家在政策上，特别是

① 2017 年中国小水电发展现状与前景展望［EB/OL］. http://www.hydropower.org.cn/showNewsDetail.asp?nsId=19936.

2010 年中共中央 国务院发布的《关于加快水利改革发展的决定》，明确了小水电是我国亟待发展的农村水利设施的重要组成部分，提倡大力发展小水电。另外，国家侧重于鼓励地方群众以自筹资金的形式，自建、自管、自用小水电，同时在财政税收上予以减免支持，以电养电，将所得利润全部用于小水电的建设和改造。

2. 中小水电面临困难

由于认识上的局限，我国小水电的公益性和社会性地位长期以来没有得到合理确认。主要表现在：在国家产业政策中，小水电与大中型水电一同列入了甲类竞争性项目，造成了与小水电已有政策的偏离，很大程度上制约了小水电的发展；与常规能源建设项目相比，小水电缺乏固定投资渠道及必要的资金支持，不能享受国家可再生能源的有关优惠政策。

与小水电在区域间经济协调发展中起到的重要作用相比，小水电获得的政策性支持相对有限。主要表现在：长期以来小水电建设项目没有规范地纳入各级财政预算和计划，对小水电开发缺乏资本金投入及其他必要的资金支持。当时小水电开发资金大部分是商业银行贷款，取消农村水电建设专项贷款后，小水电开发主要依靠当地商业银行贷款。但许多小水电地处经济较为落后的山区，当地银行普遍贷款多于存款，资金十分有限，主要由上级银行拨付转贷，且贷款成本相对较高，造成小水电贷款渠道不畅。

经过近 1 年的市场调研及行业跟踪分析，T 公司认为：一是小水电属于可再生能源，既不存在资源枯竭问题，又不会对环境造成污染，从产业属性来看是符合国家可持续发展战略的。二是小水电领域资产满足“资产为本”的准入要求，是公司此前专业能力建设的有效延伸。三是小水电客户面临的融资难问题，一方面是持有方信用实力不足，未得到金融机构的青睐；另一方面是因为多数商业银行贷款为10年期左右，与资产生命周期相差甚远，致使项目还款现金流紧张，稍遇来水不足的情况就会形成业务逾期。逾期后如果业主不用其他资金补足偿债缺口，贷款很快被划入关注或不良，影响资产的后续融资。

基于上述判断，T公司制定了聚焦云、川区域，以优化中小水电站债务结构为短期目标的业务拓展规划，并根据中小水电站运营特点开发了对应的资产评价体系和价值评估模型。

经过4年左右的发展，T公司在中小水电市场已积累了60多个客户，近120亿元资产。

3. 专业能力决定了是“雪中送炭”还是“锦上添花”

金融机构在支持实体产业发展时，面临一个非常关键的问题：究竟应该“雪中送炭”还是“锦上添花”？或者说，是优先支持和培育优质客户，还是大力扶持处于困境中、发展中的企业？其实就金融机构角度而言，都愿意“雪中送炭”，因为“雪中送炭”是实现附加价值最大化的选择。但是，不少金融机构在业务实践中则倾向于“锦上添花”，而非“雪中送炭”。这种策略的选择从表面上看，可能有两个原因：一是优质客户相对成立时间长、规模大或者股东背景雄厚，有利于金融机构扩大业务范围，提供多样化的产品服务；二是优质客户的经营趋势更容易判断，能够一定程度上降低风险的不确定性。但是从本质上看，一些金融机构没有“雪中送炭”的根本原因，是没有构建起足以支撑“送炭”的专业能力。

在支持实体产业发展上，“资金”是企业需要的“炭”，金融服务背后构建起的专业能力，是冒“雪”送“炭”的实现基础。为了既能“锦上添花”，也能“雪中送炭”，产业金融机构可以探索以资产为基础构建起相应的专业能力。在“资产为本”的视角下，产业金融机构将更加注重企业资产的价值和潜力，而非侧重于关注企业的主体信用，这也是产业金融机构支持实体产业的有效路径。

如上文所述，资产筛选是基本能力，“资产为本”的视角可以帮助产业金融机构从资产入手，更好地识别拥有好资产或具有好资产开发潜力的企业。通过对企业资产价值的深入分析和评估，产业金融机构能够判断企业的成长潜力和盈利能力，基于行业与资产的特征设计出满足行业客户需求的金融方案，为那些易被忽视的实体产业客户提供支持。同时，当产业金融机构更加关注企业的资产价值而非主要依赖主体信用时，将能够提供更加定制化和专业化的金融服务，从而满足那些寻求“雪中送炭”金融解决方案的企业。

支持融资困难水电项目　竣工后运营情况超预期

2017 年，民营客户 L 以其持有的 D 水电站项目向 T 租赁公司申请融资，用于电站后续建设。

1. 业务背景

D 电站位于云南省 C 市，为在建期水电项目，总装机规模 96 兆瓦（3×32 兆瓦），计划总投资 7 亿元，合规手续齐全。电站采用坝后式开发，拦河坝为混凝土重力坝，最大坝高 62 米，水库正常蓄水位为 1250 米，相应正常蓄水位库容 2710 万立方米，调节库容 570 万立方米，具备日调节能力。截至业务申请时点，电站建设进度过半，无金融机构融资，该民营客户 L 均通过自有资金进行建设。

2. 业务面临的主要困难

为推动电站建设，民营企业 L 通过多种渠道筹集资金，包括向亲朋好友借款，已累计投入近 3 亿元，后续已无自有资金投入的能力，水电站面临停建风险。在此期间，L与多家金融机构沟通，想以在建水电站资产为标的，通过融资解决电站后续建设资金问题。但所接触金融机构了解电站情况后，均认为风险较大，无法对其进行融资，其中核心风险点是完工风险：至2017年，该项目已动工建设近5年，后续即使资金到位，能否能够顺利建成并网，存在较大不确定性。

3. T租赁公司对该电站的风险判断

截至融资申请日，D项目工程建设已经过两个主汛期考验，满足设计行洪要求。至2017年5月底D项目工程建设进度为：主厂房已完成封顶，安装间已经完成。三台机组压力钢管全部安装完成。三台机组坐环也已安装就位，三台机组蜗壳正在挂装中。主厂房160T行车安装完成并通过检测验收合格。尾水启闭排架也全部浇筑完成。D项目设计坝顶高程1254米，目前大坝1号、2号坝段砼浇筑至1250米高程（至坝顶剩4米），3号、4号进水口坝段浇筑至1244.4米高程（至坝顶剩9.6米），5号溢洪坝段三个闸墩浇筑至1242米高程（至坝顶剩12米），6号坝段浇筑至1251.5米高程（至坝顶剩2.5米）。

综合电站建设情况，T租赁公司水电专业团队凭借各自过往多年的工程管理经验，认为该电站施工难度大的坝体工程已基本完工，剩余厂房建设、送出线路建设施工难度不大，项目在资金到位的情况下，整体竣工的风险可控。

基于对电站完工风险的全方面、立体化的分析判断，T租赁公司向D项目提供了融资支持。

4. 目前该电站运营情况

该电站于2019年初正式完工投产，整体发电情况符合预期，另外发电收入方面，电站目前收入情况较此前预测情况上涨近15%。

（二）以把控资产风险为核心构建项目审查能力

金融机构面临的是复杂的经营环境。从市场风险的变动、主体信用风险的累积、操作风险的潜藏到资产风险的暴露，每一个环节都可能对金融机构的稳健运营构成威胁。因此，有效的风险控制成为金融机构持续发展的关键。然而，风险控制并不意味着对所有风险“一视同仁”，而是需要把握实质进行风险管理，集中精力加强对关键的重要风险的识别和应对，进行有针对性的精准施策。

有效的风险控制强调对重要风险的准确识别和有效应对，而非“眉毛胡子一把抓”，制定大而全的风险管控措施。这是因为风险具有层次性，风险特性不同，所产生的影响和导致的后果也不同。因此，为提升风险防控的效率和效果，需要制定个性化的应对策略。风险控制的核心正是在于，通过精细化的风险识别和评估，为每一种风险发生的可能性和影响进行预判并就重要风险制定针对性的应对策略。这需要金融机构在项目审查上具备差异化的风险理解能力和专业的风险控制能力。

金融机构在经营过程中，往往需要着重应对“小概率、大损失”和“大概率、小损失”两种风险情况。对于这两种情况，需要有不同的风险应对措施。对于“小概率、大损失”的风险，应重视预防和规避。这类风险虽然发生概率较小，但一旦发生，可能对金融机构造成巨大的损失。因此，应通过深入的风险评估和分析，制定预防、转移措施，规避此类风险的发生。对于“大概率、小损失”的风险，应重视分散和对冲。这类风险发生概率较高，但每次造成的损失相对较小。通过分散投资或对冲策略，可以在一定程度上抵消这类风险的影响。

在“信用为本”的视角下，即使客户发生违约，也很难了解风险产生的根源。这是因为信用评价涉及的因素过于庞杂，涉及很多个不直接相关的专业领域，因素间还存在错综复杂的关联影响。例如，一家企业的债务违约，可能是因为其对下游客户的应收账款回款链条断裂，而该下游客户之所以无法履行支付义务，或许是因为涉嫌洗钱导致账户冻结。但是在“资产为本”视角下，重要重大的风险因素主要来自资产，以资产为核心展开项目审查，让金融机构能够更加有针对性地识别与应对风险。为了更为形象地阐释“资产为本”指导下的项目审查能力建设，接下来作者将就其中的几个重要维度展开说明。

1. 建设期项目完工风险审查

就项目融资而言，金融机构通常面临两种类型的项目：运营期项目和建设期项目。运营期项目由于已经形成稳定的资产，通常可以以历史运营数据为基础来评估风险、风险评估难度相对较小。然而，建设期项目由于资产尚未完全形成，风险评估的复杂性较高。资产完整形成是评估项目质量状况、收益情况的根本前提，而形成的过程本身就是项目质量状况、收益情况的决定要素之一。因此，建设期完工风险是项目风险的重要构成。

项目可能因为资金、质量、施工难度等各种原因导致进度不及预期，无法按时完成。假设企业在建设一开始就一次性获得融资，过程中若由于各种原因导致资产未形成，金融机构将面临既无还款来源，也无处置抓手的尴尬境地。因此，为了防范这种风险，金融机构可以采用分笔放款的方式，即根据项目的实际进度和资产形成情况判断工程进度可行性、工程质量的可靠性、资金需求的合理性，实施分阶段放款，而不是一次性投入全部资金。这样可以有效控制资金挪用，监督项目质量，促成资产按时形成。

然而，简单的设置分笔放款条件未必能达到预期的风险防控效果。

分笔放款的背后是金融机构对于工程进度、工程造价、现场施工等一系列建设期事项的管理能力，金融机构只有对资产形成有深入的理解，能够制订合理的放款计划和前提条件，同时也要有有效的监督和检验机制，才能实现分笔放款应有的价值。如果只是粗略地设计一些时间点或者完全依赖企业提供的进度报告来放款，不仅会极大削弱其风险防控的效果，甚至会拖累资产的有效形成。

H 项目的建设期分笔放款方案

本章第一节所提到的 H 项目，是张北地区的建设期集中式光伏电站项目，为防控完工风险，T 租赁公司对其分笔放款中工程进度和监督机制相关内容进行了如下设计：

第一笔放款：

1. 出租人已取得经出租人认可的监理公司与承租人就本项目签署的《工程监理服务合同》，合同中已约定监理公司将派驻人员驻场，监督工程质量及进度，并于每半个月将监理报告发送至出租人的指定人员，且报告中应包含截至报告出具日本项目工程质量及进度情况、实际装机量、存在的问题、后续改进措施等内容。

2. 项目围栏工程已全部完成，并取得监理报告；组件、逆变器设备选型经出租人确认，符合出租人要求。

3. 出租人已与承租人、监理单位共同签署了《项目建设管理服务协议》，约定在首笔款项投放之日起 5 个工作日内向出租人提供《工程里程碑进度计划》，每个自然月 15 日（含本日）前、28 日（含本日）向出租人报送《月报》等事项。

第二笔放款：

本项目升压站土建基础完工，桩基础完成80%，支架安装完成40%，须取得对应监理报告并由出租人公司人员进行现场复核。

第三笔放款：

项目升压站主设备安装完成，外线土建基础完工，桩基础完成100%，支架安装完成80%，组件安装完成40%，须取得对应监理报告并由出租人公司人员进行现场复核。

第四笔放款：

本项目全容量并网发电，须取得对应监理报告并由出租人公司人员进行现场复核。

在H项目中，T租赁公司对于工程进度和监督机制的设置，体现了一家产业金融机构对资产形成过程的深度理解。具体表现为：工程进度的设置充分尊重资产的施工建设过程的合理流程，充分借鉴《工程里程碑进度计划》中的施工安排，确保工程进度符合既定计划和应有节奏；合理评估各个节点的资金需求，结合EPC工程造价概算表、已签订的设备/施工合同、市场行情以及项目特点就各个阶段的资金需求做合理评估，在综合考虑资本金到位和权责制衡的前提下保障资金的及时到位，使资金匹配工程进度；有效利用第三方专业机构辅以必要的检验和监督，保证信息对称，形成具有约束效应的权责对等局面。综上所述，建设期完工风险审查能力是项目风险审查能力的重要构成，为有效把控建设期完工风险，促进资产如期建成，金融机构需要具备相应的造价评估能力、工程施工评价能力以及对应的风险防控措施设计能力等。

2. 关于资产方的信用风险审查

“资产为本”强调将业务聚焦于资产，通过防控资产风险来实现对业务整体的风险控制。然而，这并不意味着对“资产为本”的僵化使用而忽视了主体信用。实际上，在某些情况下，主体信用也会对资产产生重要影响，使资产即使满足“功能完整”和“价值独立”的要求，也无法被金融机构有效控制。例如，资产持有方是失信被执行人、有犯罪记录、“涉黑”或者涉及大额民间借贷等。这些因素都有可能对资产可控性产生负面影响，使资产变得无法控制，进而失去其在业务中的核心作用。因此，“资产为本”重点关注主体信用对资产的负面影响，在项目审查能力构建上，也重点培育可能会直接或间接影响资产正常运行的信用风险识别能力。

资产持有方是否存在失信、犯罪记录容易了解，但民间借贷却具有很强的隐蔽性。民间借贷通常不进入资产负债表，征信系统也无记录，有些是实控人的个人借款与企业负债混同，有些是实控人的关联企业作为民间借贷平台，借款后再将债务划转到资产所在的公司内，有些甚至涉及三角债等更复杂的债权债务关系。民间借贷往往还涉及造假和金融欺诈。不少企业经营情况欠佳，且债务压力沉重，为从金融机构获取融资，不仅隐瞒自身的民间借贷，往往还存在制假造假行为，如虚构交易背景、伪造合同单据等。如果没有发现隐藏的民间借贷，那么“资产为本”上可能多出一份无法承受的负担。

由于民间借贷的隐蔽性，对其进行有效排查是金融机构普遍面临的难题，单纯通过信用分析，很难得出结论。然而在“资产为本”视角下，通过产业端和金融端专业能力的相互协同，可以对资产工程造价与客户对应历史债务情况进行有效梳理和比对，从而为民间借贷排查提供一种相对可行的方式。

X公司为取得借款将大额民间借贷转入表内

X公司以其持有的电站资产向T租赁公司申请融资，其电站资产建成时间较短，运行情况相对稳定。T租赁公司在审核资产时，对电站造价进行了初步核实，同时通过比对同区域电站数据库进行交叉验证。经过审核，T租赁公司发现该电站单瓦造价高于同区域、同时期电站近2元，存在虚增造价的嫌疑。进一步根据资产实际造价工程债务规模小于财务报表显示数据，判断财务报表显示的部分债务很可能与资产形成无关，于是要求X公司提供解释，并就该部分往来账款提供科目明细及相应询证回函，通过详细核查回函，发现其多张回函中债务人签字笔迹雷同。

最终X公司承认财务报表审计环节造假事实，承认该笔款项实际为民间借贷，用于其他领域的资金融通，并非电站建设开支。为了解决其已有民间借贷，X公司将民间借贷混入报表其他应付款科目，虚增了相应的融资需求，试图利用金融机构融资对民间借贷进行清偿。

上述案例中，围绕资产的风险审查，一方面核实了基于资产的合理融资需求，另一方面也使客户的信用瑕疵随着民间借贷的核查逐渐浮出水面。如上文所述，“资产为本”并不意味着仅仅聚焦于资产而忽视了主体信用，诚信层面的主体信用瑕疵在任何融资业务中都是准入的红线，“资产为本”理念下也不例外。不同的是，“资产为本”理念具体体现为始终基于资产的自偿性，即以现金流预测和估值管理为核心。对于客户信用的识别，旨在评估客户信用对于资产的潜在负面影响，着重构建资产与客户信用之间的“防火墙”，防范客户信用对资产的自偿性产生不利影响。

3. 以资产价值为核心的资产风险审查

在“资产为本”理念指导下，金融机构开展业务的核心能力是资产价值评估。这是因为资产的价值不仅决定了融资的规模，也能够影响融资的安全和收益。因此，金融机构必须准确地评估和判断资产价值。金融机构如果对资产价值评估过高，就可能导致超融风险，即实际融资额超过了资产的实际价值，进而增加还款压力和违约风险。金融机构如果对资产价值评估过低，就可能达不到客户的预期，无法充分利用资产的价值设计更合理的融资方案，从而丧失业务机会。金融机构想要做到准确评估和判断价值，就必须具备资产方面的专业能力，也就是能够从多个维度分析资产的特征和影响因素。资产方面的专业能力，正是产业金融机构践行“资产为本”理念所必需的核心能力。

在资产价值的评估和判断过程中，产业金融机构以信息的识别、收集和应用为途径，通过产业研究能力、宏观经济研究能力、资产质量评价能力等专业能力的综合运用，实现产业信息的有效内化、金融信息的合理体现，不断提升资产价值的精准度，为业务拓展和风险全流程管理提供专业支撑。关于资产价值相关的核心能力和相应体现，本书将在第六章进行详细论述。

（三）围绕资产价值构建资产管理能力

通过专业化地管理和运营资产，实现资产价值的稳定和提升，是实践“资产为本”理念的关键要求之一。在这个过程中，资产动态监测能力实现了资产价值的有效跟踪，而主动管理能力则通过对资产的价值保护和价值提升为资产价值管理赋能，既是提升金融机构行业专业化水平的关键，也是形成差异化竞争优势的重要体现。那么什么是主动管理能力，作者认为主要是指产业金融机构在资产的建设和运营过程中，通过主动施加运营监控、现场管理和有效处置等手段，实现对资产的有效管理、控制和退出的能力。这种能力强调的是对资产全过程和全方位管理。

对于产业金融机构而言，通过动态监测和主动管理资产，一是可以及时发现和解决资产存在的问题，提高资产的质量和稳定性；二是通过对资产的专业化管理和运营，可以实现资产价值的稳定和提升，增加收益；三是通过对资产的风险评估和监控，可以及时匹配风险应对措施，降低投资不良率水平。

1. 资产的动态监测能力实现资产价值的有效跟踪

动态监测资产运营情况的能力对于产业金融机构来说具有至关重要的意义。动态监测能力使资产运营风险变得可视和直观。通过实时数据和趋势分析，产业金融机构能够清晰地、全面地了解资产运营过程中的风险隐患和薄弱环节，从而更及时更有效地制定和执行应对策略。例如，产业金融机构通过动态监测，发现电站发电量不及预期时，能第一时间掌握信息、排查原因并对症下药，从而减少风险隐患，避免或减少损失。

反之，如果产业金融机构不具备动态监测能力，那么其对于资产运营情况的了解可能会滞后。在这种情况下，定期检查或被动了解资产运营情况可能会延误风险处置的最佳时机。一旦风险在短时间内快速扩大，可能会带来巨大的经济损失和声誉损失。因此，在“资产为本”理念下，资产的动态监测能力必不可少。

T 租赁公司运营期项目风险监测

T 租赁公司对运营期项目进行风险监测的主要措施包括：在运营信息收集与管理方面，通过项目电费结算单定期收集与电站生产系统接入的方式，对于项目发电量、电费收入情况进行持续监测，并与项目准入阶段的预测数据进行对比分析；在资产现金流监测与管理方面，通过监控项目公司银行账户，管控项目收支情况，对项目资金使用进行审批，严控项目第一还款来源。在运营期项目整体质量评价方面，基于对可再生能源行业与电站资产特征的专业理解，形成体系化的可再生能源电站运营期质量评价工具，如对于风电运营期电站从资源及项目条件、设备质量、资产安全、盈利能力、运维管理及合规运行6个主要维度，通过60余项具体指标对于电站资产质量进行全面监测和评价，并根据评价结果进行分级，对于不同等级的资产采取差异化的管理方式（见图5－2）。

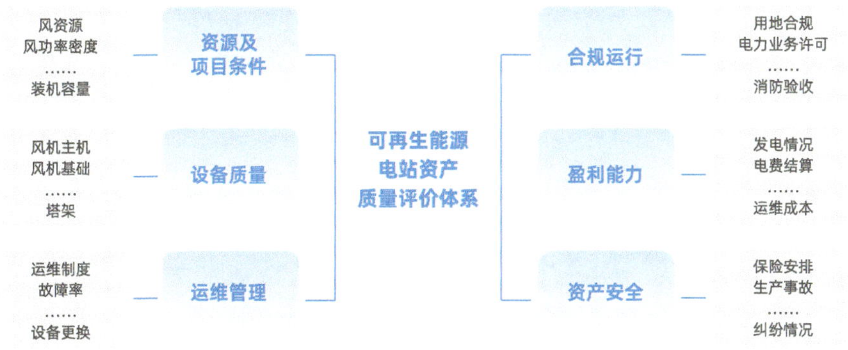

图5－2　可再生能源电站资产质量评价体系

2. 资产的主动管理能力为资产价值实现提供了保障

具备资产的主动管理能力是产业金融机构实现差异化竞争优势的重要来源，也是其应对资产风险的根本保障。对大多数金融机构而言，当出现资产损坏、资产建设停滞、建设期资产持有方突然退出等极端情况时，通常的做法是被动地等待外部环境好转，寻求第三方机构进行接管，或者针对资产现状开展处置进行残值回收。而基于资产的主动管理能力，产业金融机构能主动对资产本身的建设和运营施加积极的影响。通过主动管理促进资产完工或恢复运营，再辅以运维优化、技术改造等措施，稳定和提升资产价值，保证经营安全、促进有效投资。

除了内在的资产管理能力，外在的统筹协调能力同样是主动管理能力的重要构成。产业金融机构必须构建并融入产业生态圈，在资产形成及运营过程中，与各方利益相关者进行协调和沟通，包括资产持有方、运营方、EPC 总包方、监理机构、政府部门等，通过加强协同实现资源的优化配置。

T 租赁公司对于建设进度滞后电站的主动管理

S 项目为 T 公司融资支持的地面集中式光伏电站项目，融资投放后，T 公司监测到项目建设进度滞后于计划节点，经多次催促 EPC 方效果均不明显。为恢复项目建设进度，确保项目尽快并网，T 公司派出了专业工程团队进行驻场管理。经现场了解，该项目建设进度滞后除存在新冠疫情原因之外，还包括 EPC 方前期踏勘工作欠缺，导致设计与施工脱节；EPC 方缺乏对项目总体把控能力；征地协调方对土地征用预期盲目乐观，缺乏项目建设统筹管理经验等问题。

T 公司工程团队驻场管理后，通过主动参与项目调度、根据项目情况重排项目施工进度、监管重要施工节点等方式，有效加速了项目建设进度。在该地区同类型项目建设进度因新冠疫情原因均滞后的情况下，该项目取得了实际并网规模区域第 2，工程量进度区域第 1 的成果，成为当地能源局标杆项目，也有效地规避了 T 公司自身的投资风险（见图 5－3）。

图 5－3　T 公司对于建设进度滞后电站的主动管理

（四）围绕资产质量打造可识别信用形象

大部分产业金融机构为产业发展提供资金融通，其资金来源除了来自内部的资本金与经营积累之外，主要依靠外部资金渠道。产业金融机构的外部融资主要有间接融资和直接融资两种形式，间接融资是向银行申请贷款、承兑汇票等授信产品，直接融资是通过资本市场（多为债券市场）发行证券融资。无论是采取哪种融资方式，产业金融机构的主体信用情况都是银行或者债券投资人关注和评价的重点，信用等级更是在一定程度上直接决定融资的额度和价格。在债券市场，曾有这样一个主体发债两重天的阶段：AAA 级抢不到，AA 级没人要。由此可见，对于产业金融机构而言，塑造一个可被外部融资市场认可的信用形象何其重要。它是产业金融机构履行资金融通职能的基础，畅通的外部融资是其对外投资、支持实体经济发展的主要资金来源；更是其经营发展、坚守战略的重要保障，只有更广泛的获得投资人的理解、支持和信任，产业金融机构才能聚焦力量用于经营发展，才能坚定地执行专业化战略。

1. “资产为本”指导下的信用形象建设

信用评级报告往往是广大投资人对产业金融机构信用情况进行评价的主要依据之一。但正如本书第二章对于信用风险评价的理解，对信用情况的评价包括经营方针、风险管理体系、财务情况、资信情况等众多方面。信用评级报告会对业务风险、财务风险、个体信用状况、外部支持等方面进行综合全面的分析与评价，所适用的是信用风险分析的方法论。而对于产业金融机构而言，在不断消减自身和行业间的信息不对称的同时，如何消减自身和金融市场间的信息不对称，如何将在“资产为本”理念指导下构建起的围绕资产的专业能力，反过来外化表现为产业金融机构对外的信用形象，并非易事，却又是重中之重。

T 租赁公司 AAA 评级之路

时间到了 2018 年年中，T 租赁公司刚满 4 年，资产规模不足 300 亿元。在这样一个基本面下，为了提升资金运营管理的综合收益，推进战略发展，T 租赁公司立下了 AAA 信用评级的年度目标。

在当时的环境下，AAA 评级意味着什么？当时被评级为 AAA 的公司有成立二十多年的租赁公司，有资产规模超过 2000 亿元的租赁公司，相较这些租赁公司，T 租赁公司无论是资产规模还是成立年限都处于绝对劣势。同时，当时国内外的评级思路比较关注定量数据，整个评级体系都相对重定量数据、轻定性分析，这让 T 租赁公司 AAA 评级申请之路在客观上存在不确定性。事实上，T 租赁公司第一次的评级材料，确实没能打动评级机构的评委们，得到了维持 AA + 的评级结果。

T 租赁公司知道为获得 AAA 评级，就需要对评级机构的评级体系进行修正和正向引导。在接下来的时间内，T 租赁公司围绕“资产为本”向评级机构全面地、详细地解读了自身的风控理念和风控策略，深入地、翔实地分析了自身的资产质量及结构，客观展现了一个产业金融机构在信用情况上区别于其他金融机构的关键要素。最终，T 租赁公司的战略定位、经营策略、风控理念、资产质量得到了评级公司的认可，获得了 AAA 评级。

在上述案例中，产业金融机构立足“资产为本”，持续聚焦资产构建专业能力，做实自身信用基础。在此基础上，以主流评级机构为抓手，另辟蹊径，通过不断的专业沟通和理念探讨正向引导评级理念，最终获得了同级别资产规模的租赁公司中第一个 AAA 评级，不断强化了自身的可识别信用形象，并将这种可识别的信用形象通过评级报告的广泛使用在金融市场得到有效树立，为专业化战略的持续推进创造了良好的外部融资条件。

2. 可识别的信用形象的作用

信用形象的可识别性，重点体现的是产业金融机构较其他金融机构在信用市场中树立的可靠的独特的形象。“可识别”即是“专业化”的具体呈现，“可识别的信用形象”可在融资业务中构建贴合自身战略发展的融资生态圈，进而创造良好的外部融资条件，具体体现为以下几个方面。

良好的、可持续的融资优势。以银行信贷为例，金融市场受到多方面因素影响，银行对产业金融机构的信贷业务要受到宏观经济、监管政策等多方面因素影响。当出现经济水平波动时，银行可能会限制或收缩对产业金融机构的信贷规模和水平。这种情况下，产业金融机构树立的可识别的信用形象有助于在银行授信时发挥正向影响，即使整体行业受到一定限制，也能引导银行更看重自身围绕资产形成的专业能力和综合实力，从而给予更多的超越行业平均水平的政策支持和业务倾斜。相对于其他金融机构，可识别信用形象的打造，有利于产业金融机构抚平行业周期的波动，无论在行业景气周期还是在行业整体下降时，都能获得相对更优的融资便利。

精细的、可校验的融资管理。以债券产品为例，债券产品的发行需较为完整地掌握发行前后的市场信息和投资信息（如投资策略、投资价量、投资流程、投资决策链条及核心人员等），收窄信息差，以确保债券发行判断的准确性，对发行进度形成有效把控，对市场化发行成本形成有效控制。基于可识别的信用形象，产业金融机构能够通过投资人建设丰富的信息渠道，进一步活跃各类债券的二级市场交易，进而优化已发行债券的估值水平，为债券发行和管理提供精细的、可校验的价值支撑。

可信赖的、持久的合作生态。产业金融机构立足行业专业化，在服务于自身经营发展的同时，也更能以金融的语言解读行业的发展，将最新的行业发展趋势、运行规律、技术革新等带给其自身的投资方，通过深化彼此对产业的认知和理解，有效建立双方互信关系，营造可信赖、持久的业务合作生态。

“资产为本”是围绕资产构建专业能力的指导原则。本章从业务拓展、风险审查、资产管理、信用形象构建四个核心维度阐释了“资产为本”理念指导下的能力构建，展现了产业金融机构是如何聚焦于资产进行经营管理与能力构建的。要实现有效的专业化经营，专业能力的构建需要不断精进，作者认为数字化、模型化是专业能力不断提升的精准体现，也是专业能力内化用于产业金融活动的必经过程，本书第六章将围绕“专业能力的数学表达”做详细展开。

第六章

专业能力的数学表达

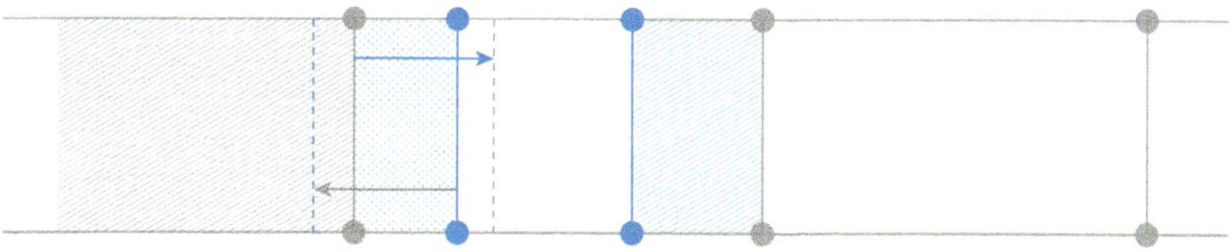

通过实践证明，产业金融机构应用“基于行业专业化的金融专业化”方法论，选择“资产”这一信息载体能够有效消减行业信息不对称。站在上述角度，获取行业信息本身不是目的，产业金融机构最终向行业客户提供的是主要由融资金额、期限、利率水平等一系列数值所组成的产品交易方案。所以将资产特征及其所承载的行业信息转化为可供自身进行分析和判断，有效指导业务实践的数值，是产业金融机构专业能力的核心体现。在这个过程中，资产所承载的行业信息变动实质上都将反映在资产价值的变化上；对特定行业资产价值变化规律的深入理解与把控，是有效、精准满足市场及客户合理需求的关键。基于产业金融长期实践中的经验总结和方法提炼，本书认为资产价值评估、判断与实现为主的资产价值管理体系是产业金融机构“资产为本”的核心。将资产特征及其所承载的行业信息通过模型化、数量化的方式转化为产业金融机构对资产价值进行评估、判断与实现的过程，是产业金融机构基于专业能力的数学表达。

本章将通过理论分析与例证对照相结合的方式，深度剖析产业金融机构是如何围绕资产价值的评估、判断与实现，来构建以信息的模型化和数量化为核心的专业能力；以及资产价值管理体系所得到的量化结果，又是如何应用到产业金融机构的风险控制与业务拓展活动当中。旨在让读者理解，面对不确定性所带来的风险，践行“基于行业专业化的金融专业化”方法论的产业金融机构围绕资产价值管理体系进行专业能力构建，应用资产价值管理能力进行业务实践，能够有效帮助自身实现“基于专业能力的风险可控”和“基于风险可控的业务拓展”。

第一节
产业金融视角下的资产价值管理体系

（一）“资产为本”的核心是资产价值管理

“资产为本”是“基于行业专业化的金融专业化”战略的实施路径。一方面，“资产为本”是指导产业金融机构整体能力构建的理念和方法；另一方面，“资产为本”是产业金融机构打造专业化风险管理体系的方向和路径。但产业金融机构不是产业公司，相较于产业公司对资产质量、产品性能、技术路线等资产物理属性的关注，产业金融机构为更好地发挥其金融功能，更关注资产的价值属性。这个价值属性本质是资产价值的变化规律。产业金融机构对准确认知资产价值变化规律的渴求程度，就如同产业公司对产品质量、产品性能的极致追求一样。产业金融机构深刻理解资产价值变化规律的过程，是长期坚持对特定行业的发展变化趋势及其核心资产的风险收益特征进行模型化阐释和数量化表达，并结合产业金融机构自身的行业认知水平和资产管理能力对量化表达结果本身的不确定性进行分析及判断的过程。在此基础上，再围绕资产价值辅以必要的管理手段，产业金融机构就能在最大限度上控制因资产价值变动所带来的风险，保障资产在风险可承受范围内的价值实现，并且能够利用资产价值在自身全生命周期内的变化为产业金融机构获取更多业务机会，同时获得与之相匹配的合理收益。在这个意义上，资产价值管理体系是产业金融机构围绕对资产价值变化规律的准确认知和有效把控构建的专业化能力体系。对产业金融机构而言，资产价值管理体系是产业金融机构“资产为本”的核心。

（二）资产价值管理体系的主要构成及其内在联系

1. 主要构成

资产价值管理体系主要包括对资产的价值评估、价值判断和价值实现。

资产价值评估是产业金融机构基于行业共识和资产收益特征等客观因素，通过选择合理的评估方法对资产内涵价值（Intrinsic Value）进行独立评估、量化的过程。本书认为，内涵价值是目标资产本身所具有的内在价值，其客观反映了资产在未来能产生的经济价值，是资产未来获利能力的货币化体现。产业金融机构对资产价值进行评估的过程，客观上起到了消减产业与金融之间信息不对称的作用，能够在较大程度上降低不确定性带来的不利影响。不过，产业金融机构需要清楚认识到，消减行业信息不对称虽然能够有效降低不确定性的影响，但是资产价值在未来实际表现中的不确定性是客观存在的。这种客观上存在的不确定性可以被认知，却无法真正被消除。资产价值判断是产业金融机构结合自身风险管理能力①，基于乐观、中性和悲观情景假设对资产价值评估中参数取值的不确定程度进行进一步分析和量化的过程，最终得到不同情景假设对应的资产价值（以下简称乐观预期、中性预期和悲观预期）组成的价值区间。同时资产价值判断还应综合考虑外部因素（如供需关系、客户心理预期等）对资产交易价格的影响，判断资产在当前及未来长周期预期可实现的交易价格。以上过程实质是产业金融机构主观上对

① 本章所述风险管理能力在具体业务实践中体现为与资产收益相关参数变化程度的风险认知能力和产业金融机构基于该风险进行缓释及应对的能力。

资产价值在未来实际表现中预期出现的不确定程度的认知过程。正确认识资产价值的不确定程度，就能正确认识风险可控的边界。通过资产价值评估与判断，内涵价值和基于不同情景假设的资产价值所组成的价值区间、交易价格，共同形成了资产的价值集合。资产价值实现是基于对资产价值评估和判断的结果，通过全生命周期的资产管理能力保障资产价值在可承受范围内实现的过程（见图6－1）。

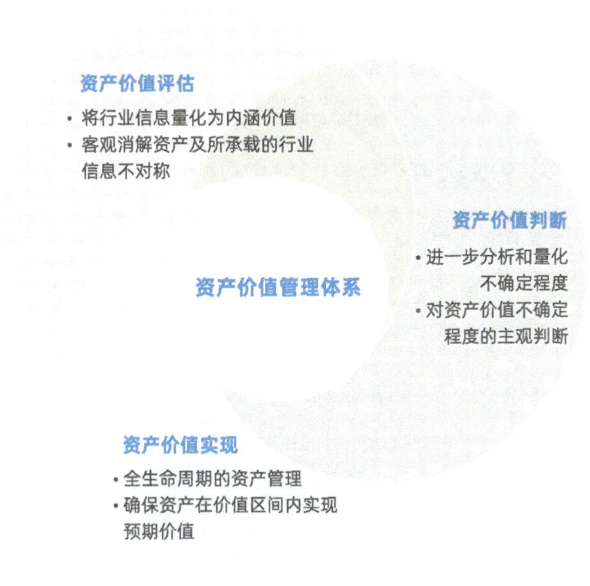

图6－1　资产价值管理体系主要构成

2. 内在联系

以资产价值评估、判断与实现为主的资产价值管理体系在产业金融机构的实际经营实践中是相互作用、逐层递进、缺一不可的。

资产价值管理体系中三者的内在逻辑和递进关系，其实与很多问题符合逻辑的思考模式都有相似之处。为方便读者理解，我们尝试通过一个足球俱乐部引进外援的决策思考过程让读者更加清晰地认识资产价值评估、价值判断与价值实现三者在资产价值管理体系中的关系。在俱乐部最终决策是否引援前，首先需要对球员的能力进行充分的评估，其中包括球员的身高、体重等身体条件指标，球员冲刺速度、耐力、弹跳能力等运动能力指标，以及射门、头球、传球等技术指标等。在这个过程中，俱乐部通常会系统收集其过往历史表现（包括技术统计）、过往执教的教练员评价、曾经同队的其他球员评价等相关信息，对该名球员能力通过打分表模型进行量化赋分，从而建立对该名球员相对全面客观的能力认知。这个过程就类似上文中提到的资产价值评估的过程。只有完成上述评估后，俱乐部才能考虑下一个问题，即这名球员来到俱乐部后将会有什么样的表现？俱乐部会在球员各项能力指标评估值的基础上判断来到俱乐部后在实际能力表现上的不确定性。为了降低无效引援的风险，俱乐部管理层和教练组就会结合自身球队的战术打法、现有球员的能力基础、俱乐部对拟引援球员的培养和管理等，对拟引援球员能力能否得到充分发挥和有效提升进行分析判断。从而有效回答以下问题：该名球员的能力是否能够得到充分发挥？其表现中性预期会达到什么水平？其最差会是什么水平？最好会是什么水平？这个过程就类似我们的资产价值判断的过程。有了这个判断，俱乐部在尝试引进该名球员前，就会针对该名球员进行一系列的量身定制的安排和计划，包括训练计划、战术调整、管理方法等，确保其在俱乐部后续比赛中的发挥能够符合之前的预期，甚至实现超出预期的作用发挥。这些措施的制定和实施过程，可以帮助读者理解本书所讲的资产价值管理体系中价值实现的过程。

借用上述足球俱乐部引援的情景，作者讲述了从资产价值评估、判断到价值实现的过程，以及三者之间围绕资产价值逐层递进的关系。除此之外，产业金融机构还应充分认识到资产价值实现的过程能够对价值评估和判断进行动态修正。这种动态修正实质上是对评估模型和参数取值的调整。调整依据来源于全生命周期各个时点资产的价值表现与最初价值评估、判断结果的偏差。产业金融机构应通过对特定行业存量资产在长期运营中的价值变化规律进行总结与提炼，综合分析导致偏差的原因。对于因参数的选择、取值，以及对参数不确定性过于乐观或过于悲观的预期导致的偏差，在价值实现的过程中就可以随时对原有评估模型、参数取值以及对资产合理的价值区间边界进行修正，并将调整后的成果应用于后续的经营实践中。对于因自身管理能力不足而导致的资产价值的贬损，产业金融机构也可以及时找到自身在资产运营管理中的短板，及时补足相关资源与能力，助力资产价值的提升。考虑到产业金融机构需要坚守特定的行业细分领域进行长期深耕，价值实现对于产业金融机构而言只是该业务领域下经营实践的起点，而不是终点。通过价值实现过程中的经验总结、资源积累和能力提升，并将其充分应用于价值评估和价值判断的动态修正中，才能使产业金融机构的资产价值评估体系不断升级与发展，最终实现自身的可持续发展。

（三）能力建设推动资产价值管理体系的构建和升维

作为“资产为本”指导能力构建的核心内容，资产价值管理体系的构建不是一蹴而就的，而是伴随经营实践活动，在持续满足客户合理需求的经营实践过程中逐步形成并完善的，是一个从无到有、从有到精的不断迭代进化的过程。

从能力建设推动资产价值管理体系的发展角度，资产价值评估、判断与实现都是以对信息的建模和量化能力为核心。产业金融机构从最初对资产单一现象和特征的量化，逐步演变为基于资产价值变化规律，通过建模的方式对一系列参数组合的量化，并根据资产价值评估与判断的需要，最终形成对资产内涵价值和价值集合的量化结果。而全生命周期的资产管理能力也需要将资产的实际价值表现与上述评估和判断过程中的量化结果进行对比分析，通过管理手段有效保障资产在可承受范围内的价值实现。随着专业能力的提升，资产价值实现也将帮助产业金融机构从最初对单一参数取值的修正，逐步升级为对评估模型及参数组合的修正。在上述过程中，为更高效、精确、可靠地将行业信息转化为资产价值管理体系所需的量化结果，产业金融机构就需要对资产价值及其相关参数构建评估模型。这对产业金融机构而言有着重要的意义，其代表着产业金融机构开始能够成体系地实现对行业信息的处理，对量化结果的修正。而上述专业能力提升，最终将有效拓展产业金融机构风险可控的能力基础。本章第二节将重点围绕能力构建阐述资产价值管理体系如何帮助产业金融机构实现“基于专业能力的风险可控”。

从资产价值管理体系的应用视角出发，在产业金融机构发展初期，资产价值管理体系所需的能力建设也在起步阶段。此时，产业金融机构经营实践中风险可控的能力基础是有限的，可选择的业务类型、能提供的产品服务种类都是比较受局限的，产业金融机构的业务实践更多体现为对客户一般性需求的被动响应。随着自身业务发展与经验积累，围绕资产价值管理体系所需的专业能力基础逐步夯实，风险可控的能力基础也随之不断拓展，产业金融机构逐渐从被动响应客户的一般性需求，转变为根据行业发展需要主动引导并有效满足客户的差异化需求；逐步从聚焦单一细分行业逐步向其他相关细分行业有机拓展。如图 6 – 2 所示，产业金融机构对资产价值管理体系有效应用的过程，是在明确自身专业能力覆盖范围的基础上，寻找与行业客户合理需求和自身风险收益三者之间交集的过程。随着专业能力的提升，三者之间的交集也在不断地扩大，产业金融机构就会有更多业务拓展和产品创新的空间。这个过程实质上就是产业金融机构“基于风险可控的业务拓展”。本章第三节将重点围绕资产价值管理体系的应用，阐述其如何有效助力产业金融机构实现“基于风险可控的业务拓展”。

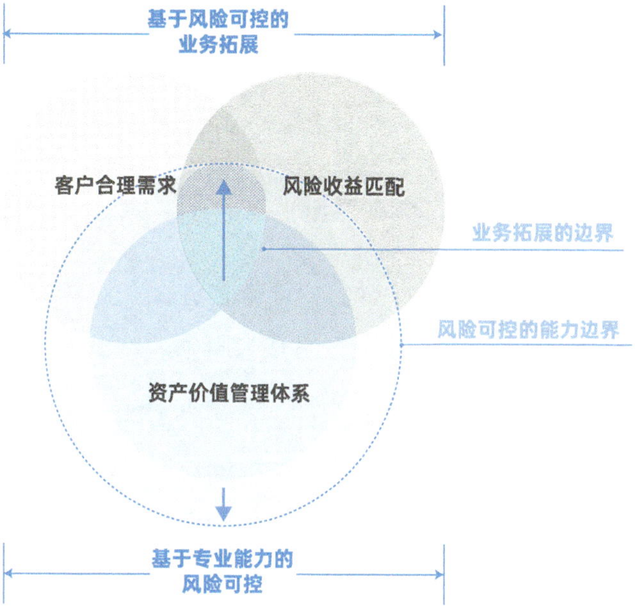

图 6-2 “基于专业能力的风险可控”与“基于风险可控的业务拓展”

第二节 资产价值管理体系的能力构建

结合上文的论述，围绕资产价值管理体系进行专业能力构建，能够帮助产业金融机构不断拓展自身风险可控的能力基础。读到这里，相信读者一定会关心，资产价值管理体系所需专业能力都包含什么？为什么说对信息的模型化和数量化是专业能力构建的核心？产业金融机构又是如何围绕资产价值管理体系进行所需专业能力的构建？为回答上述问题，本节将重点围绕资产价值管理体系的主要构成进行所需能力的拆解，并通过阐述如何对上述能力进行持续积累和有效运用，以帮助更多期望运用本书所讲产业金融方法论进行有效实践的金融机构，逐步建立聚焦特定行业、满足自身发展需要的资产价值管理体系，为上述金融机构明确专业能力构建的方向和路径。

（一）能力构建的基本原则

产业金融机构围绕资产价值管理体系进行专业能力构建应遵循“长期视角、市场导向、独立自主”的基本原则。

产业金融机构的长期视角是战略导向决定的，为了解、掌握特定行业核心资产的价值变化规律，设计、提供有利于行业和客户长期发展的产品和服务，就要求产业金融机构对资产价值的评估、判断和实现也是长期视角的。有了这个基本原则，资产价值评估就应以贴近资产长期价值表现为目标，价值判断就应基于自身风险管理能力对资产长期可能出现的价值不确定程度设定合理区间。在价值实现过程中，产业金融机构也应聚焦资产长周期价值表现提供价值保护和价值增值。尽管产业金融机构也会承做短期业务，但这并不影响其通过长期视角判断客户短期需求的合理性，并通过合理的交易结构和风控措施设计有效满足市场及客户的长期发展需要。

产业金融机构聚焦资产价值管理体系进行专业能力建设，应以市场及客户需求为牵引。在当前市场竞争环境下，行业及客户需求不是一成不变的，仅仅依靠单一业务模式和单一风控策略拓展业务，注定要被市场所淘汰。产业金融机构应清楚认识到，市场是检验专业能力的唯一标准，是决定产业金融机构经营成败的决定因素。因此，在围绕资产价值管理体系进行专业能力构建的过程中，产业金融机构要勇于突破传统债权经营视角和思维局限，站在产业金融的更高层面去认识和把握资产价值变化规律，不断通过提升风险管理与产品创新能力构筑差异化竞争优势，以实现对客户需求的有效满足。这才是产业金融机构应对市场挑战的根本途径。

在专业能力构建过程中，产业金融机构还应保持自身的独立性原则。这里的独立性，强调的是在资产价值的评估、判断与实现中，不应盲目依赖第三方机构给出的评估结果、不应忽视产业金融机构自身对资产的价值判断、不应照搬其他金融机构的交易方案和管理措施等。产业金融机构需要善于借助产业资源，但要将产业资源有效转化为自身对行业、资产价值规律的理解和认知。尤其是在价值判断过程中，产业金融机构基于自身风险管理能力对资产价值区间的设定是其他任何外部机构所无法代替的。在此基础上的资产价值管理体系也将随着产业金融机构自身的能力建设进行不断升维。只有保持自身的独立性，产业金融机构才能根据自身的能力水平以及对产业的理解有效满足产业客户发展过程中的合理需求，同时也能对产业机构给予专业意见上的反馈和附加价值输出，对切实推动行业发展、引导产业客户需求、促进行业资源配置优化升级起到更大作用。

（二）资产价值评估

产业金融机构对资产价值评估的能力，主要体现在对目标资产特征及其所承载的行业信息的有效识别、收集与处理上。为此，产业金融机构就需要提升对信息的有效识别能力，建立对信息的全面获取渠道，并通过专业的模型化和数量化方法将收集到的信息进行处理，最终实现将资产特征及其所承载的行业信息转化为资产价值的评估结果。这个过程是产业金融机构有效消减行业信息不对称的过程。所得到的评估结果应是行业共识和资产收益特征的客观反映，能够体现产业金融机构对资产价值变化规律的客观认知。产业金融机构进行资产价值评估的大致示意过程如图 6－3 所示。

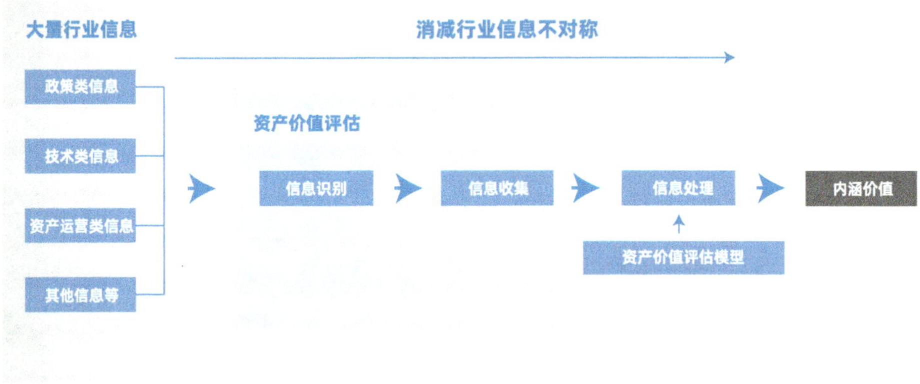

图 6－3　资产价值评估过程

在详细介绍产业金融机构如何进行信息识别、收集与处理之前，不妨同时思考一个问题：为什么产业金融机构能更好地洞悉资产价值变化规律？下面尝试给出我们的解答。

1. 信息识别

信息识别是指产业金融机构在繁杂信息中，准确地找到符合行业自身发展规律、资产收益特征等关键信息的能力。就类型而言，这些信息大致可以分为特定行业核心资产的政策类信息、技术类信息和资产运营类信息等。其中政策类信息既可以是国家或地方政府对具体行业的支持性政策，也可能是对行业的限制性政策。例如，财政补贴就是国家为了支持特定行业的发展而采取的一种政策激励。这些补贴通常是由政府直接支付给企业或项目，以鼓励企业进行技术创新、提高生产效率、降低成本等。技术类信息可以是行业及目标资产技术路线的选择对具体设备生产成本、使用寿命、运营效率的影响程度等。资产运营类信息是保障该类型资产正常运营所需的相关信息，包括资产的日常维护、故障维修等所需的资源和费用等。产业金融机构需要从大量信息中确定哪些会影响当前以及未来的资产价值。在识别信息时，必须逐步将所需信息进行拆解，最终剔除与资产及行业发展无关、对资产价值无影响的冗余信息。产业金融机构不能仅仅基于资产现阶段的静态信息进行信息识别，而是需要站在长期视角，前瞻性地识别对资产全生命周期的价值表现可能产生影响的有效信息。

通常，产业金融机构需要聚焦特定行业的资产价值变化规律，对行业及市场中的大量信息进行梳理，锁定影响资产价值的重要的相关信息。在此基础上，通过行业专业知识、行业共识等对上述信息进行层层剖析，最终得到资产价值评估所需的有效信息。由于行业发展趋势和资产价值变化规律所承载的信息量非常大，本书通过展示一家聚焦在新能源光伏电站的产业金融机构最终对光伏电站资产价值的局部信息识别内容，让读者能快速对产业金融机构的信息识别有初步的认识（见图6－4）。

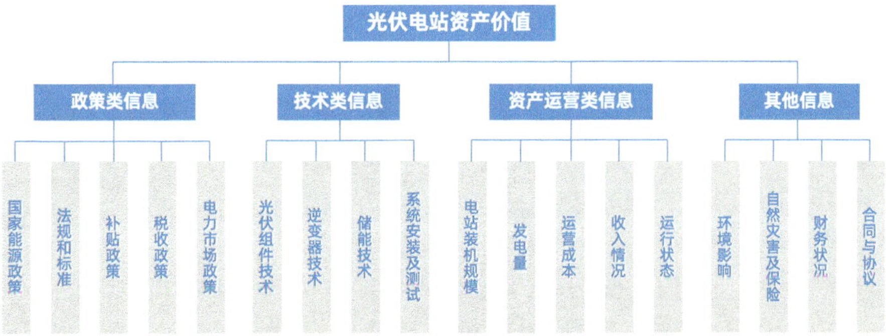

图6－4　基于光伏电站资产价值的信息识别

图6-4所体现的是信息识别的一般过程，就聚焦在特定行业的产业金融机构而言，对于同一信息能以更专业的视角，深挖其背后的逻辑并发现隐藏在其背后的更多“有效信息”，才会体现出与一般债权金融机构相比的信息优势和专业能力优势。正如图6-4所示内容，最下层的每项信息也都是可以继续向下做进一步识别的。这是构筑自身差异化竞争优势的能力基础。而对这些“有效信息”的识别，通常会取决于产业金融机构在自身经营实践中的若干个专业“细节”。对这些“细节”的关注，依赖深耕特定行业的产业金融机构在长期经营实践中所积累的对行业信息的敏感性。下文拟以T公司（融资租赁公司）实际业务拓展中因为一个物理属性的“单位”表述差异引发的思考为例，阐述产业金融机构是如何对信息进行有效识别的。

“MW”和“MWp”的不同

在T公司业务发展初期，光伏行业也正处于起步阶段，T公司所接触的光伏项目通常用“MW”为单位表示其装机规模，例如河北省20MW光伏项目等。当然在不少项目可研中也会出现“MWp”的表述，即河北省20MWp光伏项目。但在当时这个单位表述上的不同并没有引起T公司的重视，原因在于除了单位表述上的差异，在同一项目中无论是合规文件批复中，还是在项目可研和设计中，不同单位前的数值都是一致的。但随着业务的拓展，很快一个项目引起了T公司风控和业务的关注。

根据该项目的可研报告显示：“项目额定容量为70MW，实际安装535MWp组件共计185066块，直流侧安装容量约为99.01MWp。”这两个数值的不同在T公司还是第一次遇到。为此，T公司检索了相关的行业知识并与该项目设计院进行了沟通，了解在该场景下“MW”体现的是该项目的交流侧额定功率，即该项目最大出力不能超过该额定功率，而 MWp 则反映了直流侧组件的峰值输出功率，即基于组件块数计算出的装机容量。在该项目中，光伏企业考虑直流侧组件在正常光照下是无法达到峰值输出功率的，且由于项目备案及相关合规批复中规定了项目交流侧额定功率上限为 70MW，因此设计院建议选择通过增加直流侧装机容量来提高光伏电站的发电量。

于是，T 公司立即查看了公司存量光伏电站项目的发电表现，由于光照强度的原因，T 公司发现在正常自然日内光伏发电确实无法达到组件的峰值功率，即无法达到“MWp”所示数值。有了这个认知基础，T 公司发现在这种情况下，项目的发电收益就不能够简单地用 70MW 这个值进行计算，也不能用 99.01MWp 这个值进行计算。因为实际情况下，随着直流侧装机容量的提高，一部分发电量将会受交流侧额定功率的限制而被限发。经计算，在该项目上限发的比例约为 0.98%。有了这个项目的经验，后续 T 公司针对直流侧峰值功率和交流侧额定功率进行了专项研究，通过了解和掌握其对光伏电站发电提升的具体计算方式，得到更准确的发电量取值。此后，T 公司在开展光伏电站融资租赁业务时，在上述信息维度中就不仅仅只关注电站装机规模这一信息，而是将其拆分为直流侧装机和交流侧额定功率这两项信息。

上述案例所呈现的虽然只是信息识别过程中的“冰山一角”，但其体现的是产业金融机构基于对特定行业核心资产的各项信息的全面理解和深度挖掘。正是通过在上述过程中对专业能力的不断构建，才使产业金融机构在信息识别阶段，建立起相较于以银行为代表的信用债权经营机构的信息优势。

2. 信息收集

信息收集，是指在信息的有效识别基础上，产业金融机构通过多元化信息渠道的构建尽可能获取有效信息的能力。

对于产业金融机构，信息收集的能力主要体现在以获取有效信息为目标的资源积累和渠道建设。通过不断积累产业资源、丰富信息获取渠道，可以保障信息收集的准确性、全面性和完整性。通常情况下，产业金融机构的资源和渠道建设应包括市场公开信息、客户、第三方技术服务机构、资产所处行业上下游供应商、政府相关职能部门等。上述资源和渠道共同组成了产业金融机构的产业生态圈。在持续积累产业资源和有效构建信息渠道后，还应确保信息收集过程中所获取信息的准确性、全面性和完整性。产业金融机构应充分发挥产融结合的优势，依托产业生态圈的构建，从信息源头进行信息收集，并在此过程中通过多种渠道对同一信息进行交叉验证，以确保信息的准确性和全面性。对于单一信息的收集要力求做到完整，避免碎片化的信息，或以偏概全的信息从而导致产业金融机构在后续信息应用过程中出现偏差。

延续上述光伏电站案例中信息识别的案例，下文拟通过“首年满发小时数”这个单一信息的识别和收集案例，介绍产业金融机构如何通过信息识别明确渠道构建的方向并确保信息收集的准确性、全面性和完整性。图6－5即对满发小时数这一有效信息的进一步识别。

在信息收集的过程中，对于已并网多年的项目可以通过收集其历史首年发电数据、装机容量等相关信息，最终得出光伏电站首年满发小时数。对于新建项目，产业金融机构需要根据识别结果建立对水平面总辐射量的信息收集的资源和渠道。根据产业经验，水平面总辐射量的信息渠道可通过气象站数据，NASA 气象数据、Solargis 数据、Meteonorm 数

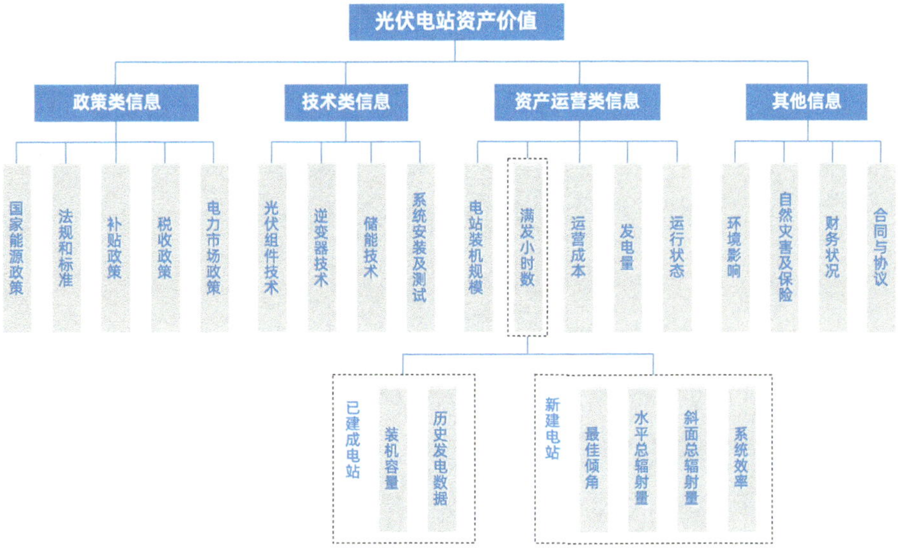

图 6－5　基于光伏电站资产价值的信息识别（续）

据等资源数据库获得。因此，产业金融机构应围绕上述信息的获取进行信息渠道构建。在有了上述气象数据后，产业金融机构可通过 PVSYST 软件等第三方工具，将水平面总辐射量转化为斜面总辐射量（该倾斜角度以实际电站组件倾角为准）。同时，无论是新建项目还是已建成项目，对满发小时数的取值最终还可参考该电站资产周边具有相同特征的其他光伏电站历史数据，以及第三方机构（如设计院、专业咨询机构）对该电站满发小时数的评估结果。上述两种方式下，产业金融机构应当持续拓展以持有电站为主营业务的产业客户群体，以及专业的第三方机构以增加信息获取来源。

在明确上述信息收集渠道后，为保障信息收集的真实性与完整性，产业金融机构应对通过上述渠道所收集的信息进行交叉验证。例如，要对产业客户提供的周边电站资产满发小时数、第三方机构提供的该电站满发小时数，与通过水平面总辐射量逐步计算得出的满发小时数进行对比分析，判断对应数据是否准确有效。同时产业金融机构在收集上述信息时应尽可能收集多个完整、连续自然年度的发电数据和光照数据，以便后续通过对数据的处理更能准确评估资产的内涵价值。

以上过程体现了产业金融机构对有效信息的主动探索和收集过程。通过构建信息渠道、寻找对应资源和分析方法，及时获取有效信息。在这个过程中，产业生态圈的构建发挥了至关重要的作用。产业生态圈的构建，一方面，能够有效帮助产业金融机构准确识别、及时获取有效信息；另一方面，通过产业生态圈的构建，产业金融机构也能及时接收来自行业的信息反馈。综上所述，对有效信息准确、全面、完整地收集为下一步信息处理提供了根本保障。

3. 信息处理

在谈本节内容前，不妨先思考一个问题：通常一个人在某一领域的专业程度是如何体现的？作者的朋友是一位业余跑步者，他对跑步充满热情，希望通过训练逐步提高自己的跑步成绩。开始时，他按照自己期望的目标进行训练。然而，他很快就发现自己的成绩没有明显的提高，并且有时还会出现因训练强度过大导致身体不适的情况。于是，他决定寻求专业人士的帮助，并最终选择了一位长期从事与跑步相关教学和训练工作的专业教练来帮助自己提高跑步成绩。在最初阶段，这名教练并没有急于为这位朋友制订训练计划，而是详细了解了这名学员目前的基本情况和提升目标，并介绍了自身在长期教学和训练中总结的运动能力评价模型，结合运动能力评价模型向其讲述了与跑步成绩相关的主要指标都有哪些？这些指标之间的内在关联、这些指标与最终运动成绩之间的内在规律是什么？以及如何通过测试量化这些指标？在这位朋友充分了解上述内容后，这名教练开始尝试通过一系列的简单测试，记录了这位朋友在跑步时的各项指标数值，例如在不同跑步时长、步频、步幅情况下测试这位朋友的心率等数值。经过几次测试后，这名教练就结合这位朋友实际运动中的各项指标数据，通过运动能力评价模型，给出其当前状态下建议的合理配速。同时，这名教练结合这位朋友最终期望实现的目标，给出了具体各项指标的提升建议和有针对性的训练计划。通过专业科学的训练方法，这位朋友的跑步成绩得到了稳步提升。

在这个例子中，我们可以看出这位朋友虽然最清楚自身的实际情况，但其在提高自身跑步成绩这一事项上，大量碎片化的信息让这位朋友难以分辨哪些信息是与提高成绩相关的有效信息；也不清楚各项有效信息之间的关系是如何。以至于其盲目地设计训练计划，自然不会有好的提升效果。而反观这名教练，虽然对这位朋友的运动能力并不了解，但其通过长期的实践经验，清晰地知道哪些运动指标与最终运动成绩具有高度相关性，因此在过程中其通过沟通交流和一系列的测试有针对性地获取了有效信息。在产业金融机构的信息处理过程中，也需要思考同样的问题。产业金融机构在信息处理时，有必要将所收集的各类信息进行整合，形成一个完整的、系统的信息体系。如果说信息的识别是对单一类型有效信息的拆解，那么信息的整合就是站在整体视角重新对信息进行加工和分析，发现各个信息之间的逻辑关系和内在规律。有了这个能力基础，在后续的信息识别、收集中，产业金融机构也将会对大量行业信息中的关键信息更加敏感，更有针对性地开展信息收集工作。通过信息整合，产业金融机构还能够有效避免冗余信息对后续建模及参数取值的影响，提高有效信息的利用效率。

在完成对大量信息的整合后，这名教练是如何将有效信息转化为对学员当前跑步配速等一系列指标精准的建议？这名专业教练根据其多年教学经验，通过对各项信息之间的逻辑关系和内在规律，总结出了与最终跑步成绩相关性较高的主要运动指标，并将两者建立数学上的联系，即运动能力评价模型。然后该教练通过对学员一系列的测试，对模型中各项运动指标进行了赋值。这个过程实质体现的是对信息的模型化阐释和数量化表达。通过这种方式，专业教练就能结合每位学员的实际情况通过运动能力评价模型，给出当前合理的运动建议及未来提升方案和计划。

结合上述分析，为帮助读者深刻理解模型化与数量化对产业金融机构的重要作用，我们需要清楚为什么要将信息模型化，以及如何对信息进行模型化处理。该名教练之所以选择通过建模的方式找到各项指标与最终运动成绩之间的关系，正是因为对单一指标的量化不足以全面地反映其与运动成绩之间的关系。就像最终跑步成绩不能用步频这一单一指标呈现一样，产业金融机构在对资产价值进行评估时，通过对单一信息的量化显然不足以与资产价值变化规律建立完整、有效的逻辑联系。因此围绕资产价值建立评估模型，将众多有效信息模型化就显得至关重要。与上述案例不同的是，该名教练根据其多年的经验实际已经完成了运动成绩与主要指标之间的建模工作。而对于产业金融机构，资产价值评估模型的构建是一个从无到有，从有到精的过程。为实现对资产价值变化规律的深入理解与把控，产业金融机构需要根据众多相关信息之间的逻辑关系和内在规律进行建模，并结合模型中的参数对信息进行量化，最终完成对有效信息的处理，得到资产的内涵价值。下文中作者也会结合“国家补贴对光伏电站资产价值的影响”详细阐述产业金融机构的信息建模过程（见图6-6）。资产价值评估模型的建立，将会极大地提升产业金融机构信息处理的质效。结合上文所述，可以让读者对信息处理中模型化、数量化的过程建立初步的认识。在整个资产价值评估过程中，信息处理能力是资产价值评估的关键。这个过程一端是大量产业信息的输入，另一端是专业的量化结果的输出，即资产的内涵价值。而连接两端的正是资产价值评估模型。随着专业能力的提升，产业金融机构的资产价值评估模型也会日趋完善，最终得到的量化结果也将更加精准。

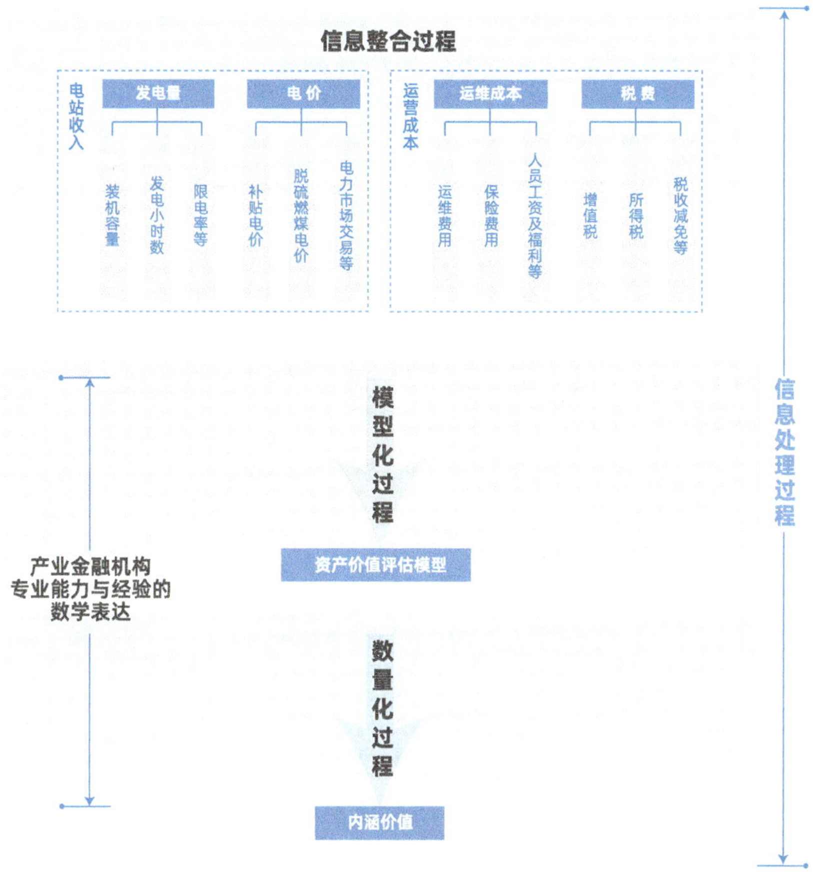

图 6-6　信息处理过程示意

通过上面论述总结产业金融机构信息处理的过程主要包含以下方面。第一，信息整合。产业金融机构在信息识别与收集的基础上，将收集到的各类信息进行整合，形成一个完整的、系统的信息体系，以便帮助产业金融机构更好地发现各个信息之间的逻辑关系和内在规律。通过信息整合，还能够有效避免冗余信息对后续建模及参数取值的影响，提高有效信息的利用效率。第二，模型搭建。基于整合后的信息，产业金融机构就能够根据信息之间的逻辑关系与内在规律，通过数学建模的方法得到资产价值评估模型。第三，参数取值。在确定评估模型后，产业金融机构就可以结合评估模型中的参数取值需要，对所收集的信息进行逐一量化。需要注意的是，最终参数的量化结果应是行业共识和资产特征的客观反映，而不需要考虑产业金融机构自身的风险管理能力以及客户基于自身利益对参数的取值建议。完成模型搭建和参数取值后，通过模型运算就可以得到资产价值评估结果。

最后，随着对行业政策、资产特征不断的深入理解，产业金融机构应在后续不断的经营实践中，持续优化和调整评估模型和所需参数，以提高评估模型的准确性和适用性。在价值实现的过程中，产业金融机构也会对电站资产实际的价值表现与评估结果之间的差值进行持续的归因分析，最终起到对资产价值评估结果的修正作用。图 6 – 7 为光伏电站资产的价值评估模型不断迭代升级的过程示意。

读到这里，我们再来思考为什么产业金融机构能更好地洞悉资产价值变化规律？答案就变得显而易见了。其本质原因在于面对大量信息时，不同金融机构对信息识别、收集与处理的能力差异。立足“行业专业化”，产业金融机构对信息识别的专度、信息收集的广度、信息处理的深度是其他信用债权经营机构无法比拟的。从动态发展的角度看，只要行业在不断发展，其过程中所产生的信息增量就会不断增加，而产业金融机构基于自身资源与能力的积累在掌握和处理这些信息增量时就会更具优势，这个优势最终就体现为产业金融机构与产业机构之间信息劣势的不断减小，与其他金融机构之间信息优势的不断增加。

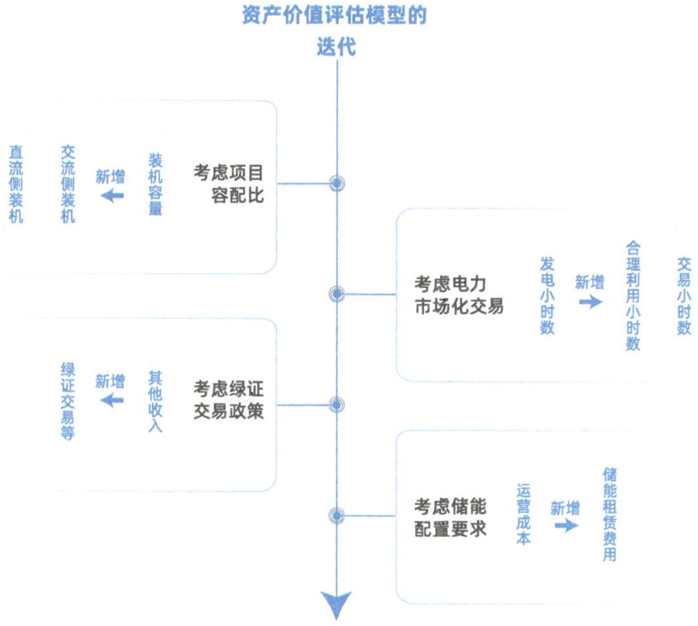

图 6-7　资产价值评估模型的更新与迭代

综上所述，资产价值评估所用信息都源于行业及资产本身。产业金融机构应用上述信息，通过评估模型进行量化所得出的资产的内涵价值就是行业和资产自身特征的客观反映。其中，资产价值评估模型是产业金融机构能否将大量、复杂的产业信息有效转化为金融机构所需的量化结果的关键。其背后体现的是产业金融机构通过将行业认知和资产价值规律认知转变为数量化模型，实现对行业信息的有效识别、收集、处理并生成量化结果的能力。从这个角度看，资产价值评估模型就是产业金融专业能力与经验的数学表达。

国家补贴对光伏电站资产价值的影响

在我国新能源的发展历程中，国家出台的补贴政策对实现行业全球领先起到了至关重要的作用。本书将以作者所在公司（以下简称公司）

的视角，以新能源电站可再生能源补贴（以下简称补贴）为例阐述公司在相关信息的识别、收集和处理中如何进行实践，并不断通过有效信息的更新迭代评估模型及参数取值，以达到尽可能准确地评估资产内涵价值的目的。这个过程大致可以分为三个阶段。

第一阶段："十三五"初期，国家通过可再生能源发展基金给予新能源电站可再生能源补贴[①]。此阶段补贴占电站发电收入的比例较高，部分地区项目补贴甚至占到了总发电收入的70%。在这一阶段，公司需要将补贴的相关信息作为重点进行识别。当时政策信息对新能源电站补贴的定价以及发放的规则进行了明确规定，因此公司也依据相关政策信息，按照补贴逐年到位设计评估模型并确定参数取值。

第二阶段：光伏电站投资成本的快速下降提高了光伏电站的投资回报率，光伏电站新增装机规模增长迅猛。虽然可再生能源电价附加征收标准在不断提高，但在此阶段可再生能源基金供给和补贴需求之间的缺口仍不断被拉大。无论是新增还是存量的集中式光伏电站均开始出现补贴无法按时到位的情况。在当时情况下，公司对补贴拖欠的原因、补贴政策的变化、预计的发放进度和发放金额等相关信息与政府部门、行业客户进行了充分的沟通和交流。同时公司通过主动建立客户资源与渠道，最大限度地了解到市场中存量电站的补贴发放情况。通过对政策的深度解读与理解，以及对各区域存量电站补贴发放的信息的识别与收集，公司提出了国家对未来光伏电站补贴"只拖不欠"的基本假设。此阶段结合市场对补贴发放的预期以及公司所掌握的存量电站补贴发放规律，公司对原有资产价值评估模型中按补贴逐年到位的现金流计算方式

① 可再生能源发展基金于2011年正式成立。资金来源包括：已发征收的可再生能源电价附加收入，以及财政专项基金。前者是主要来源，穿透后主要来自居民以及第二、第三产业用电量的电价附加征收额。后者主要起到调剂和差额补足作用，由中央财政从年度公共预算中安排。

进行持续的优化与调整。

第三阶段：2020 年 1 月 20 日，财政部、发展改革委和能源局发布《关于促进非水可再生能源发电健康发展的若干意见》，并对《可再生能源电价附加资金管理办法》进行修订。新政策对存量、新增项目补贴方式作了进一步明确规定。随着新政策的发布以及公司对光伏行业理解的逐步加深，开始尝试在补贴这一信息维度上按照“以收定支”的基本原则，通过模型化方式总结归纳补贴的发放规律，量化补贴的发放金额。具体过程如图 6－8 所示。

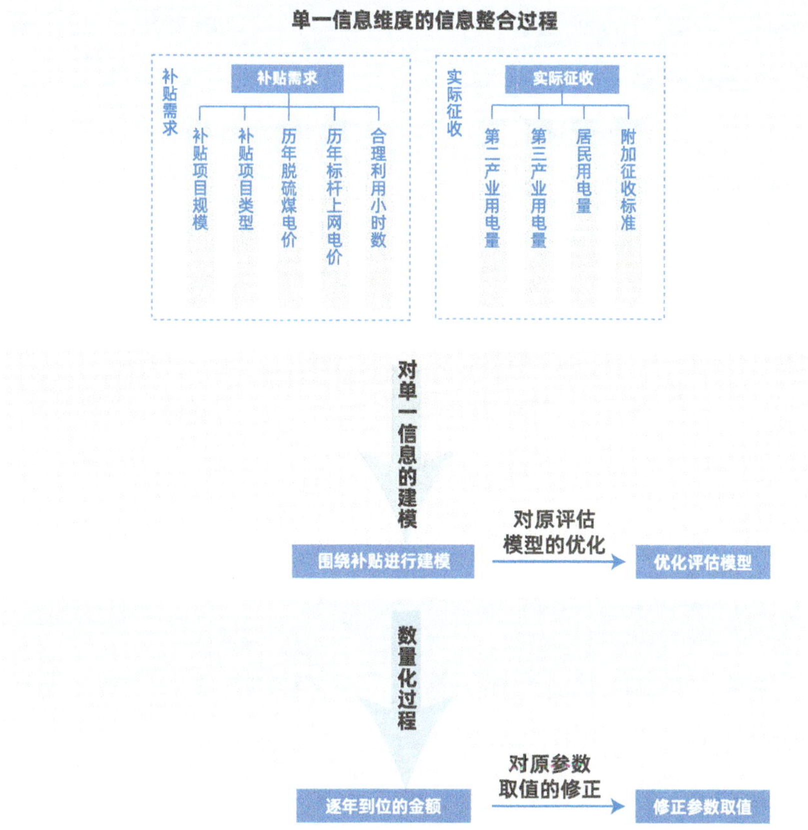

图 6－8　资产价值评估过程示意

如图6－8所示，公司对行业信息的识别与收集，在获取行业更多有效信息的基础上，通过信息整合的方式归纳和总结各项信息对补贴到位情况的影响，并将其按照补贴需求和实际征收金额进行分类。然后再通过模型化的方式计算电站逐年补贴的总体需求与该年度国家实际可用于支付补贴的全部金额之间的比例。按照上述逻辑所得的计算结果，在具体单个电站中，即意味着该电站逐年补贴预计发放金额占该年度应收补贴金额的比例。

在上述对补贴到位比例进行建模分析和量化的基础上，公司对原有资产价值评估模型及参数取值做了进一步调整。需要注意的是，尽管公司通过一系列的研究分析，最终预测了未来国补逐年发放金额以及占当年年度应收补贴金额的比例，但这并不代表就是未来国补实际的发放情况。而实际情况相对评估结果所体现的不确定性及不确定程度就需要本书下面所提到的资产价值判断去有效解决。资产价值评估的意义在于，通过上述方法能最大限度地消减与行业间的信息不对称，所得到的资产价值评估结果能够为公司基于当时条件对资产长期的价值表现提供一个有依据的“锚定”标准，无论后续真实国补发放金额超出或低于预期，公司都能够更有效地找到应对的方法和措施，并通过实际情况对原有评估结果进行修正，使其能更精准地体现资产的内涵价值。

（三）资产价值判断

通过对资产价值评估过程的拆解，上文详细阐述了产业金融机构是如何围绕信息识别、收集与处理进行专业能力构建的。在本节介绍资产价值判断之前，想先请读者看一道简单的数学选择题。

$9.2 \times 110.5 =$ (　　)

A. 917.6

B. 1016.6

C. 1205.6

在看到这个题目后，相信读者是不需要通过计算器就可以选出正确答案的。因为我们可以通过运算技巧得到答案的大致区间，确定这个数值一定大于 920（$9.2 \times 100 = 920$）且小于 1105（$10 \times 110.5 = 1105$），即不需要详细的计算就可以确定答案是 B。

结合上面的题目，如果说产业金融机构通过构建资产价值评估模型并对参数取值进行量化，得到资产的内涵价值。那么这些不同的参数取值就类似于上面这道题中的“9.2”和“110.5”，而这两位数的相乘关系则代表了产业金融机构的资产价值评估模型。在上述参数取值基础上，资产价值判断就是基于参数自身在实际运营表现中的不确定程度为参数预估一个合理的区间波动范围，并由此确定资产价值的合理区间。在这个例子中，为方便运算，我们相当于在 9.2 的基础上假设了其是一个不超过 10 的数，110.5 是一个不低于 100 的数。基于这个判断，两数相乘的结果就必然在（920，1105）区间范围内。实际上，产业金融机构的资产价值判断的过程要比上面这个数学题复杂得多。在上面的例子中，我们并没有定义 9.2 是某一具体参数的量化结果，因此也就没有对该参数取值背后可能存在的不确定性进行分析。在资产价值判断过程中，不同参数在资产后续的实际运营表现中本身就具有客观上的不确定性，产业金融机构需要根据自身风险管理能力为资产构建合理的乐观、中性、悲观情景，以得出不同情景下与之对应的资产价值乐观预期、中性预期和悲观预期，即基于价值判断得出的资产价值区间。另外，产业金融机构也不能忽视对资产的市场交易价格的判断，还应结合市场供需关系、客户利益诉求等外部因素判断资产当前及后续的市场交易价格及变化趋势。上述价值区间、交易价格与资产内涵价值，就共同构成产业金融机构认为预期可实现的资产价值集合（见图6－9）。

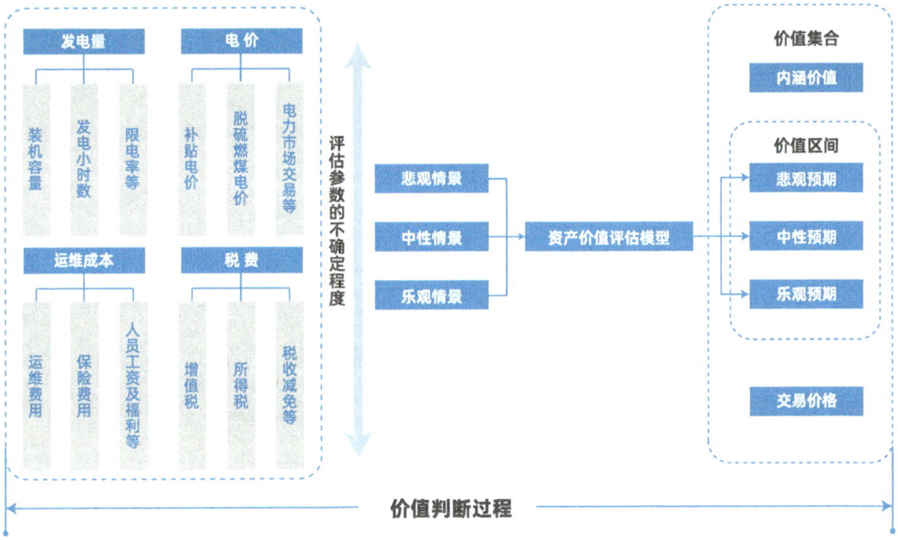

图6－9 资产价值判断过程示意

因此，产业金融机构在资产价值判断阶段应重点围绕以下两个方面构建自身专业能力。

1. 基于不同情景的资产价值判断能力

产业金融机构需在不同情景下逐步形成对资产价值乐观预期、中性预期、悲观预期的判断能力。

乐观、中性、悲观不同情景的需要，本质上是由于价值评估中具体参数的不确定性引起的。在资产价值评估基础上，判断资产价值相关参数是否具有不确定性以及不确定性的程度大小，取决于产业金融机构自身的风险管理能力。这里所说的风险管理能力，在具体业务实践中体现为与资产收益相关参数变化程度的风险认知能力和产业金融机构基于该风险进行缓释及应对的能力。在资产价值判断过程中，产业金融机构首先要明确在价值评估中所需的参数哪些是确定的，哪些具有不确定性。其次，再结合自身的风险管理能力，量化不同情景下对应参数的不确定程度。通过资产价值评估模型的运算，同一参数在不同情景的量化结果最终就形成了产业金融机构在不同情景下对资产价值预期的主观判断。这时所得到的中性预期，是产业金融机构基于中性情景下参数取值通过评估模型运算得到的资产价值。中性情景下参数取值取决于产业金融机构对自身行业风险认知能力和风险应对能力。而悲观预期和乐观预期，则体现了在合理判断下产业金融机构对资产最差情形和最好情形的价值预期。

概念辨析：

在资产价值判断过程中，资产价值的乐观预期和悲观预期并不意味着每个具有不确定性的参数分别在乐观情景或悲观情景下进行取值后的简单叠加。产业金融机构还应充分考虑不同参数间的相互影响和对冲效果。在实践中，如果一项参数不确定性的增加大概率会导致另一参数不确定性的减小，就应该在具体取值中予以充分考虑，最终形成对资产价值的合理乐观、中性、悲观的价值判断。

为了避免与价值评估中的内涵价值概念混淆，也为了让读者更清晰地理解后续资产价值实现中内涵价值与价值区间的作用，这里需要说明的是价值判断中的中性预期并不是资产的内涵价值。资产价值的中性预期体现的是，在确定内涵价值后，产业金融机构基于自身风险管理能力在中性情景下对资产长期价值预期的合理判断。所以基于中性预期与内涵价值不同的比较结果，实质体现的是基于不同的资产价值认知与资产管理能力做出的不同策略选择。让我们举一个简单的例子来说明两者之间的区别。例如某一光伏电站，如果在当前行业客户以及主要收购企业均不考虑其绿色电力证书（以下简称绿证）收入时，产业金融机构对该电站资产内涵价值的评估就不需要考虑绿证收入对内涵价值的影响。而反观产业金融机构，基于自身对该电站资产价值的认知和管理能力，如果认为能够通过自身专业能力帮助该电站业主获取部分绿证收入，那么对该电站资产价值的中性预期就可以适当考虑该部分绿证收入。因此基于该部分收入的增加，产业金融机构对同一资产中性预期的判断就会高于资产的内涵价值。

下文仍将通过 T 公司案例阐述产业金融机构是如何在价值评估基础上针对参数的不确定程度进行资产价值判断的。

PR 值在资产价值判断中的量化分析

光伏电站系统效率（Performance Ratio，PR 值）是计算光伏电站满发小时数的重要参数。反映的是电站实际输出功率与理论输出功率的比值，是整个电站扣除所有损耗后实际输入电网电能的一个比例关系。光伏电站系统效率通常受组件衰减、灰尘污垢损失、障碍物及方阵遮挡损失、温度损失、组件串联不匹配损失、逆变器功率损失、交流/直流部分线缆功率损耗、变压器功率损耗等影响。通过对系统效率的定义及影响因素的讨论可知，系统效率的高低受电站建设期设计方案、设备选型，电站运营期的运营管理、系统维护等方方面面的影响，其更容易通过事后评价而非事前预测的方式获得数值。这就为正处于电站建设期阶段的资产价值评估和判断增加了难度。

A 电站（集中式山地光伏项目）位于河北省承德市承德县，项目装机容为 200MWp，项目采用 N 型组件固定支架，安装倾角选择 37°，该电站设备选用 560MWp 单晶双面双玻组件，集中式高效逆变器、箱式变压器等。T公司在资产价值评估中对系统效率取值时，具体考虑了如表6-1所示的影响因素。

表6-1 对系统效率取值的影响因素

主要参数	影响因素
光伏方阵效率	组件匹配损失
	粉尘及雨雪遮挡损失
	不可利用太阳辐射损失
	温度损失
	风沙影响
	维护期检修发电损失
直流输电效率	逆变器效率
	直流网络损失
交流并网效率	升压变压器效率
	交流电气连接的线路损耗
组件衰减效率	首年衰减率
	后续年份衰减率

在对该电站的资产价值评估中，T公司依据周边电站的历史经验数据及行业惯例、电站可研数据、设备选型等量化了表6-1中相关参数的取值。再通过专业的第三方软件计算该电站的光伏系统效率，最终结果为83.9%（见图6-10）。

上述参数的取值体现了T公司资产价值评估的过程。但由于系统效率这一指标受多方面的影响，在项目实际运营过程中系统效率会较预测值存在一定的偏差，进而影响电站的发电收入。为此T公司尝试对该电站实际运营中PR值可能出现偏离的程度按照乐观、中性和悲观三种情景进行量化，并基于量化的结果确定资产价值的乐观预期、中性预期和悲观预期。

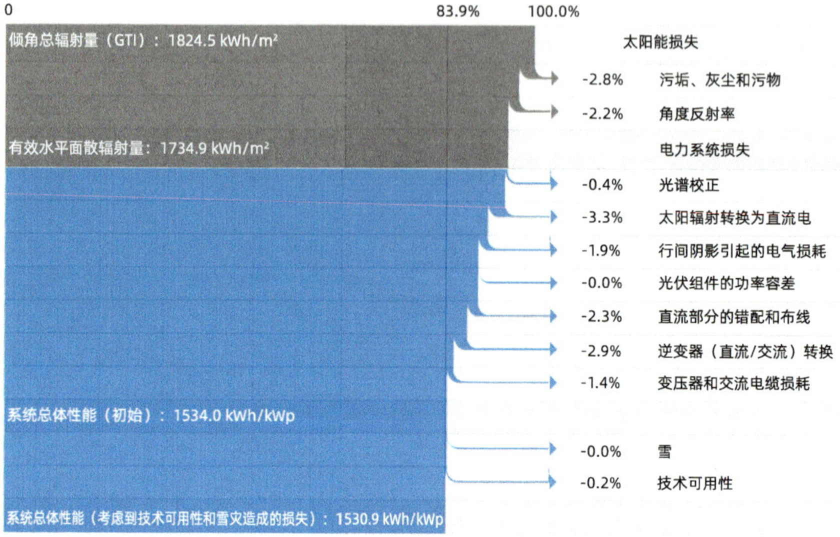

图 6－10　A 电站的系统效率损失统计

（资料来源：Solargis 软件）

T 公司在长期经营实践中构建了关于光伏电站各项指标的数据库，包括系统效率这一指标。结合项目实际情况，T 公司将数据库中同区域的其他电站在实际运营中真实的系统效率作为 A 电站价值判断的参考依据。由于样本量较少，T 公司还咨询了产业客户持有的在华北地区的部分光伏电站历史检测情况，最终统计结果如表 6－2 所示。

表 6－2　光伏电站 PR 值测量统计

序号	光伏电站名称	所在区域	电站类型	投产年份（年）	装机容量（MWp）	PR 值（%）	PR 平均值（%）
1	光伏电站 A	河北省	山地	2018	50	81.97	84.36
2	光伏电站 B	河北省	平原	2020	40	85.56	
3	光伏电站 C	山东省	平原	2019	20	84.11	
4	光伏电站 D	山西省	山地	2020	20	82.82	
5	光伏电站 E	内蒙古自治区	平原	2018	40	84.30	
6	光伏电站 F	内蒙古自治区	平原	2020	30	87.39	

上述由实际运营电站系统效率所组成的数值区间，为T公司在不同情景下判断该电站参数的不确定性提供了参考依据。

结合上述案例，对产业金融机构而言，在早期尚未积累较多可比数据作为参考时，或许会导致最终判断结果是一个相对较大的价值区间，即悲观预期与乐观预期的差值较大。随着对行业资产中各参数信息的持续收集与统计，产业金融机构所得出的参考依据就能更客观地反映其可能出现的波动范围。而沿用这一思路进行的资产价值在不同情景下的主观判断，无论对交易方案设计还是后期的资产管理都具有更强的指导意义。

2. 基于资产交易价格的判断能力

基于不同情景的资产价值判断为产业金融机构提供了一个资产可实现的价值预期，而资产交易是另一种可选择的资产价值实现方式。为此，产业金融机构需逐步构建自身对资产短期的价格波动以及长期资产交易价格趋势的判断能力。

为实现上述能力的构建，首先产业金融机构应充分了解行业中资产的供需关系，充分了解客户与客户自身合作的主要资产收购方间的供需关系。同时，产业金融机构应逐步构建资产交易数据库，积累资产交易数据信息。基于历史资产交易中的真实成交价格及其交易背景，分析客户及收购主体对资产的定价逻辑，以及双方为促成资产成交所能接受的价格底线。上述过程均依赖于产业金融机构的多元化信息收集渠道的构建。只有实现对上述信息的有效收集，才能使产业金融机构对资产真实可成交的价格做出最合理的判断。此外，产业金融机构也应有意识地主动通过业务实践不断验证和修正自身对资产短期的价格波动以及长期资产交易价格走势的判断能力。

综上所述，产业金融机构的价值判断是在价值评估基础上叠加了内部风险管理能力与外部市场供需、客户利益诉求等因素的影响。相较于资产价值评估，产业金融机构对资产价值的主观判断性质，决定了由价值判断形成的资产价值区间也仅适用于产业金融机构自身对资产的价值实现。

（四）资产价值实现

在通过资产价值评估确定资产内涵价值，通过资产价值判断确定资产价值区间和交易价格后，对资产全生命周期的价值保护和价值增值则体现了产业金融机构在资产价值区间内实现资产预期价值的能力。因此，为保障资产价值不低于悲观预期的底线，尽可能达到甚至超过资产价值的乐观预期，产业金融机构就需要以资产价值的保护和提升为目的，构建对资产全生命周期的价值管理能力。具体体现在以下三个方面。

1. 基于数据构建管理体系，提升管理精度

产业金融机构应围绕资产价值各项参数，以资产真实的价值表现为基础，以量化数据为核心构建并持续提升资产管理精度。其中，就包括对各项指标的监控及预警能力。对于该部分内容在本书第五章中已经详细阐述，在此不做过多赘述。作者想进一步强调，产业金融机构应持续不断地围绕影响资产价值的各项参数，根据资产实际价值表现建立并不断完善相关数据库，其不仅能为价值实现提供指导和帮助，同时也能为资产价值管理体系中的价值判断提供必要的依据。

2. 全面拓宽资产管理手段，保障价值实现

产业金融机构应有效利用外部专业机构资源和能力，通过聚合产业资源，构建产业生态圈来拓宽资产管理手段。第一，产业金融机构可借

助自身构建的信息渠道及时学习和应用行业中先进的管理方式和管理经验。例如通过数字化、智能化运维有效提升电站运营质效，提升资产价值。以户用分布式光伏业务领域为例，户用光伏由于其单体容量小，分布分散等特点，无法用传统大型地面电站的方式进行管理。为此，行业中户用光伏企业针对其资产特点专门研发了从资产开发、建设、运营全流程信息化的管理平台。其中智能故障检测和低效电站[①]检测能有效保障电站稳定发电，提高项目发电收益。而上述信息化管理方式，部分功能是可以应用于光伏电站其他细分领域的。产业金融机构可以将自身在不同细分领域的管理经验、技术手段推广至其他业务覆盖的细分领域中，不但促进了行业的进步和发展，同时又实现了自身风险可控能力基础的拓展。第二，针对部分发电严重不及预期的电站资产，甚至会影响产业金融机构债权安全时，产业金融机构应结合自身专业能力与产业资源，围绕资产价值提升对电站质量进行检测、评估运维团队能力等，必要时需要对电站进行重新进行设计调整、设备更换、运维团队的更换等。第三，产业金融机构可结合自身对资产在市场中的交易价格及趋势的判断，为项目实控方提供可行的资产交易选择。谈到资产交易，读者往往会先想到对不良资产的处置，一般金融机构通过资产拍卖等方式减少损失。对于产业金融机构，当在资产管理过程中发现资产在运营期某阶段交易价格明显高于其内涵价值，同时也高于自身对资产价值的中性预期甚至是乐观预期的判断时，产业金融机构可以有选择地结合项目业主方意愿为其在市场中寻找合适的收购方，助力其资产价值实现。下面案例讲述了一家产业金融机构是如何通过拓宽自身资产管理手段，保障资产在预期范围内的价值实现。

① 低效电站是指通过大数据分析其自身发电水平明显低于同地区的平均发电水平的电站。

资产管理保障项目资产价值实现

B项目为T公司融资支持的工商业分布式光伏项目，T公司融资投放时项目正处于建设期。在项目建设过程中，T公司通过现场检查发现部分组件安装并未按原设计图纸位置安装。T公司在充分评估其可能导致的发电量损失后向本项目业主提出了相关调整建议。在项目建成后，该电站最初发电情况良好，平均发电小时数约900小时，接近原上会T公司对发电小时数的中性预期（933小时）。但随着电站的日常运营，T公司发现该电站发电收益逐步降低，最低一年发电小时数已降低至700小时，低于该项目原上会时的悲观预期。为了解电站发电不及预期的原因，T公司派出专业的技术和工程团队前往现场了解实际情况。经了解，电站不及预期的主要原因如下：（1）电站部分组件安装位置存在遮挡；（2）部分组件出现受损情况，逆变器处于异常工作状态，未及时进行设备更换；（3）屋顶组件积灰严重；（4）部分汇流箱备件故障导致区域组件发电无法正常送出等情况。T公司总结了上述问题，除最初安装时未按照设计图纸进行安装外，现场运维团队疏于管理，未能有效做好项目运维工作也是影响电站发电收益的主要原因。为此，T公司向业主推荐了存量项目中在该地区运维较好的团队替换了原有运维团队，并请了专业的第三方机构及新的运维团队对该项目开展了整改工作。

通过本次整改直接恢复发电容量457.38千瓦，相当提升全年发电潜力7.48%；通过清洗组件预估提升综合发电约3%；调整组件排布可有效提升约308.88千瓦组件发电效率。整改后该项目更换了运维团队，交由更有经验的运维团队负责运营。目前该电站实际运营虽然未达到原中性预期数值，但最近一年发电小时已超过850小时，大幅提升了项目发电收益，有效帮助项目业主提升资产价值，保障T公司债权安全。

3. 深入挖掘资产价值潜力，助力价值提升

产业金融机构在围绕资产价值进行的资产管理工作中，应对潜在有助于提升资产价值的指标和行业信息进行专项研究，并将研究成果用于价值提升的实践工作中。例如上文中提到的，我国绿色电力交易品种包括绿证自愿认购交易和绿色电力交易，这两者是现有政策下主流的可将环境权益变现的机制。2021—2022 年风电补贴绿证成交均价约为 195 元/张，光伏补贴绿证成交均价约为 648 元/张；平价风电与光伏项目绿证交易的价格区间在 46.2 ~ 49.8 元/张。但在市场中无论是补贴绿证还是无补贴绿证的交易量均远低于核发量。如产业金融机构能在绿证交易尚不活跃的期间，通过专项的政策研究和实践，能够将电站的环境权益变现，就将实现资产价值的提升。而此时，尤其在市场主要参与主体均忽视环境权益对电站资产价值影响的时候，产业金融机构就可以根据自身在绿证交易中的实践经验，主动调整评估模型和参数取值，对资产做出有别于行业和市场共识的价值判断。

综上所述，资产价值的实现过程，就是产业金融机构将资产价值评估和判断的结果转化为符合预期的资产实际价值表现的过程。通过上述资产价值的评估、判断和实现能力的构建，产业金融机构就能通过评估模型量化资产的价值集合，并为资产在全生命周期内提供价值保护和价值增值。这个过程就是“基于专业能力的风险可控”，在此基础上产业金融机构就能够通过自身专业能力的持续提高与有效运用，不断拓展自身风险可控的边界。

第三节
资产价值管理体系的应用

围绕资产价值管理进行专业能力构建，能够帮助产业金融机构不断拓展自身风险可控的能力基础。在对资产价值形成深刻认知的基础上，产业金融机构通过对资产价值管理体系的有效应用，可以实现在风险可控基础上有效满足行业客户的需求。这种“有效应用”，主要体现在产业金融机构应用资产价值管理体系进行产品及服务方案的设计，并在此基础上进行产品创新和细分行业的拓展。这种“有效满足”则体现为与客户合理的权利与义务的分配、风险与收益的分担。接下来，本书将从资产价值管理体系在产品及服务方案设计、产品创新和细分行业拓展中的应用讲起，阐述资产价值管理体系如何有效指导业务实践。上述过程，是产业金融机构“基于风险可控的业务拓展”的过程。

（一）资产价值管理体系在产品及服务方案设计中的应用

1. 资产的选择

产业金融机构对特定行业的资产应是有所选择的。谈到选择，在这里本书不想去讨论资产的优劣之分，当然也就不会提出类似于产业金融机构应当更多地选择优质资产这样的结论。因为资产的优劣本就是相对于金融机构的风险报酬而言的，就像市场上不少专门从事不良资产处置的资产管理公司就是用低价收购不良资产，再依靠自身专业能力提升资产价值，最终通过二次出售或持续运营实现收益。但从资产的长期价值规律和价值表现的角度分析，产业金融机构应当更倾向选择长期价值表现更稳定、价值表现更独立的资产。因为站在产业金融机构自身风险控制的角度，这类资产应用资产价值管理体系能够更准确地评估其内涵价值。从长期视角分析，这类资产也将凭借其价值的稳定性和独立性更好地抵御来自政策调整、环境变化等不利因素带来的负面影响，成为相对稀缺的“优质资产”。

接下来，作者将以户用分布式光伏资产在区域维度上的选择为例，阐释产业金融机构是如何应用资产价值评估体系进行资产选择的。

T公司某业务团队主要负责新能源户用光伏业务拓展，其在信息的识别与收集过程中，统计了2019—2023年上半年全国户用分布式光伏装机情况，发现其中河北、山东、河南三个省份全省累计用户并网规模均已超过15吉瓦，在2019—2021年几乎以每年翻一番的速度增长。在户用分布式光伏高速发展的市场形势下，新增装机规模对广大农村的变压器容量及农网线路承载能力造成了较大的影响。随着行业发展，各个地方政府部门也开始意识到这一问题，相继出台多项政策控制户用光伏健康有序发展。T公司业务团队根据自身对行业发展趋势的调研了解，部分户用光伏存量装机规模已经较大的省份，在午间时段的发电会对电网承载力造成较大影响，其中不少区域甚至已经出现反送电情况。基于这一现实情况，业务部门判断中短期内上述地区政府部门或将出台调控政策，通过限制发电或降低发电收入等方式控制户用光伏的新增速度，以降低午间时段对电网的冲击。从长期来看，户用光伏未来参与电力市场化交易是其发展趋势，这就对在该区域的户用分布式光伏发电量和结算电价造成了较大的不确定性。与上述河北、山东、河南等区域相比，目前存量装机规模较小的且处于电力负荷消纳中心的部分省份户用光伏资产，在未来无论受限电影响还是受电价波动影响都会相对较小，资产价值表现更为稳定。而产业金融机构在资产区域的选择上就应更倾向于这部分的省份。

当然，区域的选择只是产业金融机构选择资产的其中一个维度，而未来限电比例及考核费用的不确定性判断也是产业金融机构在该维度下进行区域选择的一项依据。产业金融机构在实际的业务拓展中，需要结合不同信息维度，不同的价值评估及判断依据来进行资产的选择。

2. 产品及服务方案设计

选择合适的资产标的后，产业金融机构需要设计既能满足客户需求，又能有效保障自身风险可控，并能实现双方风险收益对等的产品及服务方案。在具体业务实践中，基于不同价值判断情景所形成的资产价值预期是产业金融机构基于自身风险管理水平的主观判断。为满足自身的风险可控，在设计具体产品及服务方案时，产业金融机构应以该价值区间为锚定核心，通过对比资产价值区间与内涵价值、价值区间与交易价格的相对差异，为产品及服务方案设计提供具体思路和方向。

（1）价值区间与内涵价值的比较

在不同资产价值预期所组成的价值区间中，中性预期是产业金融机构基于自身风险管理能力在中性情景下对资产长期价值预期的合理判断。因此，应先比较价值区间中的中性预期与内涵价值、资产交易价格的相对差异。

第一，当中性预期 > 内涵价值时，如图 6 – 11 所示。

资产内涵价值是行业共识和资产收益特征的客观反映。当资产中性预期高于资产内涵价值时，就意味着产业金融机构在中性情景下对资产的价值预期是高于资产内涵价值的。资产内涵价值与中性预期之间的差距，体现了产业金融机构通过产品及服务方案的设计在中性预期下可实现的资产增值空间。这部分空间也潜在反映了产业金融机构在业务拓展中凭借自身专业能力形成的风险缓释区间和重要的安全保障。在此基础上，产业金融机构就有条件根据中性预期与资产内涵价值差距的大小适当扩展业务边界，以更及时、更充分和更有效地满足客户的合理需求，实现自身的合理商业利益。

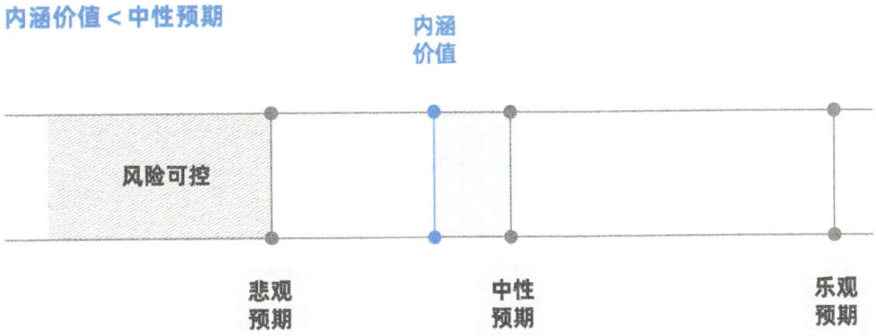

图 6－11　价值区间与内涵价值的比较

有了上述前提，在设计具体产品及服务方案时，产业金融机构就应重点围绕这一区间有针对性地通过交易结构、风控措施、管理方案的合理搭配有效帮助客户实现资产价值保护和提升，同时保障自身可持续地发展并在过程中获取合理收益。例如，产业金融机构可就这类资产提供更能满足客户需求的融资金额和更贴合资产自身所产生现金流的融资期限，同时匹配自身对资产设备选型、技术方案和资产管理等方面的专业性要求。上述具体措施在本书第四章、第五章已有论述，此处不再赘述。这个过程，实质上就是在市场及客户需求牵引下，产业金融机构通过提供差异化的产品及服务方案，提高自身竞争优势，扩大市场占有率，满足客户合理需求，实现双方合理利益的过程。当然，在极端情况下，资产的悲观预期也可能高于资产内涵价值，但并不影响上述逻辑的成立。对产业金融机构来说，此时体现的是风险可控的能力基础的进一步扩大，通过差异化的产品及服务方案设计就有了实现更大资产增值的空间。

第二，当中性预期 < 内涵价值时，如图 6－12 所示。

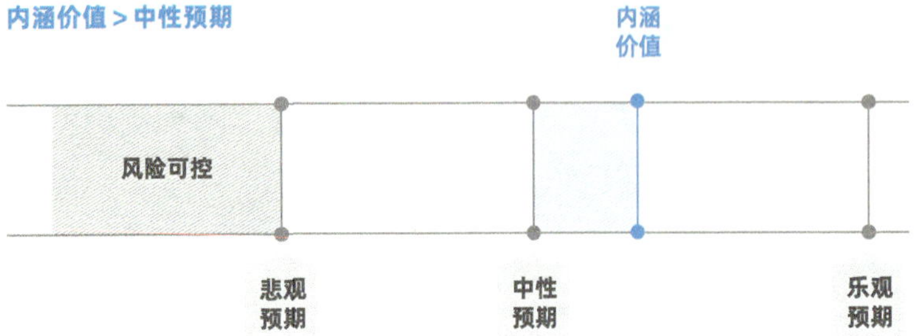

图 6－12　价值区间与内涵价值的比较（续）

当资产中性预期低于资产内涵价值时，就意味着产业金融机构在中性情景下对资产的价值预期是低于资产内涵价值的。基于该类资产开展的业务就存在更高的风险及不确定性。此时，产业金融机构需要更多地站在风险可控的前提下设计产品及服务方案，比如适当降低融资额度、缩短融资期限等。在这种情形下，基于产品方案的差异化竞争优势变小。产业金融机构需考虑适当降低对于收益回报的预期，谨慎地开展业务。由此可知，差异化竞争优势的形成，其实就是产业金融机构聚焦特定行业所构建专业能力的自然体现。

（2）价值区间与交易价格的比较

在设计产品及服务方案时，产业金融机构不仅需要将资产内涵价值同资产价值区间进行比较，还需要重视资产交易价格在资产价值区间中的相对位置。根据作者在上文价值判断中的论述，产业金融机构应有意识地构建并不断修正自身对资产短期价格波动以及长期资产交易价格走势的判断能力。因此当判断资产交易价格长期高于中性预期时，产业金融机构就能够清楚地认识到，在资产未来价值实现的过程中，通过主动帮助客户寻求市场交易机会是一条可选择的价值实现的路径，并且有机会帮助客户实现较中性预期更高的资产交易溢价。而这部分溢价空间，同样也可以成为产业金融机构在业务拓展中的风险缓释区间和重要的安全保障。反之，当判断资产的交易价格长期低于中性预期时，产业金融机构应认识到在资产未来的价值实现中，通过资产交易的方式或无法为自身业务拓展提供上述风险缓释区间和安全保障，为此产业金融机构应更关注资产价值区间与内涵价值的相对位置，并有针对性地设计产品及服务方案。同样地，在资产交易价格与资产价值区间的对比中，也会出现交易价格超过资产价值的乐观预期或低于资产价值的悲观预期的可能。此时，交易价格偏离中性预期的大小就决定了产业金融机构在经营实践中不同选择的倾向程度。例如，当资产交易价格偏离中性预期较大，甚至已经超出资产价值的乐观预期时，通过资产出售所获得的收益将高于基于自身风险管理能力下可实现的最高收益水平。从产品及服务方案设计的角度，也就可以更多地考虑资产交易对该业务的价值实现的正向作用。同样，当资产交易价格已经低于资产价值的悲观预期时，产业金融机构通过自身风险管理水平运营资产获得的最低收益水平都会高于资产交易所获得的收益，此时对于产业金融机构而言几乎不需要再考虑资产未来交易对产品及服务方案的风险缓释作用，甚至需要更审慎开展业务。

（3）资产价值管理体系在方案设计中的应用

通过上述对比明确产品及服务方案设计的思路和方向后，产业金融机构就可以应用价值评估与判断的结果，在具体项目拓展实践中不断完善自身产品及服务方案设计的方法与定价的逻辑。对于债权产品设计，由于其具体方案中包含的要素较多（其中主要包括融资金额、期限、利率、还款方式等），本书在此就不一一进行赘述了。作者拟围绕融资金额这一关键内容，阐述不同融资金额下对应的产品方案设计方法和定价逻辑。

对于一般性债权产品，产业金融机构风险安全边界主要体现为融资金额与资产价值判断所形成的价值区间中悲观预期之间的差值。而随着客户对融资金额需求的提高，产业金融机构的风险安全边界降低。因此，对于一般性债权业务，融资金额原则上最高不应超过资产价值的悲观预期。但此时需要考虑，当产业客户在某个项目中对融资金额的需求超过产业金融机构对该资产价值判断的悲观预期时，该业务是否还能继续推进？答案显然不是绝对的。在具体项目情景下，当客户提出的融资需求高于产业金融机构通过价值判断所形成的悲观预期时，资产价值是有可能低于融资金额的。对产业金融机构而言，这部分的差值就意味着风险敞口。此时，产业金融机构就需要寻找有效方法减少风险敞口或扩大风险可控的边界。延续上述思路，产业金融机构更多是通过双方权利义务分配条款、风险收益分担机制的合理设计来缓释上述风险，必要时还可以引入其他增信方式帮助产业金融机构实现自身的风险可控（见图6－13）。

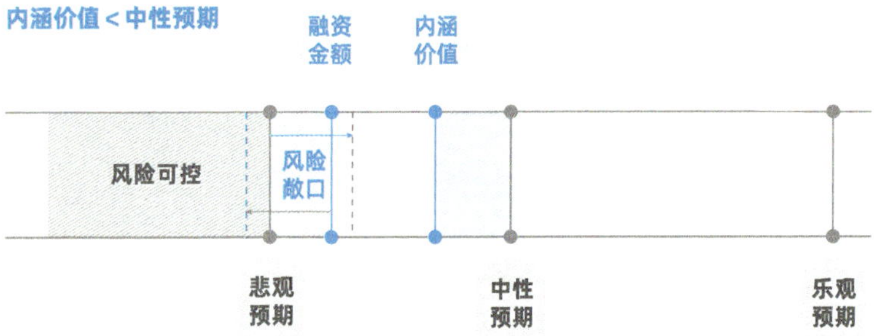

图6－13　融资金额与价值区间示意

其实，类似的案例在产业金融机构的业务拓展中经常出现。例如，当某一项目合规性手续的瑕疵会严重影响资产价值时，由于其自身能力尚不具备协调政府部门在短时间内获取批文，产业金融机构就可设计分笔投放的方式，要求客户在其中某一笔投放前办理完成相关合规性文件的批复手续。否则，产业金融机构有权依托第三方落实该事项的办理，同时提高该项目的利率水平。这其实就是产业金融机构基于自身专业能力主动设计的双方权利义务的合理调整，双方风险收益的合理分担。需要明确的是，在该合规手续办理完成之前，产业金融机构对该资产的投放额度是小于该状态下对资产的悲观预期判断。

同样，当产业金融机构在某项目中发现该项目受当时政策影响批复电价较高，明显高于周边同类型资产，而从长期价值判断来看，未来批复电价存在调整的可能。产业金融机构对该项目资产价值的悲观预期就有可能会小于客户期望的融资金额。这种情况下，如果产业金融机构按照批复电价进行融资金额的测算，无疑会增加项目长期依靠自身现金流无法正常还本付息的风险。此时，产业金融机构可通过设置一定的沉淀资金，并通过加速还款的方式，在该资产享有高批复电价期间，依靠项目现金流提前偿还部分本金，来缓释未来电价调整后项目资产价值降低的风险。这同样是产业金融机构基于自身风险管控能力在双方权利义务分配、风险收益分担上进行的有效实践。

综上所述，为实现“基于风险可控的业务拓展”，产业金融机构就需要以资产的选择为起点，在业务实践中不断提升产品及服务方案的设计能力。上文通过对价值区间与内涵价值、价值区间与交易价格的比较，阐释了三者之间的内在关系，为产品及服务方案设计明确了方向。在此基础上，为了说明产业金融机构是如何基于自身风险可控的能力基础实现业务有效拓展的，作者以融资金额这一具体交易要素为例讲述资产价值管理体系在具体产品方案的设计中的应用。在此基础上，产业金融机构就可以以点及面地将上述方法与逻辑延伸应用到交易方案设计的其他部分中。

（二）资产价值管理体系在产品创新中的应用

上文阐释了产业金融机构应用资产价值管理体系进行产品及服务方案设计的一般方法。然而，单纯依赖单一业务模式和风控策略进行业务拓展是难以持续满足客户不断变化的有效需求的。面对产业的快速发展，在风险可控的前提下，产业金融机构需要通过持续的产品创新实现对客户需求的有效满足。这将是未来产业金融机构业务拓展的“常态”。而这些“较难被满足的合理需求”就是产业金融机构不断进行产品创新构筑差异化竞争能力的重要驱动力。基于资产自身的收益水平提升产品融资金额、依据资产使用寿命延长债权期限，以及根据资产自身现金流结构特征设计还款方式等，都为产业金融机构的产品创新提供了具体的思路和方向。

接下来，站在资产价值提升的角度，本书将结合真实案例阐述产业金融机构如何应用资产价值管理体系助力其业务拓展中的产品创新。

分析问题、引导需求、创造价值、实现共赢

S 公司是一家长期深耕于新能源领域的融资租赁公司，其在风电、光伏行业有着多年业务实践经验。在业务拓展过程中 S 公司发现市场中不少老旧风电电站会遇到融资难的问题，即金融机构提供的融资金额无法满足客户需求。S 公司详细分析该类业务开展中多个项目融资额度低的原因，存在一些共性的规律。第一，这些风电站通常已运营超过 10 年、不少甚至已经超过 15 年，由于设备老化、机组故障率高等原因发电收益大幅下降。第二，这些电站的设备技术落后，原设备生产厂家不少已退出市场，导致缺少原制造厂家的技术支持和售后服务。再加上这些设备供应商退市导致的关键备件停产，极大地增加了电站的运维难度，极端情况下甚至出现因采购不到备件而出现机组停机的情况。

基于上述情况，由于项目发电收益较可研数值大幅下降，降低了 S 公司对电站的资产价值评估结果，同时资产运营中“种种现状”的不确定程度也影响了 S 公司对该资产的价值判断结果，并且这种不确定程度只会随着电站的持续运营而逐步扩大。因此 S 公司认为仅仅通过交易结构的设计和优化，在风险可控基础上满足客户融资需求的难度较大。要

从根本上解决这一问题，应从帮助产业客户提升资产价值的角度出发，尝试找到解决老旧风电站融资难的方法。为此S公司开展了如下工作。

“风电站技改升级”助力资产价值提升

S公司在市场调研中发现通过风电场设备的技术改造与升级能够有效帮助电站实现资产价值提升。通过市场调研，S公司了解了老旧风电电站的整体市场规模和运营现状数据，收集了技术改造相关的政策支持、技术方向、经济评价等相关信息。其主要信息识别与收集结果如图6－14所示。

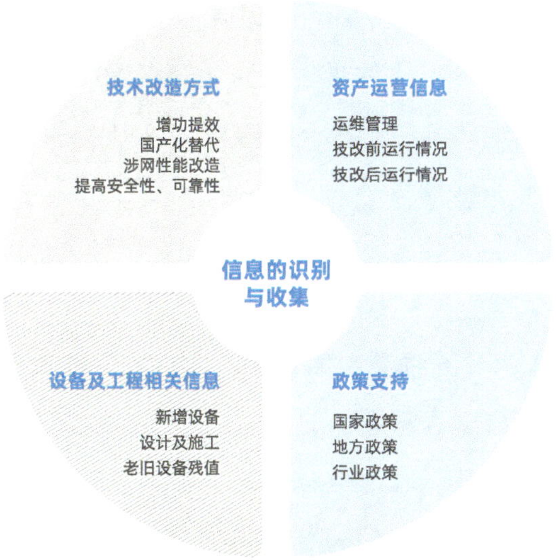

图6－14 风电站技改相关信息内容

在此基础上，S公司通过资产价值评估和判断，确定技改前后的资产内涵价值和价值区间（悲观预期、中性预期和乐观预期）。根据评估及判断结果发现风电电站设备的技术改造与升级能够使电站资产发电收益大幅提高，其技改后的内涵价值明显高于技改前的内涵价值。当技改前后的资产价值评估结果增值部分能够覆盖技改费用时，站在客户角度项目技改就具备一定的可行性。站在S公司角度，由于电站技改后主要设备进行了更换，无论从发电收益还是运维难度来看，其相关参数的不确定程度得到了有效的减小，因此S公司对该电站的资产价值判断中性预期（技改后）更贴近其内涵价值（技改后），且悲观预期（技改后）与中性预期（技改后）之间的差值相较技改前也实现了有效的减小。如S公司拟定可提供的融资金额不超过资产价值判断的悲观预期，就可以在风险可控的前提下覆盖客户的融资需求。

此时S公司面临另一个问题，尽管通过上述技改实现了融资金额提升，但如果客户短期无法筹措相关的技改投资所需金额，该方案仍在实际操作中不具备可行性。因此S公司不仅要考虑技改后可提供的融资金额高于客户的融资需求，还要考虑融资金额能够有效覆盖电站的技改资金投入，确保电站技改升级顺利实现。至此，S公司就形成了针对老旧风电电站完整的产品设计思路。

业务推广与实践

S公司在完成上述产品设计后，在超过15年的老旧风电电站融资业务中逐步对客户进行需求引导，通过对老旧风电电站的技术改造，帮助客户实现资产价值增值，在有效满足客户融资需求的前提下，还实现了对行业资源配置的优化。下面为S公司业务拓展中的具体案例。

广东某风电场批准容量为49.5兆瓦，包括58台750千瓦机组和4台1.5兆瓦机组及附属设备。该项目由于建成时间较早，安装的750千瓦风机为定桨距失速型风机，低风速段的发电性能不足。S公司通过测算认为该电站如通过技术改造，发电量和经济性存在较大提升空间。通过S公司对客户需求的有效引导，客户先行选择在其他项目上进行实验，拆除2台750千瓦机组改造升级为4兆瓦机组，发电收益提升效果明显。此后该客户计划与S公司合作在该项目中拆除58台750千瓦机组和4台1.5兆瓦机组及附属设备，在拆除的机位上选9个机位新建9台5.5兆瓦风力发电机组及箱变，同时对场内集电线路、道路等进行市场调整和修缮。

技改方案完成后，预计整场发电量将由7425万千瓦时，提升至14850万千瓦时，发电量提升100%。该项目上网电价为0.453元/千瓦时，电费收益提升3363万元/年。费用方面，单台技改费用约为2310万元（其中主要包含机组费用，施工含拆除费用等），按照新增技改机位9台计算，整场技改机位成本20790万元，再考虑线路改造、变电设备更换等其他费用，总体技改成本约24000万元。

按照技改后的发电情况进行测算，S公司可提供的融资额度不仅能满足客户的需求，而且能够进一步覆盖技改的成本。S公司通过对客户需求的主动引导，不仅满足了客户的融资需求，并且将较早一批占据优质风资源区域的老旧风场，通过技术改造提升了发电水平，实现了资产增值与行业资源配置的优化。

在这里作者无法向读者一一阐释在面对复杂的客户需求时，产业金融机构进行产品创新的所有思路和方法。但是，站在本章资产价值管理的角度，通过上述案例可以明确的是通过专业能力建设助力资产价值提升，能够为产业金融机构的产品创新提供更大的空间。事实上，作为产业金融的坚定实践者，作者也不希望为产业金融机构的产品创新设定界限。通过对资产价值变化规律的深入理解和有效把控，产业金融机构就可以在风险可控的基础上不断尝试更能有效满足客户合理需求的创新业务探索，为行业客户提供更具吸引力的产品解决方案，最终做到引领行业的发展的同时构筑自身差异化的竞争优势。

（三）资产价值管理体系在细分行业拓展中的应用

产业金融机构通过对特定行业的深耕，不断发现和总结行业自身发展规律、行业所属资产的收益特征。在具备一定产业经验和能力的基础上，产业金融机构就有条件将自身业务范围拓展至新的细分行业。本书认为，产业金融机构在选择拓展细分行业时，需考虑新细分行业下资产的价值变化规律和收益特征是否与原有行业具有较高的相似度或一致性，在原行业中构建的资产价值管理体系以及相关能力能否有效迁移至新的细分行业。通过对资产价值管理体系的有效应用，产业金融机构可以快速适应新行业的发展与变化，及时形成能有效满足行业及客户需求的差异化竞争优势。同时，不同细分行业之间通过聚合资源、提升能力，就能帮助产业金融机构丰富服务手段，实现多元业务收入。

下文作者将讲述S公司从光伏风电业务领域向水电业务进行拓展的过程，阐述资产价值管理体系在细分行业拓展中的应用。

S公司是一家深耕光伏、风电多年的融资租赁公司。在光伏风电行业已形成较深的产业认识基础上，公司希望通过细分行业的拓展丰富自身产品及服务范围，实现自身多元业务发展。在进入水电行业初期，通过对资产价值管理体系的有效应用，公司快速适应新行业的发展与变化。其通过信息识别了解水电电站相较光伏电站在资产价值属性方面主要呈现出新建电站数量较少，合理运营寿命长，动产设备占比较低等特点，在主要收入来源及结算方式等方面较光伏电站差异较小。因此公司就能够结合水电资产相关特征，通过沿用光伏电站资产价值管理体系，在业务拓展初期对水电资产进行资产价值评估与判断。

但由于对资产及行业规律的了解还不够深入，最终的评估结果可能不会非常精准，同时对具体参数不确定程度的判断也会呈现更大的价值区间。例如水电站不动产合理使用寿命明显高于动产，但此时公司在水电站价值评估中沿用其在光伏风电行业中的经验，选择采用以动产设计寿命为上限来确定水电站资产合理使用年限。此时应用资产内涵价值和价值区间设计的产品及服务方案通常会呈现出融资期限相对较短、融资金额相对较低等特点，其实质体现的是信息识别、收集不够全面和完整，产品差异化竞争优势不足。但上述这些阶段性的不足对于S公司而言是暂时的。细分行业下资产价值变化规律和收益特征与原有行业具有较高的相似度或一致性就决定了其所需能力的通用性，公司对资产及行业规律的了解尚不够深入，其主要原因不是围绕资产价值管理体系所需能力的不足，而是由于在细分领域拓展初期其能力尚未在市场中得到充分的运用。

随着S公司对水电行业了解的逐步深入，在市场及客户有效需求的牵引下，通过对原有在光伏风电业务拓展中形成的专业能力，不断完善和提升符合水电行业的资产价值管理体系，在较短的时间内形成“基于专业化的差异化”。例如，沿用原有在光伏行业业务拓展中分析问题解决问题的能力，S公司在充分了解动产设备使用年限、维修维护费用、更换费用等基础上，逐步将水电站合理使用寿命从动产设计寿命延长至不动产设计寿命；逐步通过存量电站历史发电数据分析水电行业电力市场化交易对电价的影响，逐步关注水电站的发电量在长期视角下的周期波动规律等。通过对上述信息的识别与收集，公司就能在资产的价值评估与判断当中，使评估结果更趋近于资产的内涵价值，使价值判断中的价值区间更具合理性。在此基础上设计的交易方案也将能更有效地满足市场及客户的需求，构筑差异化竞争优势。

随着S公司水电业务的成熟，其在过程中积累的资源与能力将会对原有行业起到相互补充、相互促进的作用。例如水电站相较光伏电站更早地开展电力市场化交易，通过水电站的电力市场化交易分析，能够为尚未开展电力交易的光伏行业提供有效的信息来源和判断依据。基于这些资源的聚合、能力的提升，就能够帮助S公司在实现细分行业拓展的同时，还能够丰富服务手段，实现多元化收入。

综上所述，通过探讨资产价值管理体系在产业金融机构产品及服务方案设计、产品创新、细分行业拓展中的应用，旨在让读者更全面地理解资产价值管理体系在产业金融机构实现“基于风险可控的业务拓展”过程中起到的重要作用。资产价值管理体系是产业金融机构以“资产为本”指导专业能力构建的核心内容。对资产价值管理体系的深入理解与灵活运用，能够帮助产业金融机构更好地满足客户差异化的需求，并助力产业金融机构在有效满足客户需求的基础上，实现从单一行业细分领域到新的行业细分领域的业务拓展。资产价值管理体系是一个不断完善的专业能力系统，需要产业金融机构根据行业格局和市场环境的变化不断调整优化和迭代升级。通过资产价值管理体系的持续进化，产业金融机构可以更好地应对市场挑战，不断提升自身的差异化竞争优势，为行业及客户提供更优质的服务。

总结本章所述内容，资产价值管理体系是产业金融机构在长期探索资产价值变化规律的过程中构建起来的，将资产特征及其所承载的行业信息通过模型化、数量化的方式转化为产业金融机构对资产价值进行评估、判断与实现的过程，是产业金融机构基于专业能力的数学表达。围绕资产价值管理进行专业能力构建，并通过对资产价值管理体系的有效应用指导业务实践与创新发展，能够有效帮助产业金融机构实现“基于专业能力的风险可控”和“基于风险可控的业务拓展”。产业金融机构围绕资产价值管理体系对特定行业核心资产形成的相关研究成果和专业能力，应在助力实现自身可持续发展的同时，为推动行业发展、优化资源配置等贡献更多专业力量。

第七章

组织建设与战略实施

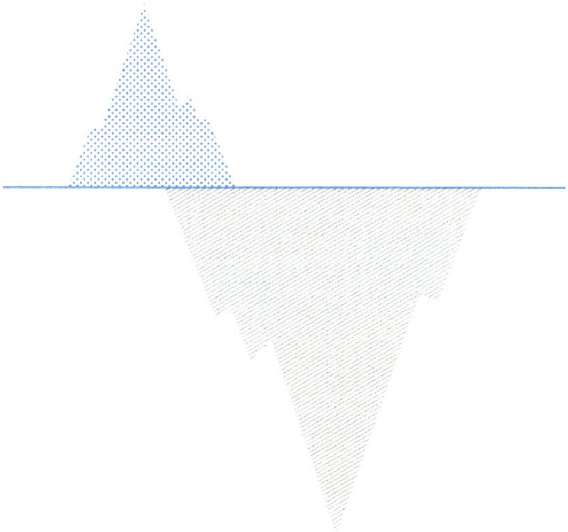

专业化战略的实施是灌注在产业金融机构的实践经营活动当中的。企业的经营活动最终都分解为员工的“履职行为”，而员工履职需要依据特定的行为规范，并且员工的履职行为也不是孤立和封闭的，是在组织内部持续相互影响和协调。员工的组织形式与互动、行为规范的设计与运行，本书认为这些均属于企业“组织建设”的范畴。那么，为什么在本书中要讨论组织建设？组织建设在本书中的含义和内容是什么？其与专业化战略的实施是什么关系？什么样的组织建设有助于专业化战略实施？以及为什么在组织建设中要特别关注企业文化的意义作用？都将是本章要讨论的内容。

第一节 专业化战略实施的内部条件

组织建设是专业化战略实施的基础保障，组织建设的水平影响着专业化战略实施的效果，这是本书要讨论组织建设的原因。而要清晰地阐述组织建设的这一重要作用，需要先从专业化战略实施所需要的内部条件谈起。结合一个金融机构的经营实践场景，可能会让这个理由呈现得更加直观。

本书第三章提到了当产业金融机构的专业能力发展，能够在行业的细分领域之间进行迁徙，实现业务领域的成功拓展。那么不妨以此为例，当一家在光伏、风电领域有了专业能力积累的产业金融机构，要向同为可再生能源的中小水电领域寻求业务机会时，除了考虑行业发展、客户需求、市场竞争等因素，可能还要思考并解决以下问题：公司如何安排承担这项工作的人员？这些人员该如何组织和分工？在没有业务指导意见、项目准入标准、资产价值评估模型等规范性文件的情况下，各部门该如何开展工作？业务部门和风控部门对单个项目的认识不一致，如何进行投资决策？业务部门对应的绩效考核方案如何设计？业务推进不及预期，业务部门如何面对绩效考核压力？

相信很多金融机构也许都曾面临或正在面临以上这些问题，同时，我们也相信在实践中会有多种行之有效的应对举措。但需要说明的是，这些举措并不包括本书前文所讨论的基于行业专业化的金融方法论。因为不管何种金融方法论，归根结底是由员工个体或者群体使用和实施，二者是客体和主体的关系；而上述实践场景反映的其实是金融机构的员工个体或者群体之间的组织和协调问题，是主体之间的互动关系。

员工之间的组织和协调关系，直接影响着行业专业化的金融方法论的实践应用。因为专业化战略是产业金融机构作为一个组织的共同目标，在这个目标之下需要员工在具备专业化能力的基础上，实现组织内部的专业能力协同一体化。产业金融机构通过有效协调员工关系，将员工个体的专业化整合升级为组织的专业化，就是专业化战略实施的内部条件。

（一）员工个体具备专业能力

任何组织都是由个体组成的，组织的专业化需要以个体的专业化作为基础。试想有几人都不具备某种专业能力，那么一定不会单纯因为几个人组成了一个组织，这个组织就会具备这种专业能力。所以，员工个体的专业化是组织专业化的起点，也是专业化战略实施的最基础的条件。

（二）员工群体对专业化的共识

当员工组成一个组织，必须围绕一个共同的目标开展行动，否则这个组织将会是低效乃至失效的。对于产业金融机构也是如此，如果以专业化构筑差异化竞争优势是共同目标，那么就需要员工群体达成共识，将组织目标转化为个体目标，并为之付诸行动。

一是对专业化的内容有共识。包括对金融专业化的核心思想、主要内容，以及专业化的战略目标、风控理念、资产价值管理体系的认识等，其实就是本书前序章节所探讨的相关内容。

二是对专业化的价值有共识。那就是基于行业的金融专业化，能够有效消减行业信息不对称。产业金融机构坚持行业专业化，不断提升专业能力，可以构筑差异化竞争优势。如果产业金融机构能够在特定领域建立起竞争优势，是因为坚持了专业化；而如果没能建立起竞争优势，则是专业化坚持得还不够。

三是对专业化所面临的挑战和困难有共识。专业化本身就是有难度的，因为专业化是一种高要求的行为方式，代表着已经达到了高水准。尤其是行业专业化，涉及的信息量不仅规模大，而且还在不断地发展、迭代，因此信息的完整收集、合理分析、准确判断以及有效运用的难度都在增大。而更加有挑战的是，这种专业化要求是对组织提出的，需要聚合协调个人行为成为组织行为，通过个体的专业化进而达到组织的专业化，这就要求个体在对专业化方面，不仅要有认识的一致，还要有行动的一致、能力水平的一致。而认识、行动和能力水平其实又有着多层含义，认识包括对重要性和特定信息的理解；行动包括具体经营举措和能力学习；能力水平的一致并不是个体之间的平均一致，而是能够形成有效搭配与协同，促进整体水平提升。以本章开篇涉及的新业务拓展为例，当产业金融机构的业务领域从光伏、风电向水电延伸，除了客户营销主要由业务部门负责外，该领域的市场研究、产品设计、风控要求、资产管理模式、监管要求梳理等环节，是需要公司各个相关部门参与。

如何将不同部门、不同人员的不同认识，有效协调实现“一致性”是存在难度的。

（三）有利于专业化战略实施的组织结构

共识的下一步便是行动。而正如本章开篇所述，员工的行动并不是孤立和封闭的，是在组织内部相互影响和协调的。任何企业里的员工首先都是一个群体，是为实现特定目标而组合到一起形成相互依赖关系的两个或更多个体，进而依靠特定要求组织起来并根据某种特定规范进行互动。关于员工的组织与互动，即是管理学上的组织结构[①]的概念。

企业的管理者设计组织结构要考虑很多因素，不同理论学说有不同的划分方式，但一般都会包括以下两个方面：

首先是分工和合作。一般是通过组织内部的部门划分，明确部门以及岗位的职责和协作关系，使每个人都各司其职、分工合作，共同实现组织的战略目标。合理的分工能够充分发挥每个岗位的专业优势，提高组织的工作效率和质量。同时，协调不同部门和岗位之间的合作，可确保工作的顺利进行，避免资源的浪费和重复劳动。

其次是决策和授权。决策是组织运行中的重要环节，能够指导组织的方向和行为。组织结构通过明确决策的层级和流程，确保决策的及时性和准确性。同时，授权是实现组织目标的重要手段，通过合理地分配权利和责任，使各级人员能够在自己的职责范围内开展工作，提高组织的灵活性和响应速度。

在专业化战略要求之下，组织结构要保证个体的专业化能力充分发

---

① 斯蒂芬·罗宾斯，玛丽·库尔特. 管理学［M］. 北京：中国人民大学出版社，2021.

挥，其后是实现个体之间的专业化能力的互补，最终促进群体的专业化能力集合的持续提升。因此，对于以专业化构筑差异化竞争优势的产业金融机构而言，组织结构的设计、内容及践行需要遵循以下原则。

一是组织结构的设计应来自对核心竞争力的识别。在经营环境的动态变化下，产业金融机构实行专业化战略，是为了保证在激烈竞争中获得竞争优势，而其核心竞争力是“专业”，“专业”来自对特定行业的深入理解，并体现在产品设计、投资策略、风险管理、客户关系管理等各个方面。这既是产业金融机构在市场竞争中取得成功的关键因素，也是公司最独特、难以被竞争对手复制的能力和资源。通过对“专业”这个核心竞争力的正确识别与坚守，可以明确对自身业务边界的界定、对管理架构的选择、对资源分配的方式。

二是组织结构的内容和实施重点在于对专业能力的正确规划。产业金融机构对于专业能力的内涵在不同阶段有不同的要求，在初创期需要具备的核心专业能力通常包括金融产品设计、风险评估和管理以及客户关系拓展等；在成长期，随着业务的增长和规模的扩大，机构需要进一步提升其风险管理效能、投资决策能力、资本运作能力以及客户关系维护等；在成熟期，则需要关注如何通过创新来保持和提升其核心竞争力，这可能涉及的专业能力包括数据分析与应用、业务模式创新以及战略规划等。这一规划需要产业金融机构具备敏锐的市场洞察力、灵活的组织结构，以及完善的培训和激励机制。

三是组织结构的优化和深化方向在于专业能力的持续增强。随着市场环境的变化和公司发展的需要，组织结构也需要不断优化和深化。优化和深化的方向应该聚焦于对专业能力的持续增强，这包括对现有专业能力的提升和拓展，以及新专业能力的开发和引入。这其中确保组织内部的信息的流动和沟通、传递和共享至关重要。组织结构通过建立有效的沟通渠道和机制，确保信息的畅通和共享。这有助于提高组织的效率和协同效应，同时降低信息不对称带来的风险。此外，组织结构还鼓励跨部门、跨层级的信息交流和合作，打破信息孤岛现象，促进信息与知识流动。

通过不断优化和深化组织结构，产业金融机构可以保持其在特定领域的领先地位，并适应市场变化和客户需求，实现可持续发展。

（四） 内部冲突的有效协调

在组织的互动与运行过程中，“冲突”是不可避免的，产业金融机构也不例外。冲突的情形有很多，如目标不一致、对事实的解读存在分歧、对行为预期的不一致等，都会表现为冲突。就以本章开篇提到的中小水电业务的早期实践为例，关于项目方案中的资金额度、还款期限以及风控措施的匹配方面，业务部门常常与风控部门发生分歧，由此影响了项目推进效率。即便是项目最终通过审批，也可能出现不利的情况，有的是因为审批用时过长，客户的资金需求已经不复存在的情况；而有些情况是由于压降额度、缩短期限或者增加担保措施后的项目方案无法为客户所接受。

金融机构的内部冲突的情形还有很多，比较常见的比如业务部门或者业务小组，乃至业务经理之间在客户和项目上的竞争；还有业务部门和贷后管理部门在贷后管理事项上的职责划分争议；还有各部门人力资源的招聘需求无法得到满足；等等。这些冲突具有多元、复杂、长期等特征。

一是冲突来自多个方面。以本章开篇提到的情形为例，从冲突对象来看，前文已经提到了业务部门与风控部门、业务部门与贷后管理部门以及业务部门内部的不同情形下的冲突；而从冲突发生的原因来看，职责分工、制度流程、员工情绪等，都可能引发冲突。这种冲突的出现，表面原因可能是彼时公司在市场化中小水电领域的风险政策和审查指引没有针对性地作出规定，但本质上是业务部门和风控部门对资产特性以及项目风险的认识和理解不一致。这一冲突出现的原因非常复杂，在基于理性人假设并且剔除道德风险因素的情况下，依然有着多方面可能：首先是金融机构风险事件影响大，风险后果的发生会对公司、部门和个人都产生影响，因此对风险隐患的态度都是高度审慎的，风险管理部门基于职责定位可能会更加强化这一审慎态度；其次是包括个人基于能力、经验和偏好所形成的风险不一致；还有业务部门和风险管理部门的绩效考核方式存在差异，业务部门在业绩压力之下会有着更强的“达成交易”的动机。而无论原因何在，“冲突”造成的结果都是对市场化水电业务的开展，或者说对专业化战略在中小水电领域的实施造成不利影响。

二是冲突是复杂多样的。从公司战略定位、业务方向、风险政策制定等，到一个相对具体的事项，诸如某个流程适配性的问题，都可能会发生基于不同认识和观点的“冲突”。还有包括很多经营举措的实施或者选择，往往会在完全不同的方面迎接挑战，比如业务方向选择所面临的压力，如果转换视角，拒绝某些业务领域可能会带来更大的压力。而且，冲突很多情况是没有规则依据进行处理的。所谓“规则”，包括国家法律法规、成熟的商业惯例、公司内部制度等规范性文件。冲突往往没有解决的规则。换言之，缺乏规则本身也可能是冲突产生的原因之一。

三是冲突会始终存在，伴随企业发展的整个历程并且还在继续。这是因为冲突的成因，究其根本在于个体之间存在差异性，包括个体之间的性格、价值观、知识结构等方面的差异以及组织当中不同角色相应的任务目标的差异。这些差异不可能被消除，所以冲突本身无法完全避免。对冲突的管理更多在于对冲突的有效协调。

冲突会成为组织的专业协同一体化的阻碍，所以冲突的有效协调是专业化战略实施的条件之一。

（五）支撑专业化长期坚持的组织精神品质

本书讨论的基于行业的金融专业化，不是什么理论创新，其背后并没有蕴含何种深奥的道理，具体的做法也没有特别新颖独到，更多的是源于对事物发展一般规律的朴素认识。由此来看，行业专业化作为一条可行的差异化竞争的实现路径，似乎也不存在不可跨越的壁垒，但为什么目前在金融业界却难以找到一个值得借鉴的实践样本？原因是否就是前文提到的专业化所面临的困难呢？其实并不完全是这样。

因为专业化真正的困难并不在于这种金融方法论的具体做法本身，而是在于行业专业化是一条必须长期坚持的发展道路，这个过程中还要应对诸多挑战。

首先是坚持专业化没有捷径，几乎可以认为只能是日拱一卒，点滴积累。正如第三章讲到的“从零到一构建行业认知”，概括起来就是先进行海量的行业知识积累，再从风险较低的项目开始试单。但这个实现过程绝非朝夕之功，从大量阅读行业研究和市场分析报告、项目资产的实地调研、走访行业内龙头企业和典型客户，到密集参加行业峰会、组织行业专家调研等。中间某一环节如果不是扎实有效的，那么专业能力的基础就是不牢固的。

其次是坚持专业化也要考虑最现实的生存压力。坚持专业化是为了构筑差异化的竞争优势，但专业化发展道路下的经营成果见效慢，在产业金融机构差异化竞争优势尚未建立的时候，如何平衡企业经营成果和能力发展要求，是不得不考虑的问题。

再次是坚持专业化是逆水行舟、不进则退。专业化需要经过市场的考验，差异化本身是表现，不直接等同于能力或专业上的优势，因此专业化要体现出为行业、为客户带来更大价值，并为自己创造合理回报的作用。以专业化构筑差异化竞争优势的过程很难，但是失去却很容易。因此市场竞争是复杂多变的，专业化除了要为行业和客户创造价值，还要面对竞争对手的“成本差异化”。所以专业化所需要实现的差异化优势，相对往往并不是“非专业化”，而是“低成本”。而让客户能够拒绝更低的成本，那就一定要在满足客户需求方面具备差异化的优势。这个优势一定是建立在对行业和客户需求的持续地准确识别基础上，而如果产业金融机构的专业化能力建设稍有松懈，就有可能无法达到这一要求，进而丧失竞争优势。而竞争优势一旦丧失，再试图重新建立则将会是一个更加艰难的过程。举例来讲，比如产业金融机构在中小水电领域建立起了差异化的竞争优势，其表现在于市场占有率在细分行业中处于领先地位，存量客户数量多、资产规模大。客户数量和资产规模就是产业金融机构不断扩大行业信息优势的来源之一，将会与产业金融机构的专业化能力提升形成良性的相互促进。而如果客户数量和资产规模下降，则意味着行业信息优势的下降乃至消失，这会给专业化能力发展带来极大的负面影响。

最后是坚持专业化要对抗短期获益的商业机会主义的诱惑。这就是第三章提到的有所为有所不为。“短期逐利”体现为一种投入的回报速率的追求，在一定程度上是简单的“效益更大化”，但这种更加关注自身“短期利益”的行为宏观上无益于实体经济长期健康发展，微观上也不利于金融机构自身的专业能力发展。但纵观海外以及我国金融行业发展的历程，奉行商业机会主义且短期获利的情形大量存在，这就与专业化道路上的“苦行”形成了极大的反差，会“诱惑”产业金融机构内部出现一种声音：“为什么我们不做这个业务呢?”这种声音的出现本身就可能引发专业化战略的动摇；而如果这种动摇最终转化成为行动，那自然就是对专业化战略的背离。

所以，长期坚持专业化战略，所需要付出的不仅是艰苦的努力，还有足够的精神准备，以对抗外在压力。除了追求专业化所必要的求真、求精的精神品质，还需要整个组织具备强大的信念和坚韧的意志力，能够将对专业化的理解共识升华为整个组织的共同信念，并且坚定不移地贯彻到底，不因任何困难和挑战而有所偏移。

综上所述，专业化战略实施需要员工具备专业能力并确立共识、在有利于专业化的组织结构进行组织和互动、有效协调组织内部冲突并且具备特定的能够支撑长期坚持的组织精神品质，这些内部条件的达成其实就是不断优化组织建设，以实现更好的专业协同一体化。

第二节 组织建设与公司战略的一般关系

上一节是通过一个经营实践场景，从专业化战略实施的内部条件出发，来引入关于组织建设与专业化战略实施关系的讨论。本节会就组织建设与公司战略的一般关系进行辨析，为后续关于实践中组织建设如何支持专业化战略实施，提供理论铺垫。

（一） 组织建设的含义

在具体解释“组织建设”之前，需要定义什么是组织?组织，如果从管理动作来讲，可以定义为管理者为了某个特定目的而对人员的精心安排。而在本书中更多指的是其作为名词的定义，就是人们有目的地组合起来的一种社会单元，由两个或两个以上的个体组成，在一个相对连续的基础上运作，以实现一个或一系列共同目标①。按照这个定义，组织首先有一个明确的目标；其次每个组织都由人组成，由人来完成工作以实现组织的目标；最后所有组织都演化出一个精密的结构，使组织成员能够完成工作。

至于什么是组织建设？似乎没有很权威的定义，有观点认为公司的组织建设是指对公司内部的人、职位和职能进行设计和管理，以实现共同的目标和愿景；也有观点认为组织建设是对员工进行招聘、选拔、培训和发展，并分配工作任务和职责到不同的部门和成员身上。本书不会试图对组织建设下一个具体的定义，但不管从哪个角度提出，核心表意都是让组织变得更好，本书认为这个“更好”对于产业金融机构来讲，就是专业协同一体化做得更好，能够持续提升组织专业化。

虽然没有明确组织建设的定义，但这并不影响对组织建设的主要内容和范围的讨论。正如第一节所述，专业化战略实施的条件达成的过程就是优化组织建设的过程，在这个意义上，组织建设应当包括选择组成成员、搭建组织结构、协调组织内部关系、构建组织氛围、培育和发展组织精神、组织文化等，对应到企业的经营活动当中，便是组织结构、人力资源管理、企业文化等方面的具体工作。而后文关于组织建设与战略实施的一般关系的理论辨析，以及实践做法的讨论，也将围绕这几方面展开。

---

① 斯蒂芬·罗宾斯．组织行为学［M］．北京：中国人民大学出版社，2021.

（二）组织建设以公司战略为导向

本章开篇已经提出了本书的核心观点之一，即组织建设是专业化战略实施的基础保障。在进一步拆解原因之前，需要再回答这样一个问题：什么样的组织建设才能成为战略实施的保障？本书认为，以公司战略为导向的组织建设，才能最终成为战略实施的基础保障。因此组织建设是专业化战略实施的基础保障，只是二者关系的一方面，而另一方面，或者需要首先进行讨论的，就是组织建设是要以专业化战略目标为导向。

1. 组织结构设计要贯彻战略要求

组织结构是员工履职以及互动的基础。员工的组织形成，是指组织中相对稳定的关系和方面。它是指组织内关于规则、职务及权利关系的一套形式化系统，它说明各项工作如何分配、谁向谁负责及内部协调机制[①]。组织内部各个成员之间的关系，例如合作、竞争和冲突等，在一定程度上受到“组织结构”的影响。

组织结构界定了对工作任务进行正式划分、组合和协调的方式。[②]在探索战略与结构的关系方面，战略管理领域奠基者之一、知名企业史学家艾尔弗雷德·钱德勒（Chandler，A. D.）在其经典著作《战略和结构》中，首次提出组织结构服从战略的理论。钱德勒把战略定义为“关于公司的长期目标和目的，以及为实现目标和目的所必须采取的行动方针和资源配置的决定。”他认为，为了使战略取得成功必须具有符合战略要求的经营管理方式，企业经营战略应当适应环境、满足市场需要，

---

① Gareth R. Jones. Organizational Theory，Design，and Change［M］. Pearson Education，2012.
② 斯蒂芬·罗宾斯. 组织行为学［M］. 北京：中国人民大学出版社，2021.

而组织结构又必须适应企业战略，因战略的变化而变化，即“结构追随战略”。

上一节提到了组织结构的内容要素，包括分工与合作、决策与授权，都应当符合战略要求，此外公司经营中的各项制度性安排，也被称为“组织的正规化”[①]，一般也被认为属于组织结构范畴。它包括制度规范、工作标准和流程机制等，包括公司的执行机制、激励机制、监督机制等方面。通过这些安排，可在基础技术层面确保公司的经营行为符合法律法规和监管要求，促进公司的合规经营和风险控制。制度性安排必须服从公司战略的要求，如果制度不是按照专业化战略要求来设计和执行，那么这个组织建设一定不是有利于专业化战略实施的。比如业务的准入标准，如果要求每个项目都必须有经评价具有担保能力的担保人提供担保，其直接影响是少了一块目标客户群体市场，但更深远的影响是失去了在该类项目上发展专业能力的机会。

2. 人力资源建设要基于战略目标要求

本章第一节分析了员工个体具备专业能力是组织专业化的最基础条件，但按照企业经营管理的一般逻辑，管理者是在组织结构确立之后，才考虑选择合适的人选进行填补的问题。所以本书关于组织建设的讨论，是组织结构在先而人力资源管理次之。

人力资源管理的核心在于让公司拥有一支高质量的员工队伍，获得和留住有能力、有才华的员工对每一个组织的成功都起着至关重要的作用，无论这个组织是刚刚起步还是成立多年。人力资源管理是竞争优势的一种重要来源，如果说公司战略从广义上都是寻求建立某种竞争优势，那么可以认为人力资源管理是公司战略的重要组成部分，所有人力

① 斯蒂芬·罗宾斯．组织行为学［M］．北京：中国人民大学出版社，2021.

资源建设的工作，包括员工的招聘、培训、绩效管理等，都要基于公司战略的目标要求。

3. 企业文化选择要与战略定位相适应

不同国家地区、不同时期的学者对于企业文化的定义有所不同，但其相通之处在于他们普遍认为企业文化是思想意识的范畴，是组织在生产经营实践中形成的自成体系的价值观念集合。这种价值观念的内容要素十分丰富，带有所在组织的使命宗旨、历史传统、道德及行为规范、企业形象乃至意识符号等因素的烙印。

企业文化由公司的战略定位所决定，这不仅体现在企业文化的形成过程中，也体现在企业文化的内容要求上。

在企业文化的形成方面，首先，企业文化具有主体性，即当产业金融机构在确定战略目标的伊始，就应已有对于企业文化主动构建的意识和期待样本，这种主动构建的企业文化应该与公司的战略定位相适应，能够支持战略的实施，同时也能反映公司的价值观和经营理念。其次，企业文化包含着组织成员过往的历史经验，以及对冲突、争端、发展方向等重大事件所持有的一致认可的观点、处理方式和行动模式，并且通过持续的完善和丰富，形成公司所期待的组织内成员的应有行为准则，并成为人员选聘的参考标准。最后，企业文化能够践行并真正发挥作用的基础是员工对公司战略和文化的认同，基于此种认同，员工可形成对自身的义务、责任和利益期待的理解和界定，最终构成与公司之间的承诺，并且以一种坚定的信念和契约精神将企业文化付诸实践。

企业文化的内容要求方面，就需要结合具体情形做分析，比如产业金融机构的公司战略是基于专业化构筑差异化竞争优势，那么由此所需要的企业文化应体现在能够体现并保障产业金融机构的专业化，即在精神层面赋予组织中的每一个人的行为准则，要以能够体现并保障专业化的实现为前提，并且这种企业文化应能够促进创新和适应变化，同时也能激发员工的积极性、创造力和对于专业孜孜不倦的追求，不断扩展自身专业能力边界，支持公司在市场竞争中获得优势。这种基于能力的企业文化一旦形成，就将对于组织内成员产生巨大的规范和价值导向作用，一是基于能力的企业文化以及具有挑战性的战略目标和愿景，更能营造乐于挑战、勇于挑战的氛围，鼓励打破常规，使公司成为员工在共同努力实现企业战略宗旨的过程中，可充分发挥其专业性、主动性、积极性的平台；二是对于专业的信仰和对于卓越的追求，可以促使员工以动态的心理期望来审视自己与组织的发展，激励员工在不断变化的环境中进行自我行为的实时调整，持续与公司产生价值共鸣，进一步提升凝聚力和归属感。

（三）组织建设保障战略实施

组织建设是战略实施的基础保障，这是本章的核心观点，实践中的具体做法和表现会在本章第三节至第五节进行展开。而从二者的一般关系角度出发，我们可以认为组织结构、人力资源管理、企业文化等组织建设的内容在实践中相互融合，所形成的自我革新机制，是对战略实施的最大保障。

组织结构直接为员工提供活动规范和行为依据，将公司战略贯彻到各种规范性要求中，相当于要求每个员工按照战略要求进行履职；人力资源是组织专业化能力的基础来源；而与组织结构、人力资源管理形成相互反馈和调整机制的企业文化，三者的有机结合可以保持并维系整个组织持续运行和良性循环。在此过程中，公司所建立的明确的战略目标是自我进化的基础和方向，而组织建设的自我进化又保障了战略的实现。

（四）企业文化建设的特别意义

本书讨论企业文化，是将之纳入组织建设的范畴，但企业文化与组织结构、人力资源相比有着特殊性。具体到与专业化战略实施的关系上，如果说后两者在具体做法上可能存在多种有益尝试，但在企业文化的选择上则具有必然性。因为专业化战略实施所需要的内部条件之一的组织具备特定的精神品质，这种精神品质的塑造与保持离不开特定的企业文化的支撑，这便是企业文化在组织建设中的特殊意义。对于产业金融机构来说，行业专业化的战略选择是必然，与之相适应的企业文化选择也是必然。持续开展企业文化建设，保持特定企业文化的特质和活力，应当成为与战略实施同等重要的地位。

首先，企业文化在凝聚共识方面有着特别作用。企业文化作为一系列以价值观驱动的组织意识和行为的总称，是企业与员工之间形成的一种心理契约，其核心是企业在内部建立并持续强化对企业使命、宗旨和价值观的认同。文化是一种行动和无处不在的体验，是个体行为凝聚成组织行为的基础，并被全体员工所认同、共享和遵守，所蕴含的力量是企业的软实力并将成为企业竞争力的原动力。企业文化对组织建设的影响是潜移默化的，它通过影响员工的价值观和行为习惯来影响组织建设的运作。组织建设的设计靠战略，但组织建设的品质则靠文化。

其次，企业文化决定着组织结构的运行效果。无论多么精妙的组织结构设计，如果缺乏文化氛围，或是虽有企业文化，但是缺乏对文化的坚守和践行，都将影响设计效果的发挥。公司经营是科学性与人文性的统一，作为一种优化资源配置的行为模式，蕴含着对理性和实事求是的要求，并且需遵循一定的原理、原则和程序，以确保其治理效果的有效性和可预测性。但同时，组织结构的设计、管理和优化都是人的行为，涉及人与人之间的关系调整，因此人的本性和价值观必然被引入组织机构设计之中。这就使公司的经营不仅需要科学的精神和原理，更需要人的直觉和主观判断，从而使大多数经营问题在具有不确定性的同时，也具有更强的灵活性和适应性。在这个过程中，文化发挥着不可替代的作用，对于文化的认同可以促进个体对公司战略目标的认同和支持，统一各方对公司机制的理解和认识，促进个体之间的沟通和合作，让组织结构发挥最大价值。企业文化与组织结构在功能上相互补充，两者有机结合可有效应对内外部变化。比如第四章与第五章提到的，电站融资建设期管理的例子，显然一个金融机构不会事先进行相应的流程机制建设和“成建制”的人员储备，或者说即使有也未必能够完全适应该种情况，而工程进度时限要求又让这项工作变得十分紧迫，这种情况下就需要有人去做一些职责之外并且更加有挑战的工作。试想，如果是靠命令委派去解决这个问题，而没有人发挥积极主动性，那么这项工作的结果是可想而知的。组织结构具有静态性、滞后性，而企业文化具有动态性、连续性。在公司内外部环境发生变化时，源于战略的企业文化基于其稳定性，能通过塑造共同的价值观念和行为准则，引导员工的行为和决策符合公司的战略方向，同时指导组织结构及时做出调整和完善。而组织结构则可以通过建立健全的文化制度和内部控制机制，加强对文化的传承和弘扬，促进企业文化的落实和执行。

最后，文化可有效协调、化解内部冲突。显性的制度安排天然存在不完备性，这是因为所有的制度文本是静态的，会因为制度起草时的特定内外部环境而存在局限性，而在环境发生变化时就表现出滞后性；并且制度文本的表述和概念也可能存在不周延性，因此形成所谓的“制度漏洞”。即使最完美和理想的制度都无法覆盖所有的机会主义行为，不能应对或解决经营实践中出现的所有问题，甚至产生冲突。要弥补显性制度安排的不足，一方面需要其本身具有前瞻性、预见性、做技术方面的处理；另一方面更需要依靠组织结构之外的“行为”，行为背后反映出的理念和价值观均受到文化的影响。文化作为隐性契约，能够使员工之间形成一种稳定的预期和共同信念，一定程度上约束契约方的行为；此外，文化协调、化解冲突的过程，本身也是文化传播和深化的过程，通过冲突处理，可以展现出组织自身的文化倾向性，而组织成员亲自参与冲突解决也是在进一步加强文化认同，同时，通过理性地引导羊群效应，可以积极推广文化的正面影响，抑制负面因素的影响，凝聚为组织成员“相信的力量”。

在专业化战略的实践过程中，与之相适应的企业文化，能够为专业化战略长期提供强大的精神支撑。因此在组织建设活动中，要特别重视企业文化的影响，进而形成产业金融机构的不断适应内外部变化、满足发展需要的自我革新机制，并以此铸就产业金融机构坚韧的战略定力。

第三节
围绕 “专业化” 搭建组织结构

组织建设是一个涉及广泛内容的管理课题，本书是要探讨组织建设与专业化战略实施的关系，所以并不会提到组织建设的方方面面。而组织建设又是一个实践课题，虽然离不开理论指导，但其实更多的是通过实践总结经验，再结合理论思想，提炼有效的思路和方法，有意识地推进组织建设，这正是所谓的“从实践中来，到实践中去”。因此本节以及后续两节，将对一些在专业化战略实施过程中发挥了增益作用的组织建设举措进行分析与讨论，期望能够给如何为专业化战略实施提供更坚实的基础保障，带来一些启示。

（一）基于“专业”的分工与协调

本章第一节已经提到在专业化战略要求之下，组织结构要保证个体的专业化能力充分发挥，其后是实现个体之间的专业化能力的互补，最终促进群体的专业化能力集合的持续提升。所以产业金融机构组织结构设计所要符合的基本原则，概括起来就是如何发挥支持专业能力的提升与价值释放。具体表现在能够整合资源和能力、应能够协调部门和个体之间的关系、应能够提高专业能力和效率、应能够促进知识共享和协作、应能够加强市场反应和创新能力。

1. 按照专业领域划分业务单元

业务部门是金融机构负责市场营销、客户管理与服务的部门，一般也被称为“前台部门”。金融机构会根据自身企业性质、战略目标、资产规模、业务发展需要等，划分出不同的业务部门，并进行公司资源的分配。部门设置与职责分工是对人力资源这一金融机构的核心生产要素和能力进行分配，但除了“人”这个要素外，还需把公司可聚合的其他资源及能力，例如资金、信息、经验、客户、产业资源等要素，都进行有效组织和分配。金融业内常见的业务部门划分方式包括按照区域划分、按照客户划分、按照行业划分，或者多个维度综合考虑。

不同的划分方式各有特点，很难说哪种方式是最好的。比如按照客户划分业务部门，有利于深入挖掘客户需求、增强客户黏性以维护双方的长期合作，但这样不同的业务部门可能会在新客户的拓展上形成内部竞争。这种竞争意味着局部的零和博弈，可能会形成企业资源的浪费，但我们并不认为竞争只会产生负面影响，因为这客观上会增强金融机构对目标市场的营销覆盖度，提高业务成功率。实际上很多金融机构会鼓励乃至追求这种“竞争”，以此作为激发业务人员积极性的管理手段。

又如，按照区域划分业务部门，有利于就近安排营销和服务资源，提高业务效率，但要这一优势，则必须要以相当的人员规模作为支撑，相应会带来管理和协调的难度。

而本书认为，按照行业细分领域设置业务部门，是产业金融机构最有利于专业化能力建设与资源汇聚的任务单元模式。比如专注于可再生能源领域的产业金融机构，可以按照电源类型划分出光伏、风电、水电等业务部门，而随着自身发展，储能、增量配电网以及其他综合能源应用场景，也可能会形成规模化的市场需求，届时也可以根据业务发展实际适时设立新的业务部门。

这种划分方式的目的在于确保业务部门能够聚焦于特定的业务领域，就像产业金融机构聚焦特定行业一样，业务部门聚焦特定的行业细分领域，是有利于从长期构建基于专业能力的差异化优势，同时从市场的角度来看，也有利于在一个市场的局部形成资源汇集的优势，更充分地深入开展市场研究，甚至可以在部门内部再按照专业化的需要进行进一步分工。

部门和岗位分工划定后并不是一成不变，而是需要不断地对部门的专业化能力建设进行评估，如果发现现有部门和岗位分工存在不适应业务需求、市场变化或自身发展阶段的情况，需要进行灵活的调整，包括对部门职责的重新划分、对岗位设置的调整以及对人员配置的优化等。

2. 设置行业相关的专业岗位

产业金融机构的差异化优势，是以专业能力的差异化比较优势作为基础。实际上，很多金融机构都会考虑增强员工专业背景的复合性，比如吸收具有产业背景的员工来做业务经理或者评审经理等，而在人员招聘方面也不会仅局限于金融以及相关的经济、法律等专业。但是如果根据业务情况设置专业岗位，并且安排具有相关工作经验的专业人员来履行该岗位的职责，那么这样所能带来的可能就是整个组织专业能力上的增益。

比如在资产管理部设置工程管理和项目管理的岗位，这样对于资产建设期的风险识别和管理，是能够带来实践经验价值的。很多情况下，专业是来自实践而不是理论。前文中提到的金融机构对项目进行建设期主动管理时，工程管理岗位的价值是不可替代的，这是通过个体专业能力和经验，带动产业金融机构在专业能力上实现边界跨越，能够从进行一般的资金配置，发展到能够对更多的产业资源进行配置。而随着对产业信息的认识不断丰富，就可以从工程管理岗再向前后延伸，从项目选址、设备选型，到工程设计、施工质量，从资产运维及管理，到项目交易等全流程对项目进行综合评估和管理，为公司的业务拓展、风险防控和资产管理提供专业化支持。再如，在风险控制部设置专门进行电力市场研究的团队，目前我国正在推进以电力市场化交易为核心的电力市场改革，对发电企业的效益将产生巨大且深远的影响，对专注于新能源领域的产业金融机构而言，这不仅是一种市场变化，也关乎企业未来长期发展的重要政策环境要素，所以适时加强这方面的人员保障，从没有专人研究到有专人，再到有专门的团队，这样就做到从被动响应到提前预判，让对于项目风险识别与资产价值评估的结果更加精准。

3. 确立跨部门协调机制实现专业协同

跨部门协调机制是金融机构不可或缺的一环，在业务拓展方面，有效协同能够提高金融机构的业务处理效率，促进不同部门之间的知识共享和经验交流，为客户提供更加高效、优质的服务；在风险防控方面，有助于降低前中后台之间以及与外部交易方之间的信息不对称，增强风险预判能力和提升风险处置效率。

在专业化战略的背景下，产业金融机构需要解决跨部门的专业协同问题，以便能够更好地促进部门之间、个体之间的合作。通过加强纵向和横向的沟通，可以解决团队内与团队之间的信息传递不畅、理解不准确等问题，从而提高工作的整体效率和质量。此外，由于不同专业团队之间存在差异和矛盾，可能会出现团队之间的冲突问题，这些冲突可能涉及工作方式、目标、优先级、资源分配等方面。而为了解决这些冲突，也需要建立有效的跨部门、跨功能的协调机制，促进不同团队之间的相互理解和合作，促进各部门之间的协同和合作。

跨部门协同的基础是要有明确的流程和职责范围。将技能、流程、输出予以清晰化、标准化，并确保在流程中的每个部门和岗位都清楚自己及他人的职责和范围。通过清晰、标准的技能和流程指引，可以避免任务重叠、模糊不清或无人负责的情况，降低操作中的不确定性和认知差异，减少浪费和不必要的协调工作，提高工作效率和质量。

然而，跨部门合作并非易事，会存在一些挑战。例如不同职能的部门之间存在不同的目标和利益，可能导致部门之间的矛盾和冲突，从而影响效率。要应对这些挑战，有必要建立有效的沟通、协调以及激励机制。例如，组织成立跨部门工作小组，鼓励部门之间的协作和共赢，在“资产为本”的指导原则之下，风险控制、资产管理等各个部门都参与到了行业研究和产品设计当中，实现专业能力的同步发展。

再如，前文谈到的业务部门和风控部门的冲突，其实这种冲突不仅存在于具体的项目认识上，所谓金融机构的“前台、中台、后台”总是有着各自的视角和局限，所以“各说各话”的情况出现实际也属正常。而设立专门的、常设的运营管理提升小组，是一种有益的尝试。通过对制度、机制、流程的持续跟踪和信息收集，不断提升操作效率和操作体验。小组由公司管理层成员牵头，成员由业务部门、风控部门、资管部门、商务运营、信息科技等业务相关部门的业务骨干组成，特点是突出业务引导，着力于满足业务部门的需求，以促进业务效率的提升，改善客户体验，最终实现的是公司运营管理水平的提升。

跨部门协调还有一个重要方面，就是信息的分享与传递。组织结构的重要方面是促进信息的流通，并且本书的核心观点，就是行业专业化是有效消减信息不对称的手段。比如专注于可再生能源领域的产业金融机构，按照风电、光伏等细分领域划分了业务部门，但是在该领域内，有很多投资主体兼营这两方面业务，那么在协同营销方面信息共享非常重要。这个例子虽然更为直观地体现为业务营销方面的需求，但其实背后还有更重要的是行业信息的分享，因为虽然是不同领域，但毕竟是同一个行业类别中细分而出的，很多有关行业发展的信息其实是互通的，在这个意义上，行业研究的协同与信息交流更为重要。

（二）基于“专业”的决策

决策过程实际上是信息的收集、传递、分析、处理、判断的过程，是公司经营活动的重要组成部分，不同的决策流程体现的是公司经营过程中的信息披露、内部控制和风险管理等方面的制度安排。信息不对称所带来的道德风险和逆向选择现象不仅存在于金融机构与行业及行业个体之间，金融机构内部同样存在，围绕专业化战略建立更加科学的体制机制是解决这一问题的有效方法之一。这套机制应能够有效保障专业化能力的持续构建和不断提升，并可充分发挥个体价值、凝聚专业资源，带来决策能力、决策效率和整体竞争力的提升。

为确保产业金融机构的专业化，需要有一套符合要求的经营决策机制和企业运行机制。“让专业的人做专业的事”就是“专业化”的高度体现。项目投资决策是金融机构最重要的决策机制，如何让最能贴近市场、最具有专业化判断的意见体现在决策当中，是保障决策质量首要考虑的问题。而基于“专业”进行决策，是专业化战略给出的答案。具体做法包括：

一是参与项目决策的人员要体现“专业化”。金融机构都会设立诸如项目评审委员会之类的机构，作为公司授权进行项目投资决策的主体。而将“专业”作为评审委员会委员的选任的基本原则，是有利于专业化战略实施的一种做法。具体是指项目评审委员会委员的选用、培训、考评和换届以专业胜任能力和风险判断能力为导向，而非考虑其所在部门、岗位以及职级等。

二是通过在委员类别方面，区分一般委员和专业委员，其中专业委员可以包括产业、法律、财会等专业领域具有较为丰富的从业经验及专业特长，对于所属领域的重难点事项具备系统分析框架与解决方案设计能力的人员，将特定行业的专业经验理论化，为有效防控风险提供坚实支撑。

三是委员每年进行考核和换届，换届调整委员人选的幅度和方式可以根据实际需要确定，这样做的目的是通过人员的流动来保持项目决策机构的活力，为整体的能力发展创造条件。

而要让项目决策过程和结果充分体现专业化的要求，参与决策人员的独立、担当也很重要。独立是委员基于自身对项目风险的判断，行使审议权和表决权，不受任何组织和个人影响；担当是指委员应以责任为起点，深刻理解专业化战略和文化要求，在忠实勤勉履行委员职责基础上持续提升履职能力，主动输出公司战略、文化和专业价值。

此外，为了保证对委员的监督和评审程序的公平公正，项目评审委员会按照公开透明的基本原则开展工作。与项目判断或决策相关的所有信息、资料均应在项目审议和表决前准确公平完整地向所有委员提供项目评审委员会会议原则上采取公开形式审议，会务信息定期披露。

基于专业，并辅以对委员独立、担当的要求和公开透明的会议组织原则，那么就能够让项目投资决策过程不是“走过场”，而是真正成为项目风险防控的“一道防线”，让决策机制充分发挥专业化战略的导向作用。

另外还要说明的是，项目投资决策是最能体现一家金融机构战略导向的决策事项，对金融机构而言意义重大。以“专业”作为委员选任的标准，是“唯才是举”的经营理念的体现，是对专业的尊重，是对有着专业化能力的员工的尊重，不仅保障了项目投资的专业性，也保障了专业人才的价值输出。员工能够依靠自身的专业能力积累在公司提供的平台上实现价值输出，本身也代表着荣誉激励，有助于催化整个产业金融机构内部形成对于专业化追求的氛围。

第四节
根据 “专业化” 进行人力资源管理

（一） 按照专业化要求组织人才招聘

1. 以“人才超配”为基本原则

按照专业化发展的需要进行人才的识别和甄选，是产业金融机构人力资源工作的基本要求。在此基础上，在人力资源招聘这一环节，要体现人才的“超配原则”，因为专业化是一种对于高标准的追求，所以人才队伍建设也要体现出这种要求，就是人才招聘不仅要满足当前的发展需要，而是要有前瞻性地着眼于企业未来发展前景的需要。虽然不同时期，产业金融机构的自身条件不同，但这个原则应是贯穿始终的。因此无论是在机构成立的初期需要具备建立初始的专业化能力基础，还是随着组织不断发展需要实现专业化增量时，都要本着人才高配的原则。

2. 尊重专业化发展的客观规律

产业金融机构的人才队伍建设要从实际条件出发，要尊重客观规律，这和专业化战略实施和专业化能力发展的演进脉络是一致的。当公司在发展初期，坚持风控先行，那么在人才队伍建设方面，各方面资源都向风控部门倾斜，确保在公司发展的早期阶段的资产质量为先，这能够为公司的专业化能力建设提供稳定的发展环境，也是公司专业形象和组织信息的来源；而随着自身的发展，就要逐渐加大前台业务团队的建立力度。因为风控做得好，能让一家金融机构不掉队；业务做得好，才有机会成为“领头羊”，成为行业的金融领导者。

（二） 按照专业化要求为员工提供职业学习和发展机会

专业化战略要求组织具备持续学习的能力和文化，以便能够更好地适应市场变化和不断提高自身的竞争力。构建学习型组织文化，注重员工的培训和发展，鼓励员工不断学习和提高自己的专业能力水平，是所有金融机构都在实践的管理课题。而在专业化战略的要求之下，产业金融机构的员工培训最大的特色就是体现行业属性。

在培训的内容上，安排大量的关于行业知识的学习，主题涵盖行业政策、技术趋势、项目投资与建设、资产管理等方面。

在培训的组织形式上，不仅会邀请行业专家、学者、资深人士开展现场沙龙，提升员工的视野和格局，启发员工做更深入的思考，还会用线下或线上、宣讲与文档等多种形式结合，由公司内部员工分享自己的经验和专业知识，这样不仅实现了培训的目的，还鼓励员工不仅作为参与者，还做贡献者积极参与到组织的学习和发展过程中，能够体现产业金融机构对专业人才的尊重，有利于构建积极向上、充满活力的组织学习氛围。

（三）按照专业化要求进行员工激励

致力于营造对于专业不懈追求的氛围，尊重员工的专业价值，并通过一定的手段激励员工的专业输出。对于在专业刊物上发表专业文章、在专业论坛等行业活动中代表公司表达专业观点等，纳入绩效考核甚至直接予以奖励。在促进专业化方面，应该坚持奖励先行、奖励多于惩罚，这确实也是实践验证的有效做法。这不是一种低俗的“重赏之下必有勇夫”，更多的是“立木为信”，真诚表达产业金融机构对于专业的追求和尊重。

（四）按照专业化要求开展绩效考核

绩效考核，是企业在既定的战略目标下，运用特定的标准和指标，对部门或者员工的工作行为及取得的工作业绩进行评估，并运用评估的结果对员工将来的工作行为和工作业绩产生正面引导的过程和方法。简言之，绩效考核就是对部门以及员工工作进行量化评价，可以说是所有金融机构都会实行的管理手段。

建立完善的绩效评估及考核体系，对各个部门和岗位的绩效进行评估和考核，确保它们与战略目标保持一致，这是每家金融机构都会尽力去做的事情。考核的目的在于激励，但不同的考核方式激励的效果不一样。就以对业务部门的考核为例，以业绩任务完成情况作为主要考核内容这无可厚非，但是实践中会有不同的具体做法，由此产生的导向作用也不尽相同。

比如关于业绩指标在考核方案中的比重。有的金融机构将业绩任务完成情况作为唯一考核指标的考核方式，体现为一种强烈而鲜明的结果导向。诚然，关于业绩指标的完成情况，会反映一个业务部门市场研究、营销布局、团队建设等基础性工作的质量，但它们之间并不是100%的正相关。实践中不乏依靠个别体量大的项目投放达成任务指标要求的情况，但这种业绩指标的完成往往具有偶然性，是建立在某些不可复制的特定条件基础上，比如客户极端紧迫的资金需求、临近年末竞争对手收缩投放规模等，这些业绩的取得并不完全是基于专业能力的竞争优势。如果将这种考核的成功视为经营的成功，那么可能就会掩盖能力建设上的问题和不足。

再如，指标分解是很多金融机构进行业务部门绩效考核的常见做法。具体是先确定一个部门当期的资金投放和利润指标，再细分该部门里的小业务团队的业绩指标，乃至到个人的业绩指标；考核周期最少是一年，常见的是半年，甚至也会有按季度或月度进行的。由于绩效考核是与员工的薪酬、评奖评优、职级调整有关，所以考核结果直接影响员工的切身利益。所以指标分解的考核方式对员工的压力，会导致员工的利益视角短期化，可能会影响专业能力的长期建设。

基于专业化的考核不只是为了简单地对员工的工作进行评价，而是一种引导员工注重能力建设的方式。所以要坚持能力发展更重要，可以通过绩效考核指标引导。我们认为以下一些在绩效考核方面的实践做法体现了“长期主义”。

1. 关于考核方案的设计

区分部门考核和员工考核，在部门考核层面：一是关注能力发展，引导各部门注重构建业务拓展的专业能力基础。比如将业务部门的考核指标区分为预算经营类和能力建设类，也会根据部门发展情况实现考核指标的差异化。经营预算类指标，也就是经营业绩指标的占比，会根据对应的业务领域的发展情况设置比例；而能力发展类的指标，都会根据每年的发展需要进行设计或调整，比如起步阶段的业务领域，能力建设考核项在于市场研究与分析的成果，成熟阶段或者是已经具备了差异化竞争优势时，能力建设项就会侧重于产品创新和专业输出。

二是关注部门协同。不同部门协同要求不同，因为业务部门更多的是需求发起方，而业务的中后台和其他职能部门更多的是需求的响应方，那么在中后台部门的考核指标中，协同考核项的占比将会更高。

在员工考核层面，关注文化价值观践行。其中与价值观践行有关的行为绩效考核占比与工作业绩指标相同，具体包括工作投入度和学习投入度。以工作投入度指标举例，包括考核责任心、主动性和对卓越的追求。责任心是对岗位工作职责与要求有明确认知，有事业心，能够从工作中寻求自身价值感和满足感，敢于质疑与公司价值观相悖的行为，始终维护公司利益最大化；主动性是工作自动自发，在分工和职责边界模糊时主动担责，不推诿；工作中不断思考，在面对新问题、新情景时，充分分析并把握关键点，积极思考寻求能够达成工作目标的最佳手段；对卓越的追求是清晰公司对于卓越的定义和要求，鼓励主动突破舒适区，拥抱变化，并在实践过程中实现不断超越与提升。这种考核方式就是引导员工不断学习和掌握新的知识和技能、加强内外部协同、激发自驱意识和创新意识。通过明确个人的角色定位与工作目标，促进每一位在本职岗位散发光热的价值贡献者把精力聚焦在对公司、对部门真正重要的事。

2. 考核结果的应用

考核结果应用本身都与考核目的相关。如果说考核方案的设计突出了产业金融机构对于专业化能力发展的态度和关注，那么考核结果运用才是直接影响着绩效考核的导向作用的方面。

绩效考核结果可以服务于多个目的，例如可以发现部门或者员工当前欠缺的能力，以便确定改进和培训方案。此外，员工也会高度关注绩效考核结果与职级晋升、奖励分配的关系紧密程度。

而本书认为，一定程度地“弱化”考核结果的应用，可能会更加有益于专业化能力的长期发展。这并非是说绩效考核不重要，而是因为当能力发展项在部门考核指标中的高占比以及价值观践行在员工考核指标中的高占比，决定了这种考核内容中的定性考核占比很高，这将很大程度上是由考核评价者的主观判断决定，由此呈现出的绩效考核结果不会是一个绝对严谨的定量数据，所以其不适宜作为严格的人力资源决策，包括职级晋升、奖励分配等的直接依据。与此同时，也需要考虑绩效考核的局限性，尤其是专业化战略的竞争优势，本身就是一个长期坚持逐步确立的过程，无论什么样的绩效考核方案，都不能在某个阶段完全准确反映专业化能力发展现状。所以，真正的导向，在于公司的每一名员工都深入理解专业化战略的要求是什么，并按照这个要求做自己应该的选择。

第五节
基于“专业化”的企业文化选择

（一）与“专业化”相适应的企业文化特征

企业文化是一种“隐性契约”，其源于公司战略，并形成于公司经营发展实践。与专业化战略相适应的企业文化，并非所有优秀企业文化特质的集合，而是这些优秀特质中能够保障并实现专业化的部分。

企业文化的作用之一在于影响乃至塑造组织精神品质，而本章第一节已经分析了坚持专业化所需要的组织精神品质，包括对专业化的求真、求精和坚韧的意志力，这就是对产业金融机构的企业文化特征的内在要求，在这个意义上，所谓与专业化战略相适应的企业文化特征：

一是积极向上，表现出对于专业化的不懈追求。专业化的追求是无止境的，产业金融机构如果想在所处行业做到极致，就需要组织中的所有人在正确的战略方向上付出巨大的努力，同时追求卓越也表现了对于专业追求的“不设限”。产业金融机构要保持对自身的高标准要求，保持对专业化能力发展的激情和不懈追求，保持在市场竞争中的积极进取欲望，通过把握特定行业的发展规律和特定资产的价值规律，不断响应客户的有效需求，在为客户创造价值中实现长期共赢；同时，也要基于自身专业能力，不断实现金融资源在产业中的优化配置，构建和谐健康的产业发展环境，向着卓越目标迈进。

二是以人为本，注重关怀员工。以尊重员工专业价值和职业荣誉感为核心，激发员工的自驱、潜能和善意。金融行业有着资金密集型和知识密集型的双重属性，公司的发展和壮大受人力资本与物质资本的相互作用的影响，可以说人力资源是金融机构最为重要的财富。尤其对于产业金融机构而言，金融和产业的双重专业需求对人力资本在公司发展中的重要性起到了放大作用，员工个体的专业能力是组织专业化生成的基础。因此崇尚专业本身也是以人为本，其所体现出的是对员工的专业价值和职业道德的尊重，也体现出对于员工自身价值提升的期待与保障，是对“专业”的坚定信念和不懈追求。

当然产业金融机构并不排斥企业文化具备其他优秀特质，只是说以上特征表现最为符合专业化的要求，是实现企业文化的战略保障功能的必备条件。如果在以上方面存在薄弱乃至缺失，就会影响组织精神品质的保持，弱化产业金融机构的战略定力。

（二）专业化战略对员工精神品质的要求

正如前文所述，战略的实现最终会传导、分解为员工的“履职行为”。员工的“履职行为”受国家法律法规或公司内部制度的规范和约束，但内在动因其实来自价值观的驱动。即便是员工“依法依规”地有所为、有所不为，也有主动和被动之分，这种差别可归因到思想意识层面，表现出的是态度上积极地追求某种结果，或是消极避免出现某种结果。而在没有强制性制度约束的情形下，员工的行为则完全源于自身的价值取向和道德准则。而员工的价值取向和道德准则与企业的文化是相互影响和作用的关系。

企业文化即在精神层面赋予组织中的每一个人的行为准则，要以能够体现并保障专业化的实现为前提，并且这种企业文化应能够促进创新和适应变化，能激发员工的积极性、创造力以及对于专业的信仰和对于卓越的追求，促使员工以动态的心理期望来审视自己与组织的发展，激励员工在不断变化的环境中进行自我行为的实时调整，不断扩展专业能力边界，持续与公司产生价值共鸣。而企业文化的发展和延续离不开每一个员工的躬身践行。对于企业文化这个整体而言，每一个员工个体的精神品质都很重要，所以，与专业化战略相适应的企业文化，对员工个体的精神品质也提出了要求，这也可以成为企业的核心价值观的主要内容。

一是求真务实。就是需要员工始终坚持实事求是的态度，“不唯上、不唯书、只唯实”。专业化的最基本要求就是根据实际，求索真知，尊重市场规律，去不断地认识事物的本质，把握事物的规律，并在这种规律性认识的指导下开展业务实践。而实事求是、求真务实也包含着员工的作风就是要注重实际情况，并且能够坚持原则，不为其他因素所动摇。产业金融机构就是将求真务实作为全体员工所认同并遵守的行为准则，以是否符合事物发展规律，是否经得住市场检验作为衡量对错的核心标准。

二是自驱。其实就是要求员工具有工作的主动性，一方面是对于自身能力发展的主动所为，积极主动地学习、实践，追求卓越；另一方面体现为一种勇于担当。这是指前文提到的因组织结构失效而引发冲突的时候，可能的表现包括部门职责边界的不清晰、制度或流程无法应对市场外部变化、对战略理解的不一致、不同主体对业务风险的认识不一致、规则不够灵活等。这种情况下，员工应当敢于运用专业能力对具体情况进行分析和判断，能够并敢于对后果进行预测和分析，根据实际情况灵活适用规则，甚至是调整规则；在实事求是判断的基础上，敢于承担责任和风险，勇于作出决策并承担后果。

三是正派。要求企业全员的作风品行正直严肃、光明正大。“正派”的价值不仅只是关乎产业金融机构的外在声誉和形象，还有一个重要作用是让内部冲突的协调，真正按照是否符合专业化战略要求、是否符合产业金融机构的长期利益来衡量评判。作风正派的员工之间，会是一种“简单”的人际关系，一定是真诚相待、坦率表达，这也为产业金融机构内部的协同合作提供了良好的环境氛围，客观上为组织专业化的实现创造了条件。

（三）以保障专业化为目的的文化建设举措

企业文化需要长期践行和建设，即关于企业文化不仅要解决“是什么”的问题，更要解决“怎么做”的问题。认知与践行是文化的一体两面，只有“知行合一”的企业文化才是有价值的企业文化。实践表明，在支持专业化战略实施方面，以下做法是卓有成效的。

1. 对员工特定精神品质的表彰

既然产业金融机构要求员工具有求真、自驱、正派的精神品质，那么就可以设定专项奖项对能够凸显此类品质的典型人物进行专项表彰。文化不能只是作为口号，必须是“看得见”“可感知”的。这并不是说文化就要总结概括、提炼成固定的表述，而是说文化现象需要外显，需要有意识地构建、践行、培训、宣导，尤其是对体现企业文化正面要求的典型人物和典型事件应当及时给予赞扬、表彰等积极反馈，以此促进代表企业文化的优秀人物和事件自发地涌现，进而在公司内部培育特有的文化属性的组织精神特质。对特定事件、特定日期设定纪念日、特殊奖项表彰等，通过各种形式把企业文化核心价值观转化成企业员工工作的一部分，用特殊的语言、仪式、场景，不断强化员工的心态，形成一个从了解、熟悉、理解到习惯的过程，可以在企业内部打造一个有着持续“热度”的文化氛围。

2. 构建“开放、包容、激励、进取”组织氛围

建立一个开放、包容和积极的工作环境，赋予员工充分的责任感，让员工感到自己的声音被重视，鼓励他们以积极的方式表达自己的想法和建议。这就需要提供多种渠道和场合来实现这一目的。比如在公司内部定期开展全员的“建言献策”活动，倡议员工提出围绕公司经营管理的各个方面，进行有效思考，提出对公司发展有价值的高质量建议，包括提出对未来发展路径具有参考价值的思路或建议、提出对机制创新和精细化管理的思考或建议、提出对公司现阶段亟待解决的重点难题有启示意义的思考或建议，以及运用多领域知识进行跨界思考提出对其他部门工作具有启发价值的思考或建议。对于经公开评议被认为是提出有益建议的员工，公司会给予奖励和荣誉以表彰他们的贡献。这种开放和谦逊的态度，能够激励员工更加积极地参与公司的活动，提高融合度和归

属感，以主人公心态与公司共同成长。

3. 严守价值观底线

将价值观认同与践行作为员工招聘、考核、激励和晋升的重要标准，是一种基于专业化要求的实践探索。而对于违反企业核心价值观的行为，则是要“零容忍”。产业金融机构不宜采取强调“惩戒”手段为主的“高压管理”，对于员工的“错误”要根据实际情况给予适度的“容错空间”，这是“以人为本”的文化特征体现，也是保持组织活力的必要措施。但与此同时，产业金融机构需要以近乎“洁癖”的态度对待企业文化的纯洁性。对于所有影响企业文化的不利因素要及时辨识、防微杜渐、立即处理，尤其是对于违反企业文化的核心价值观的行为“零容忍”，防范企业文化的“破窗效应”。

第八章

产业生态圈与综合经营

在前述章节中，本书以基于行业专业化的金融专业化为起点，与读者深入探讨了产业金融机构聚焦特定行业，构建专业能力的理论及方法。那么，对产业金融机构而言，除了构建专业能力外，是否还需要对其他内容予以持续关注以及进行投入呢？答案之一就是要持续汇聚与行业相关的产业生态资源。产业生态资源储备的扩充，意味着产业金融机构行业触角的扩张，这对产业金融机构扩大行业信息来源、深化行业认知程度、消减行业信息不对称以及构建行业信息优势都具有很强的现实意义。本书认为，产业生态圈与专业能力共同构成了产业金融机构在经营过程中需要持续关注的核心内容，两者的有机融合，更有利于产业金融机构前瞻把握行业长期趋势、抓住行业需求变化。

在这部分讨论中，我们将首先结合自身的理解，深入剖析产业金融机构构建产业生态圈的可选路径。其次，在立足于产业金融机构发展所需能力及资源的基础上，我们将从符合逻辑的角度出发，与读者进一步探讨产业金融机构可选的成长方向。最后，我们将立足前序讨论，结合自身实践，与读者共同探讨有利于产业金融机构长期发展的内在要求，并希望以上这些探讨可为产业金融的长期发展贡献绵薄之力。

第一节
产业生态圈助力专业化成长

在前述章节中，我们结合自身实践，对产业金融机构如何构建基于行业的专业化能力的理论以及方法进行了深入讨论。在讨论过程中，本书除了关注产业金融机构的专业能力之外，在关于战略、风险以及经营的多个章节中都提到了“产业生态圈”这一概念。那么，对产业金融机构而言，产业生态圈究竟是什么？产业生态圈的价值和作用是什么？产业金融机构应如何构建产业生态圈？这些问题构成了我们在本节需要进一步讨论的内容。

（一）解读产业生态圈

产业生态圈可以理解为产业金融机构的“朋友圈”。如果把专业能力比作产业金融机构需要主动修炼的“内功”，那么，产业生态圈就是产业金融机构可以有效借助的“外力”。“内功”决定了产业金融机构在专业上可以实现的深度，“外力”则影响着产业金融机构在行业上可以触及的广度。随着“外力”的不断积累，产业金融机构“内功”的底蕴也会随之越发深厚。接下来作者将结合自身实践及理解，以相对具象化的形式，概括及诠释“产业生态圈”的特征以及内涵。

“解读风电产业生态圈”

与大部分开始进入一个全新的领域的产业金融机构一样，2016 年，当作者所在公司决定踏入风电行业之时，同样面临客户资源不足、合作渠道匮乏以及专业金融产品缺失等难题。那么，我们当时是如何逐步解决这些问题的呢？结合作者所在公司实践，我们最终选定的策略大致可分为两个层面：第一，坚持自身专业化能力建设，即围绕风电电站资产特征，打造基于风电行业的专业化能力体系，有效做好业务风险的闭环管理；第二，构建风电行业的产业生态圈，借助产业生态圈融入及理解行业，实现行业认知和业务边界的有序拓展。整体来讲，我们从起步阶段就选择了以“能力建设＋资源汇聚”为核心，以有力驱动自身在风电领域的长期稳健发展。

那么，对于我们所构建的风电产业生态圈，它所覆盖的范围是什么？它是如何帮助我们融入和理解行业的呢？首先，从狭义角度看，我们所构建的风电产业生态圈，涵盖了风电产业链上下游的核心环节，例如行业的项目投资业主、上游设备供应商、设计院以及施工运维单位等，这些环节都能比较充分地反映出产业的产能供需情况、上下游运行特点等行业关键信息，可以表现出产业生态圈应有的“产业属性”；其次，广义角度看，我们所构建的风电产业圈也覆盖了与风电行业发展相关的方方面面，这些环节或者节点可能不会直接参与行业的投资，但其意见或者行为大多会对行业的发展运行产生重要的作用影响，例如风电行业协会、同业金融机构乃至风电政策制定部门等。事实上，我们更愿意将这个“圈”比作了解、跟踪以及融入风电行业中的触角，这个“触角”对我们的意义体现为：一是可以帮助我们更便捷地到达风电行业的核心环节，扩大我们对风电行业信息的搜集范围，支持我们持续消减与风电行业的信息不对称；二是可以帮助我们形成对风电行业的敏锐度和专业度，筑牢我们在风电行业中的信息优势，在面对市场变化时，帮助我们提前切入领先市场一步的身位；三是可以引导我们坚持站在行业视角去理解风电行业的发展规律以及趋势，尤其是在面对相对复杂的金融场景时，让我们可以回归到或立足于风电行业的产业属性本源，坚持以基于行业专业化的金融专业化视角为起点进行业务拓展、产品创新及风险管理，更为理性、精准响应风电行业发展的金融需求。

接下来，我们将尝试从较为普遍的视角，与读者进一步讨论产业生态圈的特征及内涵。同样地，与“产业金融”这一短语类似，“产业生态圈”同为偏正结构，“产业”是修饰词，其修饰对象是基于“生态”所构建的“圈”。对于这几个词的关系，我们可以尝试从以下几个方面进行展开。

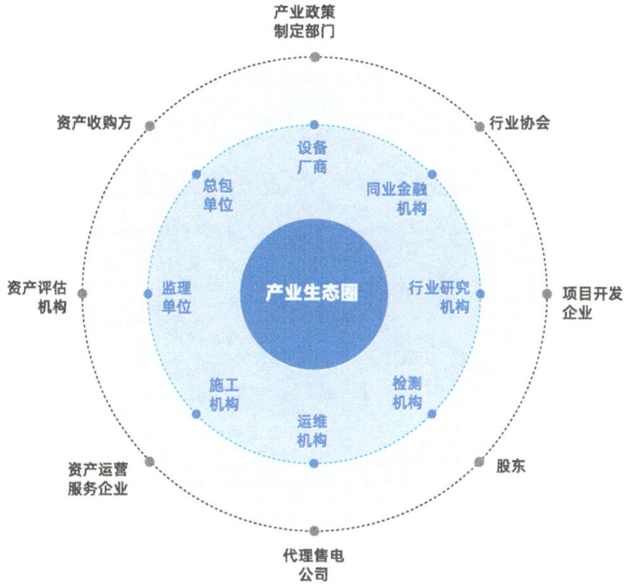

图 8－1　风电产业生态圈

1. “产业”相关

修饰词“产业”明确了“生态圈”的边界范围，即“生态圈”中所覆盖的个体或者组织，应与产业金融机构所关注的特定行业紧密相关，且这些个体或者组织往往对特定行业的运行发展可输出相应的价值。

比如前文案例所提到的风电行业中的项目投资业主、风机制造厂商、建设施工企业、运维管理企业、同业金融机构乃至政策制定机构等，它们都是风电行业生产、制造、投资等环节所涉及的重要节点。它们不仅在风电行业的产业范畴之内，对风电行业的长期运行发展也存在重要价值。对产业金融机构而言，与这些产业相关的重要个体或组织构建联系，就是我们提升与行业的交往深度和广度的过程，既有利于我们持续消减与行业的信息不对称，也有利于我们持续夯实基于行业专业化的专业能力体系和认知架构。

2. “生态”联系

对于“产业”的修饰对象“生态圈”而言，“圈”是核心，“生态”是词眼。我们之所以通过“生态”一词来描述“圈”，是因为“圈”中的个体或组织的特点习性不同，价值诉求各异，但它们大多会通过行业或者与行业相关的环节形成联系，相互依存、作用或者影响，而上述这种错综复杂的联系也恰好体现出“生态”一词的多样性和复杂性。

比如，在一个风电场的投资建设过程中，通常涉及设备供应商、施工企业、设计单位以及金融企业等，这些企业虽然在项目投资建设过程中的作用、诉求和职责不同，但最终多会通过与项目相关的采购、施工、设计或者融资等环节形成联系，并进而在项目建设过程中形成相互制衡、相互需要以及相互协作的关系。

3. “圈”的内涵

“圈”字在汉语中通常指代圆形或环形的封闭形状。在产业中，个体与个体、个体与组织、组织与组织之间之所以可以形成“圈”，通常意味着它们形成了较为紧密的互信合作关系，且这种关系多会超脱于简单的经济利益，或源于彼此对对方专业价值的欣赏或者需要，或源于彼此在经营理念上的共识或者认同，等等。

我们在描绘圆形或者环形结构时，“圆心”通常是我们关注的重点。产业生态圈的“圆心”一般由一个或几个核心主体构成，这些主体在“圈”中扮演资源整合、趋势引领以及协调整合的作用，以达到凝聚产业生态圈共识、协调产业生态圈资源、保障产业生态圈长期稳定运行的效果。

通常来讲，我们除了可以把在产业中具有核心技术、资源优势的实体企业作为产业生态圈的“圆心”外，也可以考虑将产业金融机构视作产业生态圈的“圆心”。这是因为产业金融机构同时掌握产业及金融侧的能力和资源，而这些能力和资源不仅有利于其以更低成本开展产业生态圈的组织协调工作，也有利于其引导、组织产业生态圈凝聚形成内部合力，发挥其在产业中应有的价值。

综上所述，结合产业生态圈的特点与内涵，我们可以将其理解为支持产业金融机构链接行业、理解行业以及融入行业的重要接口，这个接口对产业金融机构有效消减行业信息不对称、构建行业信息优势、落实专业化战略要求以及制定经营策略都可以起到至关重要的作用，有必要长期对其予以关注及投入。

（二） 构建产业生态圈

当我们对产业生态圈的内涵形成了认知和理解后，下一步需要考虑的自然就是如何构建产业生态圈。接下来，我们将以作者所在公司于风电行业的产业生态圈构建经验谈起。

“构建风电产业生态圈”

我们在构建风电行业产业生态圈的过程中，秉持着“价值交换、行业促进”的原则。如果一家机构在行业中只能单向地汲取信息、获取价值，那么这家机构必然无法真正融入产业生态圈。只有在汲取行业信息的同时，积极提升自身专业能力，才能够为行业上下游各参与方提供具有价值的服务，在互利共赢的模式下对行业的正向发展作出贡献，才能持续、有效、深入地构建好行业生态圈。

具体来说，我们在构建风电产业生态圈的进程中，采取了以下举措：

首先是积极了解和融入行业生态圈。第一步，通过前期充分的行业研究，了解风电行业上下游格局。风电行业的产业链条是：核心零部件供应商—风机整机供应商—风场建设施工方（通常为总包方EPC）—风场业主—电网公司。此外，关注行业内风机验证、勘测、监理等第三方专业服务机构以及行业协会、媒体机构等行业重要环节。第二步是以金融业务为切入点，逐步沿着产业链辐射生态圈。一是在为民营风电站提供融资的过程中，积极了解业主痛点和诉求，建立自己的行业数据库；二是在每个支持业主风场建设的项目过程中，与相应的总包方、风机供应商取得联系，并加强与总包方、风机供应商的日常交流，持续跟踪了解行业信息，解读总包方与风机供应商的行业诉求；三是积极参加行业协会组织的专业性论坛、研讨会，积极学习行业知识和信息，在行业交流活动中不断扩大朋友圈。

接下来是积极为行业输出价值，巩固和引领产业生态圈。在积极融入生态圈之后，我们努力提升自身专业能力，为产业链各方提供价值输出。一是针对风电开发商实际需求针对性设计贴合行业特质的金融服务和产品，助力开发商更好地建设和运营电站；二是遴选质量过硬的风机主机厂家，针对风机主机厂的风机销售需求，围绕风机销售设计配套金融产品，并为风场业主和风机厂家增加链接渠道，助力质量过硬的风机厂家提高风机销售转换率；三是基于长期积累形成的专业能力，在行业主流期刊发表研究成果，与业内知名研究机构、新闻媒体共同编写和发布行业白皮书，促进行业认知的提升和深化；四是加强对国家政策和市场趋势的研判，捕捉市场新增需求，针对市场新增需求设计行业领先的金融产品，引领行业发展。比如，我们敏锐地认识到风电下乡对乡村振兴的积极作用，设计出“三通”模式促进分散式风电发展；提前捕捉到老旧风场技术改造的广阔市场空间和对风资源优化配置的积极作用，与行业知名的技术机构联合发布老旧风场技改白皮书，为老旧风场技术改造出谋划策，作出专业的贡献。

本着“价值交换、行业促进”的原则，我们经过近八年的持续耕耘，坚持走“了解—融入—输出—引领”的风电产业圈构建之路。当然，行业在持续发展演进，行业生态圈的构建也应持之以恒，唯有积跬步，才能至千里。

结合作者所在公司于风电行业的实践经验，构建产业生态圈是一项复杂且长期的系统性工程，它不仅需要我们准确地找到行业的关键节点和关键企业，并与之构建长期联系，还需要我们结合自身经营方向，在行业中长期做好资源人脉、专业形象以及市场口碑的积累。事实上，上面这些工作大多需要我们进行长期且专注的投入，无法一蹴而就，没有任何捷径可走。那么，对产业金融机构而言，我们可以从什么角度考虑和做好产业生态圈的构建工作呢？接下来，我们将结合自身实践经验，提出几个可供讨论的要点供读者参考。

1. 思考可为产业生态圈提供的价值

于产业金融机构而言，构建产业生态圈的出发点，多是希望从产业生态圈中获取与产业相关的专业资源或者能力支持。但在此之前的起点，是需要思考为什么产业生态圈的相关个体愿意与产业金融机构构建产业生态关系，产业金融机构自身可以为产业生态圈带来什么价值？回答这个问题，也是为了帮助我们进一步思考和捋顺构建产业生态圈的可行性。

从实践角度看，产业金融机构服务的个体源于特定行业，这些个体对产业金融机构的诉求多为获取金融资源方面的支持，相应地，产业金融机构也恰好可以发挥自身的专业能力及资源优势，为其配套专业化的金融产品服务，满足其在行业投资、融资、发展乃至运营等维度的金融需求。以上这些与行业个体互动的过程，于产业金融机构自身而言，是梳理、了解以及融入行业的过程；于行业而言，则是产业金融机构对行业输出专业价值的过程，这些有效的互动既有利于产业金融机构加快在行业中形成专业形象口碑，也有利于产业金融机构对行业形成吸引力和影响力，为产业金融机构构建更加扎实的产业生态圈筑牢现实基础。虽然上述这些源自行业个体的需求和情况散乱繁杂，分布在行业的各个环节角落，但产业金融机构的优势也在于通过专业化的金融服务为针线，将这些杂乱的个体需求进行有机的整合连接，通过悉心组织设计，将其打造形成立体的行业资源共享协作网。这张网不仅可为产业金融机构所用，也可为产业生态圈中的其他参与者所用，对行业各个参与方的经营发展乃至行业的长期发展都可起到支持促进作用。

自2016年开始，作者所在公司就开始为风电行业提供专业化的金融服务，为风电行业导入和配置金融资源，对近年国内风电行业的投资开发、设备采购以及建设运营都产生了积极的带动效用。事实上，我们为风电行业配置金融资源，本身就是我们对风电产业生态圈施加专业影响、展现专业价值的过程，这些影响不仅可以让行业越来越多的企业、组织逐步了解认同我们的价值，也帮助我们持续增加于风电领域的行业影响力，提升我们于风电领域的行业话语权。而我们这些于支持风电行业发展所形成的行业影响力和话语权，既为我们深耕风电行业、融入风电行业打下了坚实的资源基础，也为我们主动构建风电产业生态圈提供了更大的底气和勇气。

2. 关注构建产业生态圈的节奏次序

对于构建产业生态圈的节奏次序，我们可以重点关注产业生态圈的完整性、结构性和重要性三项内容。它们既关系到产业金融机构所构建的产业生态圈广度和精度，也关系到产业生态圈可为产业金融机构所带来的价值。在实践中，产业金融机构可以结合自身的发展需要以及经营考虑，对上述内容的顺序排布进行更为合理的组合及安排。接下来，我们将结合自身实践，向读者阐述以及介绍我们对构建产业生态圈在节奏次序上的理解。

首先，关注产业生态圈的完整性。这是指产业金融机构需结合行业的客观实际及规律趋势，对产业生态圈的构建工作作出全局性、系统性的思考谋划，以对行业的关键领域、核心环节实现全面覆盖，对行业的次要环节、边缘环节形成一定的把握及了解。产业金融机构对行业的理解更为全面，所构建的产业生态圈大概率会越完整，对金融与产业资源开展整合工作的难度自然也就越低。

在我们进入风电行业时，我们就确定了要构建完整的风电产业生态圈的蓝图。基于资源、能力以及发展上的综合考量，我们前期优先选择了与风电行业关系更为紧密的节点企业及组织建立联系（如头部风机制造企业、知名 EPC 企业以及专业第三方协会等）。在这个过程中，我们注重以点带面，通过循序渐进的方式逐步延展我们的朋友圈，同时，通过朋友圈反哺我们对风电行业的认知和理解。

随着时间和经验的积累，我们也在同步积极做好朋友圈的外延拓展，也逐步将我们的产业生态触角延展到风电行业的方方面面（如塔筒制造企业、叶片制造企业、运维企业、政策制定部门及资产并购企业等）。在实践过程中，我们坚持持续、动态完善我们在风电行业的产业生态拼图，最终形成了较为完善的风电行业信息网络及地图。这张网络以及地图，不仅帮助我们对行业发展变化形成更加深刻和及时的认识，也使我们在应对源自行业的难题或者困惑时，不再是风电行业信息或者风电行业资源的“孤岛”。

其次，关注产业生态圈的结构性。这是指我们可以对行业中的参与主体做好分门别类，结合其在行业中的功能、作用或者价值，分清与它们开展对接协作的轻重缓急。同时，熟悉它们在经营、发展中的特点，关注它们的需求痛点及痒点，思考如何更为有效地响应其需求，知道如何借助、整合其专业能力和资源。

对风电行业而言，风机在风电场的建设成本占比超过40%。风机制造不仅行业集中度高，也是风电行业制造环节中最为核心的环节。因此，深入了解风机制造厂商的特点习性，赢得它们的信任和认同，成为我们构建风电产业生态圈工作中在结构上需要重点突破的“核心”问题。那么，我们如何才能更好地与其构建长期的产业协作关系，并将其作为我们产业生态圈的重要节点之一呢？答案就是持续跟踪客户的需求变化，密切关注客户的需求痒点、痛点，在关键时候给予客户更为有力的专业支持。

2019—2020年，彼时恰逢国内一批风电制造企业上市报审高峰，对于这类“准上市”的风机龙头制造企业而言，加速业务回款节奏、优化负债结构成为它们当时需要关注的核心问题。当我们有效捕捉到上述需求之后，就开始主动调动自身专业资源，及时为该类客户提供有针对性的金融解决方案，终而在部分行业头部厂商中寻得了从交流、间接合作到直接合作的“破冰”。这件工作看似微小，实际上也是一个我们定点处理产业生态圈构建过程中的结构性问题的缩影。其价值在于不仅帮助我们赢得了产业生态圈的核心环节—风机制造环节—对我们在专业上的长期信任和认同，也为后续我们与相关企业深化交往联系，借助及调动其能力资源构建了更为牢固的心理互信基础。

最后，关注产业生态圈的重要性。这是指产业金融机构要努力成为产业生态圈中的重要一环，要通过产业生态圈为行业持续贡献及输出价值。如前文所述，产业金融机构在产业及金融领域中都具备先天的资源禀赋条件，这意味着其不仅可以将这些资源禀赋转换为支持行业及客户发展需要的金融产品服务，还能将其转换为于行业更有价值的专业输出，即在业务及专业上均不断彰显产业金融机构的专业价值，以有效提升自身于行业的影响力和吸引力。

除了为行业配置金融资源外，我们还可以向风电行业输出何种专业价值，作出何种专业贡献，以增强自身在风电产业生态圈的影响、提升专业地位？答案之一就是将我们所掌握既已实践的、科学的、有效的经验或者认知，通过产业生态圈向风电行业进行分享，将有益的经验以更低成本地转换为行业的共识认识。

比如，我们可以在实践金融业务的基础上，作为独立专业的第三方，尝试在风电行业的专业大会或专业期刊发表专业文章，向风电行业输出我们于风电产业金融实践的观点、看法和见解；参加风电行业协会或者客户组织的专题闭门讨论会议，与风电行业同仁共议行业现状、趋势以及变化，从金融视角给予风电行业企业更为公允有益的建议；与风电行业政策制定机构加强沟通，共同设计、优化行业标准设计，为风电行业长期发展贡献产业金融的专业力量和价值，等等。

整体而言，这些借助产业生态圈的专业输出，既帮助我们提高在风电行业的出镜频率及出镜频次，深化了风电行业对我们的印象了解，也帮助我们在风电行业中构建更为专业的形象，支持我们从多维度、多层次对风电行业输出了应有的专业价值，促使我们在风电行业的影响力、吸引力和控制力实现了从“量变”到“质变”的转化。

3. 制定构建产业生态圈的实施举措

精妙绝伦的产业生态圈架构设计、严谨周密的产业生态圈构建节奏推进，都离不开产业金融机构对该项工作予以坚定的执行以及落实。对产业金融机构而言，构建产业生态圈是一件可以基于自然的联想、合理的逻辑推导得出的结论，但是在具体实践中，这大概率不是一件触手可及或一朝一夕就能够完成的工作。其一，这项工作需要产业金融机构大量且持续地投入时间、人员以及资源方面的成本，且在短期内难以体现与投入相对应的商业收益及价值。而且这种持续性的长期投入，往往很容易被眼前的、即期的利益所冲淡和动摇，需要我们更为主动有效地平衡好长期和短期利益之间的关系。其二，这项工作是一项系统性工程，关系到产业金融机构日常经营的方方面面，如业务机会的获取、市场客户的到达、行业信息的收集及项目风险的管理等。这也就意味着该项工作所覆盖的边界及涉猎的领域，远非产业金融机构单一部门或者单一板块可以解决，更需要产业金融机构加强企业内部的跨部门协作配合，形成更加开放、协调的产业生态资源共享环境，在产业生态圈构建过程中，形成公司内部群策群力、凝聚合力的效果。关于产业生态圈构建的实施举措，我们结合自身实践经验，提出下述思路供读者探讨。

首先，构建基于行业的中观视野，形成可对产业生态圈开展整体架构设计的能力。构建产业生态圈的基础，是我们对行业特征、规律及趋势形成对应的理解以及把握，这也即为基于行业的中观视野。只有做好这一点，产业金融机构才有条件让产业生态资源在自身眼中呈现为透明、立体及动态的状态，帮助产业金融机构准确地把握产业生态资源的价值及诉求，找准产业生态节点与节点之间、产业金融机构与行业之间的联系接口，确保产业金融机构所搭建的产业生态圈具备充沛的活力以及足够的韧性，经得起时间流逝及行业波动的考验。事实上，上述要求也表明了产业金融机构在专业化经营过程中需要形成与之相对应的行业格局以及眼界，即愿意为行业创造价值、愿意与行业共享价值的思考行事习惯，这既是建立在常规业务拓展、项目实施之上的更高要求，也是产业生态圈资源可为我们经营所需而组织、借助以及调动的信任基础。

其次，注重产业金融机构内部的协作与协同。如前文所述，产业生态圈需服务的对象是产业金融机构的长期经营发展需要，而并不是局限于解决产业金融机构单一部门、单一项目或单一客户上的合作需求。因此，产业金融机构如何围绕这项工作，加强内部协同协作就显得更为重要。这种协作和协同关系既可以体现在业务部门之间，也可以体现在业务部门与中后台部门之间。比如，风电和光伏行业具有一定的相似性，行业生态的特点自然存在一定的共性，从事风电行业投资的企业很有可能也会触及光伏投资，故而产业金融机构的风电、光伏前台部门在构建产业生态圈的过程中，就有必要从公司整体利益视角出发，进行充分的互动交流，共享产业生态信息，在产业渠道资源以及实践方法上进行充分的借鉴、交叉甚至融合，在产业生态圈构建过程中做好协作和互助。再如，风电电站形成并网后，大概率会涉及电力市场化交易、资产交易出售或者绿证交易的场景，对产业金融机构而言，此时项目大概率已从前台业务部门移交至资产管理部门，两者也可以针对各自不同细分领域所构建的生态圈进行交互，这也就可以起到拓展各方视野，促进各方达成共识，降低企业整体运营成本的效果。

最后，持续做好产业生态圈的“节点画像”。所谓“节点画像”，是指产业金融机构可以对产业生态圈中的每一个节点，特别是重要的节点进行持续性的、第一手的信息及动态掌握，而非依赖随机性或者偶然性的记录。事实上，产业本身就处于不断变化以及发展的过程中，这种持续性的变化意味着产业生态圈每个节点的经营策略、发展需求以及人员结构都会出现动态调整，这些调整也会对产业生态圈的牢固性及稳定性带来相应影响。做好“节点画像”既是一项基础性工作，也是一项长期性工作，而这些长期性、持续性的记录和积累，也更有利于产业金融机构找准产业生态圈的需求及特征变化，在构建产业生态圈的过程中精准发力，是产业金融机构有效理解产业生态圈、融入产业生态圈乃至运用产业生态圈的基础。

（三）运用产业生态圈

在前面的内容中，我们深入讨论了产业生态圈是什么以及如何构建产业生态圈的问题。那么，产业金融机构如何运用和发挥产业生态圈应有的价值，或者说，对产业金融机构而言，产业生态圈的价值和意义可以体现在什么方面？从直观上来讲，产业生态圈当然可以作为产业金融机构获取增量业务资源的重要触角，而在实践中，产业生态圈的价值也并非局限于此。接下来可以继续结合作者所在公司于风电产业生态圈的实践事例谈起。

“运用风电产业生态圈”

2019 年 5 月，国家发展改革委发布《国家发展改革委关于完善风电上网电价政策的通知》（以下简称《通知》），《通知》规定，“2018 年底之前核准的陆上风电项目，2020 年底前仍未完成并网的，国家不再补贴”。政策拉开了我国风电行业 2020 年的“抢装大潮”。为更加形象地理解这一政策的影响力以及震慑力，我们以当时我国蒙东的补贴风电电价与标杆电价的差异进行理解，该区域2020年之前的风电补贴电价为0.54元/千瓦时，标杆电价为0.3035元/千瓦时，即补贴电价是标杆电价的1.78倍之多。这种在电价上的差异，会直接关系到风电电站资产预期可实现的收入及现金流，进而影响风电电站资产的市场价值以及偿债能力。于项目投资业主和金融机构而言，电价都是项目核心中的核心。因此，于整个风电行业而言，这场行业性的“抢装大潮”。无异于一场关系到一批投资企业生死存亡的惊心动魄“大冒险”。

事实上，我们之所以将以上阶段称为风电行业的“抢装大潮”，可以结合当时行业所表现出来的三个维度进行理解：第一是“抢”电价。对此前文已做描述，在此不再赘述。第二是“抢”风机。2021年，我国完成并网的风电项目容量约为47吉瓦，是行业的阶段性并网高峰，而当时需要抢装的项目规模更是远在这个体量之上。上述行业背景让我国风机市场出现了阶段性的供需失衡，市场销售价格节节攀升（在抢装潮期间，风机的售价在4000元/千瓦以上，但在抢装潮退去、市场价格回归常态后，风机售价已逐步回调至2000元/千瓦左右），项目业主多需要通过风机厂商“抢排产时间、抢资金支付”等手段进行“抢货”。第三是“抢”吊车。在通常情况下，吊车是风电项目吊装施工最普通、最常见的装备。在巨大的抢装压力下，2020年我国的吊车市场也出现了阶段性的供应缺口，并体现了吊车价格及施工成本的变化。在抢装潮期间，单台风机的吊装价格一度超过300万元。且在2020年第四季度，市场频繁出现了吊车“施工价格有价无市”“全场停工等吊车、盼吊车”的情景。作为对比，“抢装潮”过去半年之后，于市场回归平稳的2021年，单台风机吊装价格则回落到60万元上下的正常水平。

面对上述情况，作为一家产业金融机构，我们如何才能在有限的项目建设时间中，以更为主动甚至从容的姿态，有效地应对诸如此类的行业性风险和问题呢？或者如果在上述行业背景下，我们的项目情况还会再恶劣一点，比如进一步叠加了实控人资金链紧张、新冠疫情防控、极端天气、现场阻工及建设地形恶劣等问题，我们是否还有能力为之匹配行之有效的风险缓释措施和应对举措呢？

事实上，如本书第四章所述，作者所在的公司2020年就经历了一个与上述场景类同的项目，最终支持作者所在公司顺利化解上述风险的核心，除充分运用我们既已构建的专业能力体系，开展有效的跨部门协同协作之外，另一不可忽视的外部因素就是借助我们既已构建的风电产业生态圈资源，即深挖、调动以及整合既已构建的产业生态资源，在更为广泛的产业资源中寻求支持帮助，以产业的方法、手段以及思路，更为有效地缓释源自产业的风险。

比如，为了确保项目如期并网，保证项目的风机供应，我们向长期合作的某头部风电厂商寻求支持，在赢得对方理解以及认同的前提上，我们安排专人驻场，在全国“风机难求”的背景下，确保我们所需的风机设备如期生产、如期发货。又如，为了做好项目的吊装作业保障，我们发动了几乎全部可以调动的业务渠道及客户资源，在全国范围内寻找吊车，在全国“一车难求”的背景下，我们最终“抢”到了一台来之不易的吊车资源。再如，我们有效利用自身与业内第三方服务机构的良好合作关系，顺利聘请到专业的第三方机构对项目提供监理支持，确保项目建设进度和建造质量，在当时并网验收资源紧张且并网要求苛刻的背景下，保障我们的项目顺利如期通过验收工作。

最终，我们基于自身既已构建的专业能力体系，并有效借助风电产业生态圈的专业资源支持，在2020年12月底前实现了该项目的全容量并网，有效地化解了项目电价退坡的资产贬值风险，在当时风电行业的“抢装大潮”中，赢得了一个难得且宝贵的“胜利”，泛起了一朵属于产业金融的浪花。

在大部分情况下，产业金融机构会比较关注产业生态圈的“业务价值”，这是由产业生态圈连接了大量的行业潜在客户、覆盖了大量的行业需求信息所决定的。尤其是当产业金融机构决定进入或拓展新行业、新领域时，其行业能力资源积累大概率比较薄弱，市场影响力也大概率比较有限，借助及调动源自产业生态圈的资源和力量，与产业的相关参与者建立联系，获取业务合作机会，对产业金融机构而言也不失为一个成本收益合理的选择。事实上，结合作者所在公司的实践经验体会，我们内心中所理解的以及实践中所构建的产业生态圈，除了可将其作为公司业务的触角以外，其所蕴含的“产业属性”或者“产业价值”更为宝贵。什么是产业生态圈的“产业属性”？我们将其理解为产业生态圈可全面覆盖行业专业资源、有效聚合行业专业能力的属性。比如，在上述案例中，我们也通过一个相对具象的案例，讨论了利用产业生态圈的“产业属性”，于风险管理方面对产业金融机构的意义和价值，验证了在扎实的、专业的产业生态圈支持下，产业金融机构可以更为有效地通过产业手段管理及化解源自产业的项目风险。另外，结合作者所在公司于风电行业的实践，产业生态圈还为我们在风电行业开展专业化产品创新、业务场景拓展、风险管理乃至影响行业等场景中都提供了重要的支持和指导。接下来，我们将结合自身的认识，从相对更为系统的角度，尝试与读者继续探讨产业生态圈对产业金融机构的意义与价值。

1. 增加行业信息触点

在前述章节中，我们反复提到了信息具有海量性、复杂性及存在“冰山效应”等特点。事实上，对产业金融机构而言，如何获得更多的行业信息，持续消减行业信息不对称，夯实自身在特定行业的信息优势，对构建基于专业化的差异化竞争优势都尤为关键。

如前文所述，在大部分情况下，专业能力可以帮助产业金融机构更好地提升行业信息处理的深度，而产业生态圈则可以更好地支持产业金融机构扩大行业信息来源的广度。构成产业生态圈的个体多源于行业，这些个体在行业中的价值、视角以及认知不同，所掌握的信息的内容、程度也就自然存在区别。产业金融机构与这些个体形成交集，产生联系，也就意味着进一步拓展了自身的行业信息来源，增加了自身与行业的信息触点。因此，产业金融机构与这些个体或者这些个体的组合所构建的连接关系，大概率可以帮助其不断扩充以及完善行业的信息拼图，帮助其对行业形成更加全面、准确及深刻的认知。而这种基于行业认知边界的延展，既可以帮助产业金融机构更为及时精准地把握行业趋势、动态以及变化，还可以帮助产业金融机构以较低成本捕捉、挖掘以及消融处于“冰山”之下的隐藏信息，高质量抓住行业需求，构建更为扎实有效的行业信息优势。

在风电行业的实践中，我们主动与以风电行业专业协会为代表的第三方研究机构加强联系，持续跟踪它们对行业的研究分析结论，同时，结合我们在风电行业的业务经营实践，持续验证并深化我们对风电行业特点、行业趋势及市场需求的认知判断，以更好地找到适合我们的市场机会；我们主动与风电设备供应商加强联系，通过了解其在风电行业生产原料采购、设备生产出货或者下游销售回款等情况，进而推测出风电行业不同环节、不同时点的核心矛盾变化，动态把握风电行业的发展脉络和节奏变化，等等。

事实上，这些源于风电产业生态圈不同环节的，看似细枝末节的风电行业信息触点，都可以有效延展我们对风电行业的认知广度，支持我们构建更加专业扎实的风电行业信息识别、分析及判断体系，形成更为扎实的行业服务能力。

2. 提升客户合作体验

在商业领域中，谁能更加有效地满足客户需求，给予客户更好的合作体验，谁就更有机会取得客户的认同，更有可能赢得市场竞争的胜利，这个道理放在金融行业中也同样适用。如何持续改善客户与我们的合作体验，同样是产业金融机构在经营中需要长期关注思考的重要问题。

事实上，产业金融机构在业务上的比较优势并非源于金融产品的结构、成本或者规模优势，而是源自对客户需求理解的精度与准度优势，即通过对客户需求的精准识别，让客户享受到更加恰当、有效的专业金融服务和体验。这种对客户需求在精度与准度上的理解，大多源自产业金融机构对行业规律、行业趋势的理解及判断，需要其立足自身专业能力，持续对行业信息做好融合以及校准，找到行业的发展矛盾及客户的需求痛点所在。产业生态圈所汇聚的行业信息，往往可以相对全面、客观地反映出行业某个时期的状态截面，体现出当时的主要行业矛盾以及需求特点，能够帮助产业金融机构以客户或者行业需求为起点，形成“想客户/行业之所想，急客户/行业之所急”的共情感受，同时，引导产业金融机构将这些感受和认知转换为符合客户所需要的专业金融服务需求，帮助产业金融机构为客户提供更加良好的长期合作体验，赢得客户对其的尊重、认同乃至依赖。

在前文中提到的“风电抢装大潮”中，如果我们所构建的产业生态圈足够扎实，其为我们提供的行业信息足够丰富，也就大概率可以帮助我们提前做出行业吊车或者风机供不应求的专业预判。这种专业的预判除了可以帮助我们有效缓释自身项目的潜在风险外，还可以支持我们立足行业视角，抓住行业的阶段性矛盾，向合作客户提前发出及时锁定吊车、风机设备的专业建议，帮助客户缓释抢装压力，规避资产贬值风险。

事实上，这种越是看似不起眼的、基于行业专业认知所延伸出来的行业需求识别及响应能力，越是对产业金融机构的专业能力提出了更高的要求，也越是需要产业金融机构在产业生态圈中进行长期务实的积累沉淀，其所达到的效果也越是有利于我们通过更低的成本提升客户合作体验，赢得客户、行业对我们在专业上的长期认同以及依赖。

3. 丰富风险管理手段

在大部分情况下，金融机构多会选择使用法律或者金融的手段对业务风险予以管理，比如增加合同的约束性要求、提高对客户的风险补偿措施、对违约事项开展催收诉讼、对抵押物进行执行处置等。对于金融机构而言，管理好风险是经营过程中的第一要务。对产业金融机构而言，有效运用产业生态圈资源，对其管理风险也可起到事半功倍的效果。

事实上，在面对一些与产业相关度较高的风险状况时，产业金融机构如若仅采用金融或者法律的手段管理风险，不仅可能无益于解决核心问题，而且也可能造成产业金融机构与客户两败俱伤的结果。比如，在前文提到的风电“抢装大潮”案例，如果局限于使用法律或者金融的手段与客户对簿公堂，追索违约损失，不仅对解决项目延期并网所导致的资产贬值风险于事无补，相对漫长的诉讼过程也大概率会对项目的建设进展造成不利影响，容易导致与客户出现“双输”的局面。

在面对上述与产业紧密相关的难题时，如果产业金融机构更为主动借助既已构建的产业生态圈资源，寻找产业方面的支持，则可以为其缓释风险提供一个新的选择和抓手。从作者所在公司的实践经验来看，对于一些与产业关系较为紧密的风险暴露场景，比如项目施工进度滞后于计划、项目设备供应节奏不及原定预期等，产业金融机构都可以优先考虑选择调动产业生态圈资源，以更低的成本予以处理，即通过产业的方式及时疏导及处理这些与产业相关的风险堵点或盲点。而这些借助源自产业生态圈的资源或者手段管理风险，既可以帮助产业金融机构以更低的成本赢得客户的支持理解，有利于实际风险的解决，也可以帮助产业金融机构争取更符合自身与客户共同利益的结果。

结合作者所在公司实践，我们认为产业生态圈的大部分关键节点都具备自身在专业上的比较优势。我们如果可以用好这些在专业上的比较优势，就可以为我们于项目投前、投中以及投后环节的风险管理工作提供更为有力的专业支持。

比如，在投前环节，我们可以借助设计院或规划院的专业经验积累，为我们在造价、电价、设备选型及现场建设风险等事项中提供借鉴参考；在投中环节，我们可以借助监理、监造单位的专业管理力量，结合我们提出的现场管理要求，协助我们做好项目建设期的督导、管理及巡视，及时反馈现场信息，支持我们以更高的时效、更低的成本发现解决项目建设现场的风险隐患。在投后环节，我们则可以参考产业投资人的资产运营或者交易经验，为我们于后期的资产风险管理提供有益的借鉴。

整体而言，产业生态圈不仅可以为我们提供成本收益相对可观的且行之有效的产业风险管理手段和思路，结合到具体实践之中，其也可以为我们实现更好的风险管理效果提供更为务实的支持。

第二节
探讨专业化成长的未来——从债权经营到综合服务

我们通过前面的讨论，对产业金融机构在专业化成长中需要构建的专业能力体系、需要聚集的产业生态资源进行了深入剖析。那么，如果产业金融机构的经营发展是以债权经营为起点，当产业金融机构的能力与资源积累到一定程度时，在符合商业逻辑的基础上，其可以走什么样的长期发展道路，实现什么样的成长空间？而这些源于自身商业模式上的迭代以及选择，对产业金融机构的长期发展意味着什么，可以为客户以及行业带来什么？这些问题共同构成了我们希望在本节内容中进一步与读者讨论的内容。

（一）以点带线——行业领域的拓展

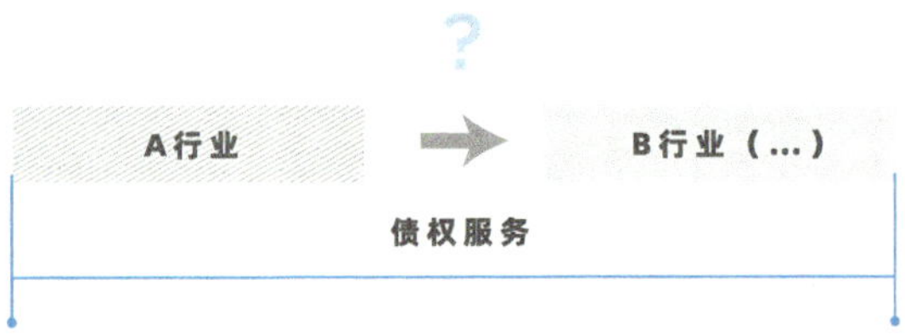

图 8－2 行业领域拓展的横向线性展示图

本书在第一章开宗明义地提出，基于行业专业化为特定产业发展提供的金融服务称为产业金融，提供产业金融服务的机构称为产业金融机构。事实上，抛开产业金融机构所服务的特定行业之间的差异不谈，单个特定行业本身就可进一步拆分为不同的细分领域。以新能源行业为例，目前其涵盖了风电、光伏、储能以及氢能等细分领域，在上述细分领域中，又存在与其特点密切相关的产业链上下游结构。在不同的领域、不同的产业链节点中，则又会进一步表现出不同的运行特点和规律。同时，随着全球能源结构转型的加速以及新兴技术的快速兴起，我们也相信未来新能源行业、细分领域的表现形态、组织形态及商业模式大概率还会出现更多的调整以及变化。

综上所述，我们理解产业金融机构所需要服务的特定行业，并不是指要停留在某个特定行业或者某个特定行业的某一细分领域中故步自封，而是要结合选定的特定行业的发展趋势以及规律特点，立足于自身的战略定位及能力资源边界，对行业及市场的变化作出更为动态的适应性调整，选择符合行业实际情况以及自身经营发展的业务线条拓展策略。

比如，2021 年我国光伏发电新增并网容量 54. 88 吉瓦，其中集中式光伏电站新增 25. 60 吉瓦、分布式光伏电站 29. 28 吉瓦，这也是分布式光伏电站首次年新增并网容量超过集中式光伏电站。当行业出现上述变化时，对聚焦能源电力行业的产业金融机构而言，在细分领域和经营策略的选择上，是否需要做出相应的调整？事实上，无论是出于专业化经营的需要，还是出于融入行业发展潮流的需要，答案都是肯定的。在面对上述行业变化时，产业金融机构不仅需要主动将自身资源配置到以分布式光伏为代表的新兴细分领域中，还要深度思考如何才能更好地在新的细分领域中形成对应的行业影响力以及吸引力。

事实上，我们所理解的特定行业的变化，远远不止于规模、结构这类显性数据的确定性变化，还包括政策、技术及国际贸易环境等不确定要素的隐性变化。比如，某些行业有可能因为某项技术的突破，导致行业发展格局出现重大的调整变化。再如，我们在第二章中提到的光伏单多晶电池技术迭代，其对光伏行业的竞争格局、发展趋势以及金融行业都产生了深远的影响。因此，产业金融机构如何立足于自身战略定位及能力边界，结合自身对行业规律及趋势的理解判断，持续动态地做好新领域甚至新行业的拓展，本身就是一个有必要持续深入探讨的重要话题。

在实践中，我们会更关注产业金融机构在进入新行业、新领域时，可以使用什么样的方法作出选择以及判断。本书认为，在个体理性假设有效的前提下，产业金融机构会结合自身实际情况，作出符合自身利益的选择和决策，这些选择并没有孰对孰错、孰优孰劣之分。比如，某些与行业生产制造环节关系更为密切、对相关环节了解更为深入的产业金融机构，可以选择沿着与产业链紧密相关的原料采购及成品销售环节进行纵向发力；某些在资源、禀赋及规模上更具优势的产业金融机构，也可以选择沿着与产业链关系存在强相关性的关联行业开展横向发力等。接下来，我们将结合作者所在企业的具体实践思考，与读者进一步讨论产业金融机构在新领域、新行业延展方面的实施策略考虑。

关于行业领域拓展的探讨

在新行业、新领域的选择上，我们就面临过海上风电安装船、互联网数据中心、光伏电池制造以及共享储能等新领域的选择。我们当时作出的最终决定是舍弃光伏制造领域及互联网数据中心行业，选择进入海上风电安装船以及储能领域。我们作出上述决定的原因是什么呢？是因为光伏电池制造、互联网数据中心不是一个好行业吗？答案并非如此，事实上，互联网数据中心与新能源行业一样，同为万亿级的市场，而光伏电池制造领域当时的行业投资强度也超过千亿元，两个领域留给产业金融机构的发展和想象空间足够充分。我们之所以作出上述决定和选择，其内在逻辑及考虑主要有以下几点。

首先，是考虑新行业、新领域与我们既定战略的关系，与我们既有能力及资源方面的相关性以及协同性，即新领域与我们的战略方向是否保持一致性，能否与我们既有的能力及资源产生协同效用。在我们的实践过程中，选择一个新领域时，我们更倾向于首先考虑要不要进入的方向问题，而不是直接下沉至如何进入、怎么进入、进入后怎么做等实施层面的问题。比如，我们作为一家在战略上选择了长期深耕清洁能源行业的产业金融机构，我们的能力资源建设及经验积累也就主要围绕清洁能源行业展开。而互联网数据中心行业与我们战略上所选定的行业相关性有限，从符合逻辑的角度讲，我们在这个行业中大概率不存在相应的能力资源优势，即使我们通过自身努力，未来可以在行业形成能力资源优势，其也难以与我们既有的能力资源形成协同效应。所以，我们没有因为看到了互联网数据中心行业的政策红利多、行业规模大及远期前景好，就在行业上进行贸然延展或者切换。之所以选择放弃光伏电池制造领域，则是因为我们的长期专业能力更多地构建于新能源电站投融资领域之上，对行业技术的关切程度相对有限，在这种需求场景下，我们认为自己既难言专业，也难以为类似场景匹配行之有效的风险缓释手段，于行业、客户乃至自身可带来的专业价值都相对有限。

那么，我们为什么会选择探索海上风电安装船和储能领域呢？从根本上来讲，还是因为上述领域与我们在战略、能力及资源上存在较强的相关性和协同性。比如，海上风电是陆上风电开发的自然延伸，未来将与陆上风电一同组成风电行业发展的重要部分。而满足海上风电吊装需求的风电安装船，则是海上风场建设中最关键的设备，集中聚集了海上风电行业的核心信息，同时具有相对广阔的市场前景。虽然海上风电安装船的船东对于我们而言是相对陌生的客户群体，但是我们与风机制造商存在密切的合作关系、与设计院和总包方存在合作交集，这些优势使我们能够用较小的成本将陆上风电行业的资源、能力迁移至海上风电行业。储能行业的意义和价值则更加不言而喻，在新型电力系统的发展潮流下，储能将承载和发挥越发重要的作用功能，且其可以发挥的价值以及作用本身就与我们所聚焦的风电、光伏行业紧密相关。事实上，从实践角度看，我们选择对这两个领域进行探索，最大的底气也在于可以调用我们既已形成的专业能力以及产业生态资源，支持我们持续释放自身的专业价值。

其次，是深入研究新领域的潜在规模体量和未来发展前景。进入一个新行业，在新行业中实现与我们投入成本相匹配的收益回报，往往是企业进入这个新行业开展经营的目的之一。从常识上来看，一个行业的规模体量越大、景气程度越高、发展前景越好，企业在行业中可获取的商业机会自然会越多，实现合理收益的概率也就越高。因此，当我们选定了拟进入的新领域之后，也会对行业所处的生命周期阶段、未来成长空间以及行业发展趋势等进行持续的跟踪、讨论以及研究。比如，通过实地调研、专家访谈及专业研究等形式，深入了解行业所处的市场竞争格局、金融同业参与情况等。综合调研分析结论，推导该领域未来可以容纳的金融资源规模，并据此梳理我们进入该领域以及开展差异化竞争的可能性及可行性。

比如，当我们决定了进入海上风电安装船领域之后，就重点围绕海上风电设计院、海上风电施工方、船东、造船厂、船级社等进行了密集拜访调研，形成了我们自身的行业信息网络。同时，结合国内各省海上风电规划和海上风电设计院所提供的行业数据，科学匡算行业长期发展对海上风电安装船的需求；结合存量船舶统计、船级社的数据、各大造船厂的订单，动态匡算海上风电安装船的供给，推算市场增量空间。以上述推导为基础，进一步排布具体业务推进的节奏、次序以及策略。类似地，我们在决定进入储能行业后，也紧密围绕储能行业的关键节点（如电网、电池厂商、系统集成商、行业投资人及行业协会等）开展了大量务实有效的学习、调研及交流，并对行业数据进行了更为充分的提炼分析，以对行业的发展需求、趋势及规模形成了清晰全面的认识判断，下一步才是具体业务的实践以及探索。以上这些基础性的投入过程，不仅帮助我们对行业的风险特征及特点属性形成了更为深刻的认识，也帮助我们进一步坚定了于上述领域开展长期深耕的决心和信心。

最后，是对新领域的拓展安排做出相对周密的部署，比如确定具体拓展的策略、节奏、次序以及人员组织架构等。在新领域的拓展中，我们倾向于使用“研究—试单—标准化—复制”这一节奏路径，并且倾向于在“研究、试单”这一环节中投入更多的关注以及资源。这是因为，只有我们对行业的认知越全面、越深刻，我们基于行业专业化的金融专业化的实践基础才可以更扎实有力。而对“研究、试单”环节中投入更多的关注，也有利于我们有效构建立体的行业全景认知、生态资源关系以及业务渠道网络。同时，我们也倾向于以循序渐进的节奏逐步验证我们于新行业拓展策略的合理性以及有效性，以持续地、动态地对我们的拓展策略进行校准修正，减少“走弯路”以及“走错路”所产生的成本。这种方法既符合我们所理解的能力资源的自然构建过程，也不失为一个更为理性及稳健的经营选择。

比如，在海上风电安装船领域，我们在业务实践上的实施路径为，成立聚焦于海上风电船舶业务的业务团队；以团队为单位，对行业开展了长达 8 个月的市场研究，先行构建了较为全面的行业专家库和产业生态圈；着力探究满足未来海上风电市场需求的船舶参数，并审慎遴选合作客户开展试单业务；在业务试单过程中逐步梳理形成业务扩展、业务审批、业务管理的模式并加以固化。经过一年多的理论及实践积累，再逐步形成批量化开展风电船舶业务的能力。

（二）以线促面——服务形式的扩充

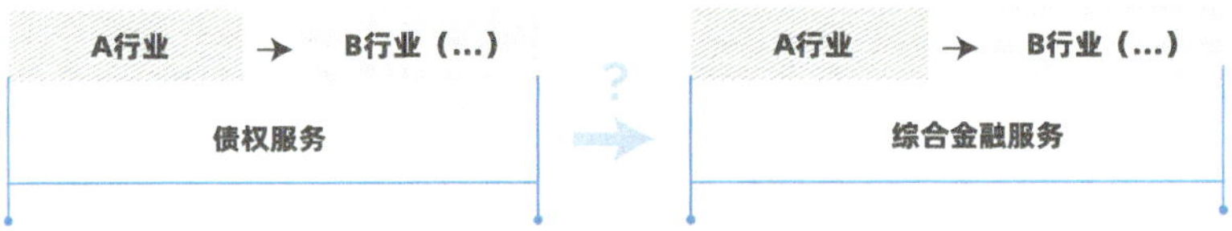

图 8－3 服务形式扩充的纵向线性展示图

在前文中，我们反复提到行业会处于持续变化之中，在微观层面，这种变化则会导致业务场景、客户需求不断调整迭代。为了更好地应对业务场景以及客户需求的变化，产业金融机构就有必要更为主动地扩充自身的服务形式。那么，产业金融机构对服务形式进行扩充的内在逻辑是什么？方向是什么？为了更为具象化地讨论这个话题，我们可以继续围绕本书第二章所构建的场景展开讨论。

关于综合金融服务的探讨

对于上文提出的系列问题，我们于本书中给出的答案是综合金融服务。为了便于读者更好地理解这个结论，我们可以回到第二章中所构建的案例场景中，即甲公司为满足经营发展，拟向金融机构寻求一笔债权融资，用于投资建设一座集中式光伏电站的场景。我们假定一家聚焦光伏行业的产业金融机构可考虑为甲公司提供债权融资支持。那么，为了与甲公司在风险可控的前提下达成合作，该产业金融机构会从什么方面考虑这笔交易？其需要具备什么样的能力以及资源？结合本书前述讨论，若仅从为甲公司提供融资支持的角度，本书认为可以拆解为以下维度（为便于讨论，暂不考虑宏观及中观因素变化对本次交易的影响）。

其一，是对电站资产的经济性（电站的预期发电量、电费结算收入、电站造价成本以及电站运行费用结构等，推测与电站资产相对应的投资回报水平）、合规性（电站建设所涉及的土地、接入、环保等前置政策要求，确保电站建设及投运工作合法合规）及质量性（电站建设的设备选型、施工设计、技术标准等内容，确保电站建设质量符合通行技术标准，具备长期稳定运行的条件）进行深入全面的分析，判断项目的投资价值。其二，是对电站资产的客观建设条件（如建设地形、当地民风、工期节奏、设备采购安排以及施工队伍的专业经验）进行深入梳理，判断项目如期并网发电的可行性。其三，是分析电站资产还款的稳定性和可靠性（比如，对项目的发电量、电价的波动做出预测及判断），对项目未来收入来源及偿债能力做出合理预测。其四，是考虑电站资产的市场交易活跃程度（关系债权未来的潜在退出渠道），对资产的市场价值做出合理预期。其五，是分析甲公司于项目的出资能力、管理能力、管理经验、主业经营情况及历史信用记录等，对本次合作的信用风险做出适度关注。

为了更好地甄别上述内容，管理好其可能带来的风险，产业金融机构需要具备什么样的能力及资源？合乎商业逻辑的推导逻辑是：

于能力层面，产业金融机构应具备对电站资产价值的分析判断及实现能力、对电站资产建设期的主动管理能力（如设备采购管理、工程进度管理）、对电站建设设计/施工/技术标准合理性的验证识别能力、对电站资产进行处置交易的能力以及对客户财务信用进行分析的能力，等等。上述能力中，有一部分需要产业金融机构自身牢牢掌握（如对电站资产价值的分析判断及实现能力等），有一部分则可以与外部资源（前文所提及的产业生态圈）的专业优势进行有机结合或者互补（如对电站建设设计/施工/技术合理性的验证识别能力等）。

接下来，我们就可以以能力层面为起点，对产业金融机构对本笔合作所需要的资源进行推导。如果从保障项目如期建成、按时投产发电的角度出发，产业金融机构可能需要调动的资源包括：光伏电站设计单位、总包单位、施工单位、设备供应单位、建设监理单位及运维管理单位等。以上所谈到的能力以及资源，既可以帮助产业金融机构更为有效地把握项目的合作准入风险，还可以为产业金融机构提供有力的项目风险缓释支持，比如，如果项目出现了建设进度不及预期的风险时，产业金融机构可发挥自身能力及资源优势，协同客户对项目建设工作进行联合管理，确保资产保质保量形成，更好地保障产业金融机构的债权安全回收。

以上的讨论是与甲公司开展债权业务合作为起点，产业金融机构所应具备的能力以及资源。事实上，这也是产业金融机构开展债权经营所应掌握的基本功。那么，于这些能力以及资源基础之上，如果甲公司的合作需求进一步出现变化，产业金融机构是否还可以进行精准有效地应对呢?

如果甲公司为了减少自身的资本金出资压力，希望与产业金融机构寻求在股权层面的合作，双方围绕该项需求开展合作是否具备可行性?我们给出答案是大概率可行的，因为在该场景之下，产业金融机构实现风险收益的核心，仍然在于对电站资产价值的认知判断、确保资产如期形成以及资产股权如期退出等核心问题，而这些内容所涉及的能力以及资源，与双方在债权合作的场景中显然存在较高的重合度。只不过，在股权合作的场景之下，产业金融机构需要进一步细化股权合作的合规性问题、税务处理问题以及相应股权架构下的治理问题，等等。

如果甲公司决定在项目投产后进行资产出售，同时，希望寻求一家咨询机构为其提供资产出售的交易结构设计以及风险控制支持，产业金融机构能否胜任该项工作？我们认为答案也是可行的，因为在该场景下，甲公司实现自身商业目的核心，其关键就在于对资产的市场价值的判断，以及与交易对手就资产估值基础、资产的交易条件达成一致，并在此基础上，进一步解决资产交易的合规性问题。这些内容与双方在债权或股权合作中所需要的核心能力及所需的核心资源，也并没有出现更进一步的实质变化。

再进一步来讲，如果甲公司希望电站资产形成后，面向公开市场进行资产证券化处理，产业金融机构是否能够为甲公司继续提供服务？答案是依然具备可行性，第一，因为产业金融机构本身多会在公开市场上进行融资，对公开市场开展资产证券化的规则以及流程大概率会有较为清晰的认识。第二，在该场景之下，市场投资人较为看重的因素之一也是电站资产本身的估值情况，这也是产业金融机构自身的核心专业能力所在。综上所述，以上提到的这些内容，都没有超出产业金融机构债权经营既已积累的核心能力与资源的范畴。

通过上述讨论我们可以看出，产业金融机构的服务边界是否或者能否跟随客户的需求进行调整变化，其核心仍然在于自身专业能力资源的积累以及延展。只要产业金融机构的能力资源到位，为客户提供多样化服务的可行性大概率也可以到位。也即只有当产业金融机构形成了过硬的能力资源基础，才有必要进入更为具体的交易结构、模式及产品设计等环节，以及针对性解决与这些内容相对应的合理性、合规性及可操作性等问题。以本案例的讨论为例，如果我们将产业金融机构为甲公司提供融资服务称为债权服务，那么，我们则可以将产业金融机构为甲公司所提供的、仍与金融业务紧密相关的股权、咨询服务及资产证券化等服务统称为综合金融服务。

当前，债权经营仍是大部分产业金融机构的经营形式。我们在本书前文中关于产业金融机构专业能力建设方面的讨论，大多也是以债权经营的视角为起点展开。事实上，债权经营存在风险相对低、收益相对稳定等优势，对处于起步或者成长阶段的产业金融机构而言，选择债权经营是一个较为明智的选择。但是从长期发展角度来看，产业金融机构若停留或局限于债权经营，则也有可能对自身长期发展产生一定的不利约束限制。

其一，在债权经营的视角下，产业金融机构与客户的合作关系是债权债务关系，这就决定了产业金融机构需要更加关注资金投放后在约定时间内回收的确定性在风险偏好上会更趋于保守。这种风险偏好可能无益于其更加高效地响应行业中那些创新的、新兴的且有益于行业长期发展的、对金融资源需求更为迫切的场景。其二，对产业金融机构而言，债权经营是资本消耗性业务，而股东可为产业金融机构提供的资本往往都是有限的，或者说，在大部分情况下，股东从自身发展角度考虑，可为产业金融机构所承载的金融杠杆幅度是相对受限的。其三，即使我们假设股东可为产业金融机构提供足够的资本资源支持，那么，从符合常识的角度来看，随着产业金融机构管理债权资产规模的提升以及金融杠杆的放大，其需要面临的资产管理、久期管理挑战也大概率会随之增大，对行业波动变化的敏感性可能会更高，并会对其经营管理及风险管理的策略选择形成压力等。

那么，在经营发展模式的选择上，更有利于产业金融机构实现长期价值及长期发展的模式或者路径是什么呢？结合上文的讨论，我们认为其中更为自然的结果以及相对可行的答案，就是加快从债权经营向综合金融服务的转型。结合上文案例讨论可知，我们在本书语境下所指的综合金融服务，并不是指产业金融机构要谋求在金融牌照的多元化或者综合化，而是产业金融机构要逐步告别资本消耗型的发展模式，立足于自身专业能力及行业资源的积累，从为行业及客户提供债权服务为主，逐步转向为行业及客户提供以债权服务为基础，涵盖股权、咨询及并购等对资本资源依赖、消耗更小的综合金融服务。在服务客户的方法、模式及工具上实现创新突破，实现除利息及息差以外的多元收入及利润。

本书认为，综合金融服务最为重要的特征是对资本资源的消耗有限。对产业金融机构而言，可通过主动、有效地调动除资本资源消耗以外的专业能力资源，满足服务客户需求，并实现与这些专业服务所相对应的商业价值。如上述案例场景的讨论所述，产业金融机构可以基于对资产特征、属性的理解以及认知，从为客户提供资产债权服务，转向与客户进行股权投资甚至资产并购合作；产业金融机构可以基于对资产交易估值、流程、规则以及模式的理解，作为独立的第三方，为客户提供与资产并购相关的一揽子专业咨询支持；再比如，产业金融机构还可以基于自身在行业的影响力以及渠道优势，与同业金融机构或者产业机构，协助客户开展资产的转让、出售以及资产证券化等方面的工作，等等。

立足于上文讨论，我们理解产业金融机构开展综合金融服务所需要的能力资源积累可以大部分源于债权经营，但在实践中的运用要求则要高于债权经营。事实上，综合金融服务会对产业金融机构在行业规律的把握上、能力资源的积累上以及眼界格局的构建上都会提出更高的要求，并会对其在风险偏好、风险承受上提出不一样的条件。实际上，产业金融机构为客户提供综合金融服务，既有利于客户得到更加专业、全面及深度的金融服务体验，也可为产业金融机构的债权经营及产业生态圈构建提供反向贡献，有利于增强产业金融机构的长期发展后劲，有条件成为产业金融机构在专业化上谋求长期成长的更优选择。

（三）以面成体——经营模式的升级

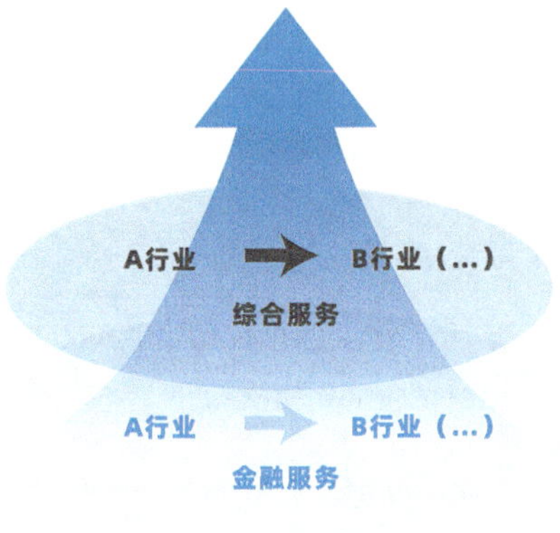

图 8－4　服务形式扩充的立体结构展示图

无论是产业金融机构为客户提供债权服务，还是其为客户提供综合金融服务，我们基于上文所讨论的核心依然是产业金融机构如何满足客户的金融需求，为客户提供适配的金融服务。除了为行业、客户提供专业的金融服务外，产业金融机构的长期成长是否还存在其他的可能？实现这种可能的内在逻辑是什么？对以上问题的讨论就构成了我们接下来希望与读者进一步探讨的内容。

关于综合产业服务的探讨

对于上文提出的问题，站在符合逻辑的角度推演，我们给出的答案是，产业金融机构可以基于自身专业能力资源的积累，选择从为客户提供金融服务再到为客户提供综合产业服务的方向成长。我们在这里所定义的综合产业服务，是指服务手段、工具、内容及形式与金融无直接关联，但与产业联系更为紧密、产业属性更强的专业化服务。

为了更加具象地讨论上述观点，我们可以继续沿用第二章给出的场景。假设，甲公司在债权、股权等方面的金融需求都已经得到合理满足。接下来，我们可以把眼光回到甲公司开展光伏电站投资这个场景本身。甲公司在项目的投资中还需要进一步完成什么事项呢？从大类方向上来讲，这些事项包括项目的建设、采购以及运营等，即：首先，对光伏电站的投资建设设计以及工期进行布置；其次，采购光伏电站建设所需的设备物资；再次，组织开展光伏电站的施工建设；最后，光伏电站的投产并网以及长期运营。

为了让我们的讨论边界更加聚焦，我们把讨论的边界进一步收敛至甲公司采购设备物资这个事项上来。对于该项工作，甲公司的核心需求是什么？毫无疑问，是在满足项目质量标准的前提下，控制项目的造价成本，即采购到电站建设所需的更高性价比的、物美价廉的组件、支架及逆变器等设备产品。那么，对于首次进入光伏行业的甲公司而言，这项工作的难度如何？从直观的感官上来看，难度或许不小。暂且不论甲公司如何与行业的厂商建立有效联系和互信关系，仅对组件单个设备的技术选型、定价策略以及价格走势分析等事项上，就可能会对甲公司带来相应的压力或者困扰。为做好这项工作，甲公司还需要投入足够的资源以及成本，方能更为有效地消减自身与设备采购工作的信息不对称。

在上述场景中，产业金融机构能否在为甲公司提供金融服务的基础上，进一步提供其他有价值的服务呢？在合乎常规的逻辑推演下，我们认为，对聚焦服务光伏行业的产业金融机构而言，对光伏行业的理解大概率比首次进入光伏行业的甲公司更加深刻，在光伏设备资源渠道的覆盖上也大概率比甲公司更为广泛。因此，其大概率有条件结合自身于光伏行业的能力资源积累，为甲公司提供有价值的光伏设备采购服务支持；同时，也有条件凭借自身于光伏行业所积累的信用形象及专业口碑，减少甲公司与设备供应商建立合作关系的沟通成本，帮助其争取到更加合适的商务条件。整体而言，产业金融机构与甲公司于该项工作在成本投入、预期收益客观存在的差异，都意味着产业金融机构可以为甲公司的发展需要，提供相应的增量商业价值。这种增量商业价值也就构成了产业金融机构为甲公司提供以设备贸易服务为代表的综合产业服务的基础。

那么，除了设备贸易服务外，产业金融机构可为甲公司提供的综合产业服务还可以拓展到其他方面吗？答案是肯定的。事实上，产业金融机构基于行业专业化所构建的能力资源，本来就涉及行业的方方面面，这也就意味着产业金融机构可为甲公司提供的综合产业服务，也可以进一步覆盖至与行业相关的、更加广阔的范围。比如，当甲公司的光伏电站项目进入投产运营阶段时，产业金融机构可以结合自身对行业运行逻辑的认知以及在行业资源的积累，为甲公司提供绿证绿电交易撮合、售电乃至技术升级改造等方面的专业服务。进一步来讲，如果产业金融机构自身所管理的电站资产范围足够广、规模足够大，还可以考虑发挥自身在电站资产管理上的规模效用，调动及整合市场的运维服务资源，为甲公司的光伏电站配套成本收益更优的电站资产数字化、集中化及规模化运维服务，依此类推，等等。

通过上面的讨论，我们可以发现产业金融机构为甲公司提供贸易、绿证绿电交易撮合乃至集中运维等综合产业服务，其核心仍然大部分来源于其在债权经营中的能力资源积累。而这些既已积累的能力资源，既可以支持产业金融机构更为自然地适应业务需求场景的变化，也可以支持产业金融机构在商业模式上主动作出适应性更强的调整。

从为行业提供金融服务到为行业提供综合产业服务，也是符合产业金融机构能力成长逻辑的选择。以金融手段服务行业，是产业金融机构为行业配置财务资源的过程。在这个过程中，产业金融机构将在认知、能力以及资源等维度上形成深刻的积累，这些积累将有利于产业金融机构降低与行业的交易成本，消减产业金融机构与行业之间的信息壁垒，促进两者的融合协作关系逐步变得更加自然以及协调。随着两者的边界越发模糊，产业金融机构也就自然具备了从行业观察者、服务者转变为行业实践者、参与者，从为行业配置财务资源再到为行业配置产业资源的条件。

行业是产业金融机构生存发展的基础，这就意味着产业金融机构有必要站在行业长期发展的角度考虑创新商业模式后可为行业带来的价值，有必要在支持行业改善经营环境、降低交易成本及优化资源配置等问题上多做考虑，多下功夫。而以为行业提供增量价值为起点的综合产业服务，大概率可以实现对行业长期发展而言更优的结果。比如，在上文的案例讨论里，于贸易服务场景中，产业金融机构的增量价值体现于发挥自身的能力资源优势，支持客户减少对行业的学习成本及信任成本，为行业改善运营效率提供正向边际贡献；于集中运维服务场景中，产业金融机构的价值体现在与资产管理方面的规模效应上，即有条件以更低成本整合市场运维资源，为客户提供运维资源支持，帮助行业降低运维成本，提高运维效率，等等。

正如本书第三章所言，产业金融机构的成长是一棵参天大树生长的过程，如果我们把大树庞杂的根系比作产业金融机构的能力以及资源，树冠和分支则是我们于前文所讨论的新行业领域、综合金融服务或者综合产业服务的拓展及延展。根深才能叶茂，再创新、再有创意的商业模式，最终都有必要回归到产业金融机构对自身专业能力以及产业生态资源的不懈追求上来。我们可以把综合产业服务比作产业金融机构长期发展所希望追求的愿景。为了实现这个愿景，产业金融机构有必要锚定为行业输出增量价值的认知基础，坚定、坚持走出一条更为扎实的专业化成长道路。

第三节
产业金融的坚守与传承

坚守，通常可以指坚定地遵守或保持，表现为不屈不挠的意志力和决心，即在面对困难和阻碍时绝不放弃。坚守的背后是责任感、使命感以及对信仰和价值观的认可尊重。传承，通常可以指对前人的经验进行传授和继承并发扬发展的过程，传承可以帮助我们在结合既已沉淀的智慧，为未来的发展寻得借鉴和启示。坚守与传承是一种品质，也是一种智慧。坚守与传承的前提是我们对所需坚守及传承的事物形成深刻的认知，达成充分的认同，形成坚定的信心乃至坚实的信念。

在本书的前述内容中，我们与读者一起探讨了产业金融机构在能力资源构建方面的理论、方法以及策略，讨论了合乎逻辑推演下的产业金融机构长期成长空间。那么，如何才能支持产业金融机构在实践中更好地达成预期效果？我们认为这其中的核心，就是产业金融机构要对产业金融形成坚定的信念。那么，这些坚定的信念具体可以体现在什么方面？这也是本部分我们希望和读者共同探讨的问题。

（一）基于行业专业化的金融专业化

基于行业专业化的金融专业化是金融机构在消减行业与金融信息不对称中在方向上的有效选择，这种选择直接关系产业金融机构在经营上的组织协调，关系着产业金融机构在策略上的资源排布，是产业金融机构长期发展所需着眼的基础所在。

基于行业专业化的金融专业化与多元化、综合化金融是什么关系？本书认为，无论是选择行业专业化的金融专业化经营，还是选择多元化、综合化的金融经营，都是金融机构结合自身资源禀赋以及经营发展方向的选择，这种个体主观上的选择或者判断本身并没有绝对的优劣之分。只是从主观视角看，我们认为基于行业专业化的金融专业化经营大概率与产业金融机构自身的禀赋以及定位更加贴合，至少这种选择更适合产业金融机构自身的发展要求。

事实上，本书更愿意将多元化、综合化的金融经营比作“游牧模式”，将以行业专业化为代表的金融专业化经营比作“农耕模式”。在“游牧模式”下，我们可能需要不停地寻找适宜的生存环境，搜索适宜的目标猎物，这意味着我们在寻觅过程中需要消耗更多的资源及物资，需要拥有更加完备的后援或者物资支持。而在“农耕模式”下，我们在大部分时候无须跟随季节天气的变化而被动迁徙，只需用心思考和关注如何在自己的土地上做好长期耕种工作，把我们迁徙原本需要消耗的资源节约下来，将其专注投入找到适宜土地耕种的作物（目标行业）；专注投入在耕种过程中不断学习、理解及运用不同的季节下作物的播种、成长及收割特点（行业规律）；专注投入做好施肥以及除虫（能力成长）等相关的基本作业，等等。如此往复，冬去春来，我们大概率也可以实现丰厚的收获成果（风险收益）。

坚守行业专业化的发展道路的价值是什么？从经营实践层面讲，坚守行业专业化就意味着在经营中选择了坚持高度的聚焦以及专注。在本书前述章节中，我们对行业专业化的内涵进行了充分且深入的讨论。事实上，选择了行业专业化的道路，往往意味着产业金融机构要将视野长期、持续地聚焦于特定的行业，要将企业有限的资源约束集中配置到可以更好地满足行业运行规律、趋势以及需求的要素内容中去。这种高度的聚焦有利于产业金融机构放大经营过程中的局部作用压强，让产业金融机构在消减行业与金融的信息不对称的过程中实现“气出一孔、力出一处”的效果。因此，基于行业专业化的金融专业化的发展道路，在具体业务层面，有利于产业金融机构相对高效地找到产业与金融协作的主要矛盾，在经营过程中可以更好地实现在产品服务上定点的针对性突破；在企业和行业层面，则有利于产业金融机构在单个企业、单个行业层面实现金融资源配置的帕累托改善，进而影响和带动金融资源在社会经济活动的整体配置实现帕累托优化。

坚守行业专业化可能会面临什么阻力？从我们的经验和感受来看，坚持行业专业化是一个知易行难的长期选择。它的难度并不在于初始的选择，而在于对过程的坚持。长期的坚持意味着产业金融机构需要对这件事情保持持之以恒的耐心以及笃定不移的决心，日复一日、年复一年地练习专业化所要求的基本要求、基本动作以及基本功。随着时间和经验的累积，产业金融机构所掌握的行业信息数量会越发丰富，行业认知水平会不断提高，但是过程中不可否认会出现瓶颈期。产业金融机构在行业专业化所投入的资源以及所取得的回报，甚至可能会呈现明显的边际递减效应。这种投入与回报的阶段性不匹配，会造成远逊于“新鲜感”“成就感”所产生的感官刺激。枯燥感、乏力感的接踵而至，也容易让产业金融机构陷入自我怀疑和自我否定的旋涡。但是，行业专业化的价值往往就是在这些小的坚持中逐步显现，它可以帮助产业金融机构把大的问题层层拆解，条分缕析，帮助产业金融机构更加务实地找到其他金融机构难以触及或者未曾关注的与产业紧密相关的“专业小问题”，而产业金融机构则可以在解决这些“专业小问题”的过程中，对自己的专业能力进行“量的叠加”，进而催生自身的专业化能力实现“质的突破”。

从另一个角度讲，正是因为行业专业化给产业金融机构带来的心理阻力以及压力更大，这也就意味着在现实中沿着这条路走下去的人数量上不会太多，意味着这个方向上值得产业金融机构探索拓展的空间还很大，意味着在这条道路的沿途或者终点，大概率还留有很多不为大部分人所知的宝藏有待挖掘开发。

源于坚持行业专业化的体会及启发

我们自成立之初就把行业专业化视作自身长期发展的安身立命之本。在近10年的成长过程中，我们没有一刻懈怠过对专业化的重视以及投入，并把这种对专业的极致追求融入企业经营的方方面面。

我们认为自身在经营中取得的收获，大多是源于对专业化的坚持。例如，我们从自身所属集团内部市场拓展到外部市场，从清洁能源的运营期场景拓展至建设期场景，从光伏行业拓展到风电、水电、海上风电船舶以及储能行业等，最核心的原因就是我们在相关领域、场景完成了对应专业能力的建设以及延展，能够相对清晰全面地理解行业不同场景的需求特点以及发展规律，可以相对准确有效地识别、控制及管理好业务拓展中的核心风险。

我们在经营过程中所遭遇的大部分困难以及挫折，经过事实证明大多也是来自我们对专业化的忽视或者懈怠。例如，我们在光伏行业刚刚进入平价阶段时，曾一度感到迷茫和焦虑，没有赶上行业发展以及变化的节奏，在市场竞争中一度陷入被动，这其中的核心原因也是因为我们阶段性地陷入了“只看项目不看行业、只看投放不看市场”的误区，忽视了行业专业化背后的价值以及意义。这些源自对行业专业化实践所收获的经验，都将成为我们未来前进道路上最宝贵的财富。

（二）专业能力建设与产业资源汇聚

如果基于行业专业化的金融专业化是产业金融机构在发展方向上的选择，是产业金融机构在长期经营中需要遵照的纲领，那么坚持能力建设与资源汇聚，就是产业金融机构在这个选择和纲领之下需要坚持长期实施的行动及举措。

能力与资源对行业专业化意味着什么？在基于行业专业化的金融专业化经营实践过程中，能力是产业金融机构为达成经营目标所应形成并且具备的本领，资源是产业金融机构为了达成经营目标所须获取或者可以调用的要素。在产业金融机构的成长道路上，能力与资源两者相伴相生，相互依赖。产业金融机构构建行业专业化的能力，需要汇聚专业化的行业资源予以支持；产业金融机构汇聚专业化的行业资源，也需要辅以通过自身专业能力构建专业形象作为吸引。结合经营实践，本书认为，在基于行业专业化的金融专业化发展过程中，能力与资源互为补充，缺一不可，两者的有机结合构成了产业金融机构的核心竞争力以及竞争优势壁垒，是产业金融机构实现长期发展目标所需依赖的核心与基石。

基于行业专业化的金融专业化为什么需要坚持建设能力以及汇聚资源？本书认为这是产业金融机构经营定位——动态、持续以及长期消减行业与金融的信息不对称——所提出的内在要求。如果产业金融机构的目标是成长为一棵参天大树，那么产业金融机构的能力以及资源则是这棵参天大树庞大的树根，是我们搭建所有上层建筑的基础。

在阳光以及雨水的影响作用下，大树可以围绕树干长出枝叶和树冠。对应到产业金融实践中，这些枝叶和树冠也就对应着产业金融机构的产品、模式以及领域。大树的枝叶和树冠往往会跟随季节以及气候成长、枯萎以及重生，或者被种植者有针对性地修整打理。在实践中，产业金融机构也需要跟随市场、需求的变化，对其产品、模式和领域不断作出调整以及更新。

树叶和树冠会在时间的洗礼冲刷中不断轮回迭代，而唯有树根始终扎于地底不断吸收养分，让树干随着时间的积累越发粗壮，成为支持大树长久驻足的核心以及根基。相应地，在高速变化的行业以及市场中，产业金融机构也不会在一个产品、模式或者领域中停留过久，但是其能力和资源一定会随着时间和经验的积累而更加充实，成为产业金融机构在经营实践道路中应对挑战最大的底气以及自信。

为了形成更加务实有效地持续消减行业与金融的信息不对称的本领，产业金融机构也有必要在能力建设以及资源汇聚中投入持之以恒的努力，建立与其发展目标所适配的内在条件，将其在战略层面的愿望落实到战术层面的长期动作，通过持续不断的努力，让其对未来的美好愿景转变为可以预期的事实。

如何更好地从长期视角开展能力建设以及资源汇聚？本书认为，从长期视角看，围绕“基于专业能力的风险可控”的原则建设专业能力，围绕“构建产业生态圈”的视角汇聚专业资源是较为可行及有效的选择。

事实上，长期实践基于行业专业化的金融专业化，不仅需要“内功”的保障，也需要“外力”的支持。“内功”的保障更多地来自产业金融机构自身专业能力的深度以及广度，而“基于专业能力的风险可控”的方法论，其核心着眼点就是“专业能力的建设”，其可以指导产业金融机构更加清晰地理解、把握专业能力建设过程中的方向问题（以行业以及业务需求变化牵引专业能力建设）、目标问题（通过专业能力提升，拓宽风险管理边界，实现风险可控结果）以及理念问题（在实践中敢于以及善于运用专业能力）。相应地，“外力”的支持更多地来自产业金融机构“产业生态圈”的反哺。本书认为，以新能源行业为例，狭义的产业生态圈呈链式结构，包含了行业的设备供应商、设备制造商、施工企业、运维机构等与行业生产活动紧密相关的主体；广义的产业生态圈呈网状结构，覆盖了行业的上中下游企业、政府部门、金融机构、研究机构以及金融同业等与行业“人财物”均密切联系的主体。产业生态圈的构建次序可以从狭义走向广义，也可以从广义收敛至狭义。无论是狭义的还是广义的产业生态圈，其价值在于帮助产业金融机构扩大行业信息来源、了解行业发展动态，支持产业金融机构更好地消减行业信息不对称，同时，成为产业金融机构以金融手段服务行业过程中可以借助调动的外部资源。

本书认为，基于行业专业化的金融专业化实践，其能力建设与资源汇聚难以一蹴而就，这个过程需要时间的沉淀和积累，需要伴随长期坚定的投入，需要产业金融机构注入持之以恒的耐心。而“基于专业能力的风险可控”与“产业生态圈构建”则恰好可以为产业金融机构提供一套更加适应产业发展规律的长期方法论，有助于产业金融机构将能力构建和资源汇聚的基础工作从细微做起且做到实处，促进我们自身可以实现持久、健康、长足的进步成长。

源于坚持能力建设与资源汇聚的体会及启发

作为一家融资租赁公司，我们在业务实践过程中的外在表现为债权经营，但在现实中，我们对能力资源的追求远不止于债权经营本身。我们始终认为，既然选择了基于行业专业化的金融专业化发展道路，就有必要坚持构建一套与其相适配的行业专业能力以及产业生态体系，即通过能力与资源的有机结合，以更好地消减行业与金融的信息不对称，实现行业专业化应有的市场价值。

在过去十年的发展过程中，我们将专业能力建设以及产业生态圈构建作为日常经营活动的重中之重。在专业能力建设方面，我们坚持锚定清洁能源行业的核心信息载体（电站资产），构建了一套与清洁能源电站资产全生命周期高度相关的专业能力体系。我们坚持在实践中不断延展自身从金融到产业的专业能力边界，力争通过构建更加立体、独立的专业能力体系，为自身实现风险可控的经营结果保驾护航。在产业资源汇集方面，我们坚持有条不紊、节奏平稳地构建产业生态圈，在风电、光伏、水电、海上风电安装船舶、储能等领域均实现了对投资业主、设备厂商、施工企业、设计院、运维单位、研究机构及行业协会等关键节点的立体覆盖，这既为我们自身的经营发展需要构建了一张畅通无阻的行业信息网络，也为我们的专业化实践需要聚集了一批可以随时借力的行业专业资源。

立足于我们长久以来在专业能力以及行业资源方面的积累，我们相信，在不远的未来，我们可以更加自然地将业务实践从债权延展至股权、贸易、咨询乃至综合金融领域，可以更加自信地从“响应行业发展的专业化金融需求”实现“以专业化综合服务引领行业发展”的主动跨越。

（三）文化与价值观

如果说坚守基于行业专业化的金融专业化、坚守能力资源构建可以帮助产业金融机构更好地解决产业金融在实践过程中的战略选择和战术实施问题，那么，坚守文化与价值规则可以为产业金融机构对经营活动的行为准则以及认知达成内部共识提供更加坚固的内在保障。结合前文讨论，战略选择与战术实施决定了产业金融机构经营活动的组织架构设置安排，而文化与价值规则可以为产业金融机构的组织架构保持健康运行提供保障，为其经营赋予活力以及更加长久的生命力。

文化与价值观意味着什么？本书认为，文化与价值观是企业行事准则在理念认知层面的高度凝练，是企业与员工在心灵层面达成的隐性契约。

文化与价值观既可以为企业员工的日常行为形成更深层次的引导约束，也可以为企业的战略落地及战术实施提供更高层面的保障支持。文化与价值观不是简单的文字描述或者宣传口号，而是存在于企业的日常经营之中，存在于企业及员工的实际行动之中，体现为企业日常经营活动中一种无处不在的体验。

产业金融机构既然选择了基于行业专业化的金融专业化成长道路，就意味着产业金融机构所聚焦的行业大多是快速变化的新兴行业，所面对的场景多是迥异不同的非标准化场景，如果把以上这些多变的、复杂的外部环境比作“洪水”，那么文化与价值观就是其抵御“洪水”来袭的“大坝”。产业金融机构如果可以将“大坝”驻扎得越牢固，就越容易形成心灵层面的共鸣以及合力，联合对抗“洪水”冲击的防御能力自然也就越强。

为什么行业专业化的成长需要文化与价值观提供保障？本书在前面已经深入讨论过基于行业专业化的金融专业化成长是一条“知易行难”的道路，这条道路难就难在长久不懈地坚持，难就难在荆棘遍布的探索。结合作者所在企业的经营实践来看，要在专业化上实现质的飞跃，往往需要通过无数个“专业的小事”进行量的叠加。追求专业化实现质的飞跃固然重要，但是做好每一件“专业的小事”更值得产业金融机构关注。文化与价值观可以引导我们始终站在企业的专业发展需要，认真、用心及负责地对待每一件“专业的小事”。这些“专业的小事”无法穷举，也很难通过具体的制度或者管理要求进行约束。对于这些“专业的小事”，如果我们仅在物质层面予以激励，其效果往往转瞬即逝，不可持续，而且这种激励也会随着时间、次数以及数量的积累边际递减，难以支持我们在专业化的成长道路中保持长久的韧性以及冲劲。相对而言，文化和价值观可以为我们提供源自精神层面的力量，让我们感受到自身每一次的“专业行为”都为公司集体所关注重视，让我们在专业的成长道路中获得更多源自心理层面的认同、支持和鼓励，收获与之相对应的职业荣誉感、成就感及自豪感，激发我们人性本能中最闪亮的部分。而这种源自内在以及精神层面的力量，物质刺激无法与之进行等价衡量或者相提并论。

行业专业化的成长需要什么样的文化与价值观予以保障？本书并不吝啬于以“长期主义、求真务实、打破常规”等美好的词语来概括、总结或者提炼我们自身在专业化成长道路中所需要的文化与价值观。但是这些美好的词语要么不完全准确，要么不完全充分，并且会存在时间视角的局限性或者特殊性。本书认为，在基于行业专业化的金融专业化成长道路中，需要坚持的文化与价值观首先应当是满足人们对美好、正确事物的形容、理解以及想象，其次则应体现为对人们日常行为在道德或者道义层面的要求或者约束，最后则是可以在精神层面调动以及激发我们在专业化道路上追求卓越的渴望。只有这样的文化与价值观，才能更好地驱动我们在心理上对其形成由内至外的理解以及认同。

在专业化的成长道路上，产业金融机构所需要的文化与价值观，它在表述上可能会随着产业金融机构所处的不同阶段、不同时期出现不同的变化，但无论其在文字上或者修辞上怎么变化，其核心应该始终是“言行合一”，其前提永远是真诚，其基础永远是真实。产业金融机构唯有在追求专业的过程中，将这些文化价值观建立在这些内涵之上，才能让自身的成长道路保持“表里合一”，用“真实”以及“真诚”来赢得行业的尊重以及认同。而这种源自行业的尊重以及认同，也可以帮助产业金融机构在市场上构建更加良好的口碑，帮助其建立更加坚实有力的行业影响力，帮助其影响以及拓展长期发展所需的专业能力及产业生态圈，向行业、股东、客户以及员工更好地传递专业化本来的价值。

源于坚持文化与价值观的体会及启发

我们将文化与价值观视作我们专业化成长道路中所需要的氧气，并像爱护自己的眼睛一样呵护它们。

我们所理解以及认同的专业化，是基于尊重市场客观规律以及行业发展规律的专业化，这其中的内核表现为我们对客观事实以及客观真相的“较真”以及“较劲”。我们把这种源于专业化的实事求是、求真务实的要求融入我们经营过程的点点滴滴，并辅以文化及价值观的引导以及激励，以更好地支持我们在专业化的成长道路中敢于并且乐于保持“较真”和“较劲”的状态。

在这十年的发展过程中，我们给自己设立了“卓越”的成长目标，激励员工在专业化的成长道路上敢于打破常规，敢唱主角，敢于构建更加陡峭的专业化成长进步曲线，成就更优秀的自己。

我们不吝于树立并发扬榜样的力量，注重在每一件“专业的小事”上给予员工足够的职业荣誉感，努力与员工构建“专业无小事，事事与我相关”的心灵连接，以激发更多的员工个体进行专业化探索及尝试，影响或者带动企业在整体上实现专业的跨越。我们信奉长期主义，始终站在专业化发展需要的视角，处理长期利益与短期利益的关系，并将专业化的长期附加价值附加贯穿于为客户服务以及协同股东等日常工作之中，努力用真诚以及真实赢得各方的理解以及认同。我们用心构建协同开放、平等以及自由的内部氛围，鼓励员工在公开场合自由表达，畅所欲言，从专业的视角坦诚交换对公司经营发展的真实想法以及真实意见，不断筑牢以及稳固内部的互信关系。我们敢于捍卫自身的文化与价值观，通过设置奖惩听证机制以及奖惩听证机构，及时发现或者制止与文化价值观高度吻合或者明显背离的行为活动，不断净化、优化有利于我们专业化经营的内部氛围环境。

以上种种，都只是我们坚持以及维护自身文化与价值观的一些片段，在实践中，它们不仅有效维系了我们文化与价值观的纯净以及纯洁，也为我们的专业化成长道路提供了在心灵层面的坚实保障，是我们专业化成长持续不断的内在力量源泉。

我们所期待的产业金融，成长空间可期，发展之路漫漫。作为一名坚定的产业金融实践者，我们深信产业金融是一种年轻且富有活力、朝气且前景光明的金融活动形式，其发展空间以及潜力值得期待。

我们希望通过以上这些源自我们实践的、坦诚的分享，既可以向读者准确地传递我们对产业金融源自内心的认同、期待以及热爱，也可以帮助我们在应对未来的变化中更加从容地放下包袱、解放思想、轻松上阵，同时，可以吸引更多志同道合的金融机构认同、理解并且加入产业金融，与我们共同畅想以及并肩书写属于产业金融的美好未来，努力成长成为我们内心中所期盼的模样。

第九章

“产业金融”与“产业办金融”

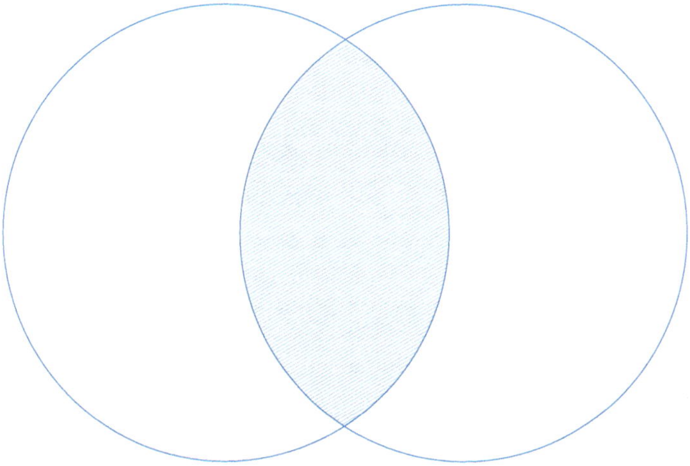

本书第一章提到，“产业金融”虽然是个高频词汇，但大家对其来源出处却无从考究，也从来没有形成过公认的、统一的含义界定。一谈到“产业金融”，不少人往往会联想到“产业办金融”，也就理所当然地把“产业办的金融机构”看作“产业金融机构”。

“产业办金融”通常指的是产业集团通过股权关系参股或控股金融机构，是产业端与金融端交互融合、协同发展（以下简称产融协同）的一种重要形式，也是市场上为数众多的“产业金融”概念定义或表现形式的其中一种。产业办金融在国外已有多年发展历史，在国内也是诸多产业集团、尤其是中央企业加强与金融协作关系的常见手段，作者所在公司也是发轫于“产业办金融”。

产业办金融的主要目的通常是加强、深化产业端与金融端的交互融合，提升两者的协同效率。对大部分产业集团而言，产业办金融往往只是起点，如何切实提高产融协同效率，实现高质量的产融协同结果，则是产业集团、监管机构基于该环境下所诞生的金融机构长期关心的核心问题。但在实践中，由于不同机构存在不同的推进路径及方法，致使产融协同的实际效果不尽相同，甚至可能与预期之间存在较大的差异，这些不同的路径方法并不完全是本书所定义的“产业金融”方法，因而，这些机构也就不完全是本书所定义的“产业金融机构”。

本章我们将以“产业办金融”与“产业金融”的异同为起点，结合“产业办金融”在国内外的实践经验，深入探讨和分析产业办金融的优势、价值及路径方法上的问题，给出源于自身产融协同实践的思考及建议。

第一节
产业办金融的探索与实践

作为一种经济现象，产融协同是动态演进的，在不同历史时期具有不同的特点及趋势，这是由当时产业和金融的客观基础所决定的，同时受到诸多政治、经济、文化等因素的影响。产融协同在表现形式上也具有多样性，从全球范围看，根据参与方动因的不同，可以分为产业投向金融，主动向金融融合，即"由产到融"，如美国通用电气公司（General Electric Company，简称 GE）；以及金融投向产业，主动向产业融合，即"由融到产"，如美国摩根集团。结合我国的实践，由于我国《商业银行法》（2015 年修正）规定"商业银行不得向非自用不动产投资或者向非银行金融机构和企业投资"，所以，目前国内产融协同的发展方式多为产业端向金融端投资。因此，在本章中我们将主要讨论"由产到融"，也就是通常所说的"产业办金融"这种形式。

（一）国际上产业办金融的实践

国外产融协同的发展历史较为悠久，以美国为例，产融协同起源于 19 世纪末 20 世纪初，经历了产业资本与金融资本混合、拆分、再融合的阶段，其间出现了许多具有历史意义的经典案例。国外前期的产融协同探索为我们提供了宝贵的经验和教训，也为我们更好地理解和应用产融协同提供了重要的参考和启示。国内诸多开展产融协同业务的企业，学习及模仿的对象基本都是 GE。但是即便是 GE，其在产融协同的道路上也并非一帆风顺。

产业集团涉足金融领域的初衷或首要目的通常是利用金融手段进一步推动产业主体自身的发展。在产融协同的初始阶段，首先围绕其核心主业发展金融业务，从而增强自身的金融能力。此后，随着金融实力的逐步增强，金融业务逐渐从对内服务扩展到对外服务，并成为整个产业体系中不可或缺的一部分。

GE 金融的起步与发展

GE 是人们谈到产业办金融时经常提到的企业。那么，GE 的金融业务是如何产生和发展的？1932 年，美国经济处于大萧条时期，为服务于主营业务的市场开拓，GE 成立了旗下金融机构——通用电气资本（以下简称 GE 金融），专门为 GE 的客户提供购买电器的小额资金贷款业务。其后，GE 加快了多元化的步伐，涉及大小行业近 60 个，包括航空交通、矿业、石油、家用电器、电力运输、发动机、医疗设备等。顺应产业多元化的趋势，GE 金融也逐渐突破主营业务的限制，开通了零售银行、私有品牌信用卡、证券经纪业务、住房贷款和保险等金融服务，同时开始为产业以外的客户提供金融服务。

相比一般的金融机构，GE 金融依托产业，在管理和整合产业资源、发挥市场经验、沉淀专业能力方面更有优势，可以据此提供差异化服务。例如，在飞机融资租赁业务中，GE 的产业经验使 GE 金融在飞机融资租赁业务中能通过优化飞机维修保养、翻新与拆装、二次资产出售等方式提升飞机价值。在 1980 年后的二十多年间，GE 产融互助发展、双轮驱动，GE 集团的营业额从 1981 年的 250 亿美元增至 1250 亿美元，市值增长 30 倍，2001 年市值突破 6000 亿美元，列世界第 1 位。

在 2008 年国际金融危机前，GE 的产融协同实践被不少企业视为典范，并进行了大量的研究、学习和效仿。这种产业集团涉足金融领域、金融业务逐渐从对内服务拓展到对外服务的发展路径，可以视作一个自然演化的过程，具有相应的合理性，具体体现在以下几方面。

其一，从优化资源配置的角度看，以商业银行为代表的传统金融服务具有先天的“顺周期性”，这种特性使它们难以为实体产业提供持续、稳定和充足的金融服务。在经济波动或下行时期，传统金融服务可能会收缩信贷，导致实体产业融资困难。因此，产业集团拓展金融功能是一种服务产业自身可持续发展需要的良好运行机制。集团内部金融机构对成员单位了解度及信任度相对较高，能够在理解成员单位金融需求的同时，提供更高效的金融服务，使金融对产业的支持能够更加长久并有效降低外界因素的干扰。

其二，从消减信息不对称的角度看，产业集团涉足金融领域相比纯粹的金融企业开展对特定产业的投融资业务具有更明显的优势。由于产业集团在其所在行业具有深厚的专业知识和经验积累，对市场需求、行业动态以及风险状况有更为深入的了解，这使得产业端的经验能更加顺利地传递至金融端。而金融机构基于这种经验传递能较快形成对行业的认知，这种优势使得金融机构在风险评估和管理方面更为精准，不管是在对内服务还是对外服务的过程中，都更有利于针对特定行业的特点和需求，提供更加贴合实际需求的金融产品和服务。

其三，从金融业务拓展的角度看，产业集团所设立的金融机构经历内部业务的锻炼与洗礼后，逐步积累并形成了适应市场化运营的专业能力。这种能力的形成，标志着金融机构可以从内部服务向外部市场拓展，为更广泛的客户群体提供专业化的金融服务。这种从内到外、逐步开放的服务模式，不仅是一个水到渠成、合乎逻辑的发展过程，更是降低市场风险、提高运营效率的智慧之举。通过这种模式，金融机构能够有效地避免在初涉市场时可能遭遇的挫折与风险，从而实现更为稳健和高效的发展。

然而，GE 金融的高速扩张，以及其过度追求多元化、看重短期利益的经营模式开始逐步暴露风险，并积累了一系列问题。在 2008 年国际金融危机爆发后，这些问题的影响逐步显现，GE 金融也随之陷入了发展危机。

GE 金融的危机

在 GE 产业多元化的背景下，时任 GE 董事长兼 CEO 的杰克·韦尔奇认为传统业务周期性强、市场竞争激烈，因此重点开展杠杆率高、股权投资回报率高的金融业务，并强调“注重短期回报”，这种追求短期利润增长回报、大规模开展并购业务的模式，导致 GE 忽视了对产业技术的创新与升级。至金融危机前，GE 已经从一个注重内部成长和技术创新的产业集团，转变成关注短期利润的财务驱动的多元化企业，GE 金融的资产规模、负债比例和收入利润均超过产业板块，投资者也对 GE 到底是产业公司还是金融公司产生了质疑。同时，由于 GE 金融快速壮大的金融业务主要是依赖于产业对金融的信用担保以及较低的融资成本，这种扩张模式也导致了风险资产规模在 GE 集团体系内加快膨胀。

2008 年国际金融危机爆发后，GE 金融业务利润下降，同时，危机也导致商业票据的市场流动性限缩，以往所依赖的通过发行商业票据、债券等短期债务来获取资金的路径失灵，金融的内在不稳定性也进一步扩大了市场波动对 GE 集团的股价影响。2009 年标准普尔、穆迪相继下调了对 GE 的信用评级。

GE 金融的危机并非突然涌现，而是源于其多元化经营及过度追求短期利益的经营策略。这就促使其在迅速扩大规模与业务范围的同时，忽视了在细分领域专业能力及资源的长期深耕和积累，导致了潜在风险不断累积。具体来说，随着金融业务的快速增长，GE 金融逐渐暴露出其在风险管理、资本配置以及业务协同等方面的不足。这些问题不仅威胁到 GE 金融自身的稳健发展，还对整个 GE 集团造成了严重的影响。首先，风险管理是金融业务的核心，但在高速扩张的过程中，GE 以及 GE 金融都过于追求短期收益，而忽视了潜在的风险。GE 在大规模并购、发展金融的同时，忽视了对制造业的创新与升级，而为了追求更高的回报率，GE 金融也涉足了高风险的投资项目并采用了高杠杆的经营策略，这种策略在市场波动时极易引发巨大的损失。其次，随着业务范围的扩大，GE 金融需要更多的资本来支持其发展。然而，资本的筹集和使用是一个复杂且需要精确规划和配置的过程。在高速扩张的过程中，GE 金融过度依赖债务融资，导致资本结构失衡。金融危机爆发后，偿债压力倍增，高杠杆的发展模式难以为继。最后，产业办金融的本质是实现产业与金融的协同发展，但在实践中，由于两者的运作模式和盈利方式不同，往往存在协同难题。在高速扩张的过程中，GE 金融也存在过于追求自身利益最大化的问题，从而忽视了与集团其他业务的协同效应，导致资源浪费和效率降低。

GE 金融的应对

2008 年国际金融危机后，GE 开始回归专业化，专注于打造自身的竞争优势。2015 年，GE 宣布拆分 GE 金融，剥离旗下 90% 的金融资产，那些与主业关联度不高的资产以及金融业务被剥离，保留下来的金融业务主要是那些与产业高度关联、能够支撑产业发展的业务，例如，工业金融、能源金融以及航空金融服务。将产业优势与金融服务能力相结合，推动向高端制造业转型，成为 GE 提升竞争力的重要战略举措。自此，GE金融只在具有核心竞争力的领域发展，并开始重返产业与金融紧密结合之路。

与产融协同给产业集团所带来的经济效益相比，GE金融在经历快速扩张和高速发展后所面临的困境，以及GE的应对策略，具有更为深远的探讨和学习价值。GE金融的案例揭示了产业办金融场景下，在面临巨大挑战时应坚持怎样的战略定位，应选择怎样的展业逻辑和路径方法。

从GE的应对方案看，其强调了一个核心理念——“专注”，这种专注一是体现在对企业自身定位和核心竞争力的清晰认知上。对于产业办金融而言，不管是产业端还是金融端，都必须谨慎评估自身在金融领域的运营效率和市场竞争力。虽然产业集团建立内部金融市场，有助于降低信息不完善和不对称的风险，但这并不意味着产业公司追求金融的多元化总是一个好的选择。相反，产业需要根据自身条件和所处环境来制定发展战略，开展何种金融业务、以什么形式开展金融业务都是需要审慎考虑的问题。二是体现在金融业务展业领域的选择上。GE金融业务的初衷是为了协同产业发展，提供相关服务并进行低成本融资。然而，随着时间的推移，GE涉足了许多与核心产业无直接关联的金融业务。这些业务也逐渐成为了独立的业务板块，与产业资本形成了资源争夺的态势。GE在面临困境时，选择了回归核心业务，并保留下与核心业务关联度更高的金融业务。这一决策体现了对自身定位的认知和坚守，以及对资源的集中和聚焦。对于产业办金融而言，这意味着金融业务应当与核心产业保持紧密关联，避免资源分散和内部竞争，而持续构建行业认知也有助于把握历史机遇，稳健发展。三是体现在对金融产品和服务的深耕上，通过在聚焦主业的产品和服务上持续提升专业水平，不断提高对客户需求的满足能力，并提高抗风险能力。

（二）我国产业办金融的探索

对比发达国家的经济发展实践，国内产融协同起步较晚。1987 年，中国第一家财务公司东风汽车工业财务公司以及第一家企业集团所属商业银行中信实业银行的相继成立，拉开了我国产融协同的序幕。相比其他金融机构而言，产业办金融在产业上具备天然的优势，一方面，该类金融机构可以充分借助股东品牌优势、管理经验优势及产业资源优势，找到成本更低的、有效融入产业的路径。另一方面，我国产业办金融的产业公司多以大中型集团企业为主，其中，中央企业更是占据着重要地位，这就意味着在产业股东信用水平及品牌实力的支持下，该类金融机构可以更加便利地获取低成本的金融资源。

我国的产业办金融起步较晚，但发展速度快、形式多元，历史演进上大致分为以下四个阶段。

1. 起步阶段：20 世纪 80 到 90 年代

社会主义市场经济的蓬勃发展、体制改革的深入开展，催生了产业办金融的萌芽。在这一时期，产业办金融主要表现为两种形式：一是工商企业持股、参股商业银行。除交通银行外，招商银行、深圳发展银行、兴业银行等银行机构，或者由产业集团兴办，或者直接面向工商企业筹资。二是大型企业集团的组建。为增强国有企业整体实力、提升市场竞争力，国务院 1986 年发布了《关于进一步推动横向经济联合若干问题的规定》，原国家体改委和原国家经委 1987 年发布了《关于组建和发展企业集团的几点意见》。组建大型企业集团政策的推出，为产业主动向金融融合创造了发展机遇。包括中远集团、宝钢集团等一批国有企业纷纷通过成立财务公司、收购金融牌照的方式，开始探索围绕产业主业开展产业办金融的道路，但是产融协同程度还比较低。

2. 形成阶段：20 世纪 90 年代中后期到 21 世纪初

我国产业办金融的发展受到两方面因素的交互作用。一方面，在亚洲金融危机等国际事件影响下，我国经济受到一定冲击，再加上前期产业办金融发展暴露出在监督管理、市场秩序等方面的问题，国内政策开始向审慎转变。另一方面，随着中国加入 WTO，经济对外开放程度不断提高，客观上推高了产业办金融的需求和必要性。这一阶段的产业办金融有两个特点：一是产业办金融主要表现为产业主动向金融融合。标志性事件是 1995 年《商业银行法》的颁布，银行无法再投资或持有企业或其他金融机构的股权，这基本上确立了产业办金融而非金融办产业的发展基调。二是非国有产业办金融得到发展。如新希望集团先后发起成立民生银行、民生人寿，东方集团入主民族证券等。在这个阶段，产融协同多以财务投资为主，且往往带有一定的倾向性，同时，企业对于金融风险的防范意识也相对薄弱。

3. 调整阶段：21 世纪前十年

从 2003 年开始，前期抢抓产业办金融机遇的农凯、德隆、闽发、托普等企业集团，逐渐暴露出资本单纯逐利和产业脱实向虚的“病态”现象，最终导致一系列风险甚至危机。叠加 2008 年国际金融危机的影响，本就对国有企业产业办金融持审慎态度的宏观政策再次收紧。2008 年 7 月，国务院国资委在中央企业负责人会议上，对部分央企过度扩张冲动提出警告，强调严格禁止企业违规使用银行信贷资金投资金融、证券、房地产、保险业等项目。随后，又通知要求中央企业上报当年投资完成情况和 2009 年投资计划，加强对中央企业非主业投资的考核管理。这一阶段产业办金融的发展处于调整阶段，主要特点是风险集中释放和进程有所放缓。

4. 高速发展阶段：2010 年以来

2008 年国际金融危机后，尽快恢复经济发展、提升增长质量，成为我国经济发展的主要方向。2010 年 12 月，国务院国资委在央企负责人会议上指出，支持具备条件的企业探索产融结合。国资委将把推进联合重组、央企整体上市作为着力抓好的工作。这是政策层面首次肯定产业与金融结合互动的总体方向，央企产业办金融进入了快速发展阶段。

从我国产业办金融的参与主体看，产业端有民营企业，也有以央企为代表的国有企业。特别是央企，作为我国国民经济的骨干群体和重要基础，各央企通过产业办金融的方式，加快推动产业资源与金融资源的协同发展、融合提升，不仅有助于促进自身产业主业的市场竞争力，而且能够有效提升整体盈利能力，形成以融促产、产融相宜的良性发展局面。在产业办金融的形式上，不仅有内设的财务公司，也有向金融行业的各个领域全面渗透的综合性金融平台。中央企业金融或类金融牌照涵盖了银行、保险、信托、证券、期货、基金、融资租赁、保理等多种类型。

不管是民营企业还是国有企业，产业集团拓展金融业务的一些有益探索和尝试都有其价值和优势。在微观层面，其有助于满足产业发展的融资需求，降低金融机构与产业机构之间的信息不对称。通过深度融资和定制化金融产品，金融所服务的产业能获取更加精准和灵活的融资服务。在中观层面，其有利于增强产业资本的流动性，提高资源及资金的配置效率，进而提升产业的创新能力，实现技术升级、产能扩张和市场份额提升，进一步提高产业的整体竞争力。在宏观层面，产业集团拓展金融业务的探索对于促进产业升级转型具有重要意义。金融与产业的深度融合有助于推动产业向高级化、合理化方向转型，同时促进金融产品创新和发展。此外，这些实践还能优化国家金融政策的针对性、有效性以及调控效果，为经济增长注入新的活力。

（三）产业办金融的问题及启示

产融协同在经济发展过程中无疑扮演了积极的角色，构建了较为和谐的产融关系，促进了国民经济的高速增长。然而，必须正视，我国的产融协同历程中既有快速发展的高光时刻，也曾经历过低迷的阶段，甚至遭遇过风险事件。面对当前经济高质量发展的新时代需求，现有的产融协同在推动产业结构高级化和高质量发展方面还存在一定的差距和不足。因此，可以说我国当前再次站在了产融协同发展的重要历史节点，还存在一些问题需要我们关注。

1. 产业端的问题和启示

在产业办金融的实践中，从产业端的角度看，主要存在以下三类常见的现象或问题。

一是对金融定位上的问题。产融协同的初衷是通过产业与金融的紧密融合，实现产业资本与金融资本的优化配置，推动产业升级和经济发展。然而，一些企业在实践中往往偏离了这一初衷，将金融作为实现利润多元化的工具，甚至将金融作为业务开展的重点。在追求金融的短期回报、风险收益的过程中降低甚至放弃了对于产业发展专业化的追求，也忽视了金融在产业发展中的支持和服务作用。这种偏离导致金融业务脱离实业支撑，成为无本之木，而由于金融市场存在较大的波动和风险，如果产业机构过于依赖金融收益，可能会忽视对于风险的专业化控制和对于业务的专业化提升，进而可能导致经营风险和市场风险的累积。

二是不遵循产业与金融的各自发展规律。产业和金融作为两个不同的领域，各自有着独特的发展规律。在产融协同过程中，一些企业往往忽视这些规律，盲目地将产业和金融进行结合。例如，有的产业集团在未充分理解金融行业的复杂性和风险性的情况下，就贸然涉足金融业务。这种情形基于产业集团对金融业务态度的不同可能有不同的后果。一些产业集团可能按照产业的管理方式和标准来管理金融机构，并对金融业务的风险容忍度较低，难以科学地进行风险防控，进而导致金融的运营过于保守，无法充分利用市场机会实现发展。一些产业集团可能对金融业务有较高的收益回报要求，这就可能导致金融机构的业务重心转向高风险高回报的领域，在业绩驱动下忽视了谨慎及风控原则，导致风险隐患增加。甚至，一些产业资本可能基于其对金融资本的影响力或控制力，干预金融机构的独立性，要求或操纵金融机构进行非市场化交易，而这些违规操作极大地增加了金融机构的经营风险。2004 年的“德隆事件”即是产业资本掏空金融资本的典型案例。

三是关于产业与金融的协同方式和协同效率。产融协同的关键在于将金融与产业融合在一起，使金融成为产业的有机组成部分，支持产业发展是产融协同的起点和终点，它要求产业机构有明确的产业发展目标和专业的产业发展路径，同时，金融机构能据此提供符合产业需求的专业化金融服务。但在实际操作中，一些企业往往由于产业平台与金融平台系相对独立的利益主体，而在协同上存在一定的阻力，二者之间缺乏有效的沟通和协作机制。在这种思维下，产业和金融在经营战略、能力以及资源上都没有得到充分的交融，导致二者之间无法产生有效的协同效应，制约了产融协同的实际效果。这种经营方向的割裂，不仅限制了产业和金融各自的发展潜力，还可能对整个产业集团的长期发展造成负面影响。一方面，产业和金融的分离可能导致产业集团在面对市场变化时反应迟钝，无法充分利用金融手段来支持产业的发展和升级。另一方面，由于缺乏协同，产业集团可能无法有效地整合内外部资源，导致资源的浪费和效率的降低。

2. 金融端的问题和启示

从金融端的角度看，实践中同样也存在着一些问题。

第一个问题是金融机构对产业机构的信用支持和业务过度依赖。在产业办金融的过程中，一些金融机构很容易形成对产业机构的信用和业务依赖，特别是在相对较为容易的内部交易业务中。这种依赖可能导致金融机构逐渐降低甚至丧失专业判断和风险管控机制，将自身的命运与产业机构紧密相连。一旦产业机构的资金链断裂或信用评级降低，金融机构将再次面临资金“瓶颈”，产业的经营风险也可能传导至金融机构，引发连锁反应。这种过度依赖的现象背后，既暴露出金融机构对短期利益的追求，也暗含机构对产融协同复杂性的认识及应对能力的欠缺。

第二个问题是部分金融机构更关注信贷或类信贷业务。相对于复杂的产融协同业务，信贷或类信贷业务通常更为简单，收益也相对明确，因此在一些金融机构中受到追捧。然而，若对信贷或类信贷业务过度依赖，将会导致金融机构忽视产融协同的真正意义和价值。产融协同的本质是通过金融与产业的深度融合，实现资源的优化配置和价值的最大化。然而，当金融机构过度依赖信贷或类信贷业务时，往往会忽视对产业的深入了解和分析，缺乏对产业发展的战略眼光和长期规划。这使金融机构在与产业机构的合作中，难以发挥真正的协同效应和创造价值的能力。此外，信贷或类信贷业务通常缺乏可持续性。随着金融市场的变化和监管政策的调整，这类业务的利润空间可能会受到压缩，甚至面临被淘汰的风险。同时，过度依赖此类业务也可能使金融机构陷入低层次、同质化竞争的状态。在激烈的市场竞争中，金融机构可能不得不降低贷款利率或放宽贷款条件以争夺客户，从而牺牲了自身的权利和风险控制能力。

第三个问题所涉及的误区是金融机构短期利益与长期价值之间的矛盾。尽管市场间的货币流动性常常表现出宽松的状态，但遗憾的是，金融资本向实体经济的传导却并非总是顺畅。这种不畅的传导性导致大量金融资金在市场上空转，或者被引导流向高负债类产业。在过度追求利润的过程中，金融资本往往忽视了其作为经济“血液”的重要责任——为实体经济提供必要的资金支持。这种扭曲的现象不仅削弱了金融资源配置的基本功能，使急需资金支持的实体经济难以得到足够的金融资源，并且当大量金融资金被导向高风险、高回报的产业时，一旦这些产业出现问题或市场发生波动，金融系统很容易受到冲击，进而给整个宏观经济运行带来巨大风险。

第四个问题是来自“以融促产难”的固有观念束缚。即使在我国中央企业产业办金融的情境下，金融有效反哺产业的案例仍然相对较少。产业集团和金融机构之间的地位差异是导致金融难以反哺产业的重要因素。具有产业背景的集团公司通常拥有庞大的资产规模、稳定的收入流、良好的现金流表现以及强大的盈利能力。这些特点使它们在金融市场上能够获得较高的信用评级，从而以相对较低的成本获取资金。这种优势地位使产业集团在金融交易中处于更加有利的位置。相比之下，新设立的金融机构在初期一般规模较小，融资成本也高于产业集团主体自身，这使这些金融机构在金融交易中的地位相对较低。这种不平等的地位关系导致了金融机构难以有效地反哺产业。此外，一个更重要的原因在于金融机构的主观能动性的问题，产业办的金融机构在发展过程中，常常陷入一个思维定式：服务产业就是为其提供融资支持。但实际上，服务产业的方式远不止于此。除了直接的融资服务外，金融机构应该充分发挥自身的专业优势，深入研究产业的发展趋势和需求变化，通过为产业提供财务咨询、风险管理、资本运作、资源整合等一系列更有针对性、更有价值的金融服务，帮助产业实现更全面的发展。

3. 产业办金融视角下的产业金融

金融的本源是服务实体经济。而结合上文的论述，我们可以看到，本该致力于服务产业、服务实体经济的那些产业集团开办的金融机构鱼龙混杂，不少机构打着产业金融的旗号，忽视产业发展规律及专业能力成长规律，为了短期收益不顾业务风险，甚至以牺牲产业长期利益来实现自身发展，真正的产业金融亟须“正本清源”。

现在，我们再来回答“产业开办的金融是产业金融吗?”这一问题。我们认为这些金融机构不一定都是本书所论述的“产业金融机构”。本书开篇介绍了我们对产业金融的定义，“产业金融”是基于行业专业化为特定产业发展提供的金融服务。产业金融活动同时具备产业属性和金融属性，应与产业的发展需求和特点紧密结合，其路径方法是“基于行业专业化的金融专业化”。产业金融语境下，践行“基于行业专业化的金融专业化”这一路径方法的金融机构才是本书所论述的“产业金融机构”。

在经济高质量发展的背景下，金融作为应对经济社会挑战的关键手段之一，被赋予了更为重大的责任。我们不仅要关注金融发展与服务实体经济之间的平衡，更需要明确在日益复杂的内外部冲击下，如何实现金融与实体产业更深度的融合与互动，以促进双方的共赢发展。在这一进程中，以产业与金融的高质量协同为特征及要求的产融协同，已然成为产业金融发展的核心命题。

产业与金融的协同是一项复杂的任务。产业集团开设的金融机构选择以何种方式开展产融协同，是影响产融协同走向和最终效果的战略性问题。结合实践案例，目前市场上的产业办金融的实现形式在提升产融协同有效性方面的启示在于：产业金融机构在发挥产业与金融的协同效应时，应以“服务主业”为核心，以“基于行业专业化的金融专业化”为方法。这既体现在产业金融机构的战略目标设定上，又体现在微观实现路径上。本书在前述章节中已经深入探讨了产业金融机构“基于行业专业化的金融专业化”的方法论和实践方式。在战略的坚守、文化的支撑、组织机制的规范之下，产业金融机构的专业化举措及专业能力构建得以一以贯之、根深叶茂。那么，在产业办金融、产融协同语境下的产业金融机构，尤其是发轫于央企办金融的产业金融机构，应当如何理解“服务主业”，又应如何运用“基于行业专业化的金融专业化”这一方法去服务主业、去实现价值呢？我们将在第二节继续探讨。

第二节
央企产业金融服务主业的思考与探索

前文我们深入讨论了产业金融与产业办金融的关系，结合国际、国内的代表案例，剖析了产业办金融的有益经验及实践误区，并建议产业办金融的长期成长应聚焦于产业，并要坚持专业化。本书所提出的“基于行业专业化的金融专业化”的产业金融方法论，符合产业办金融的初衷考虑，也有利于产业办金融发挥其应有的价值。

中央企业是我国国民经济的“顶梁柱”与“压舱石”，分布于能源、电力、粮食、通信、交通及高精尖制造等关系国计民生的命脉行业，在我国经济增长、产业升级及科技创新等方面发挥着重要作用。金融是国民经济的血脉，是国家核心竞争力的重要组成部分，“央企办金融”是中央企业有效聚合专业优势、支持产业转型升级的重要举措，也是当前阶段我国产业办金融的中坚力量，在产业及金融的发展中发挥着重要作用。

2022 年，中央企业实现营业收入 39.6 万亿元，同比增长 9.1%；实现利润总额 2.6 万亿元，同比增长 6.2%。中央企业累计完成固定资产投资 3.4 万亿元（不含房地产投资），同比增长 6.9%……2022 年，中央企业的劳动生产率人均达到 76.3 万元，同比增长 8.7%；研发投入经费同比增长 9.8%；2022 年末中央企业整体资产负债率为 64.8%。2022 年全年中央企业累计上缴税费 2.8 万亿元，同比增长 19.3%，自 2021 年以来始终保持两位数增速……2022 年全年中央企业累计发电 5.1 万亿千瓦时，以 54.7% 的机组容量保障了全国 63.1% 的电力供应；煤炭日均产量达到 296 万吨，同比增长 7.6%，再创历史新高；煤炭企业执行电煤中长期合同让利超过 1900 亿元；自产天然气达到 1900 亿立方米，同比增长 7.1%。同时，多措并举，守护粮食安全。中央储备粮安全保障能力持续增强，源头采购、物流运输、生产加工、渠道销售的农粮全产业链优势凸显，育种技术原始创新、商业化育种稳步推进，农机装备自主创新能力显著提升……发电、航运、船舶等行业中央企业主要效率指标达到世界一流水平，46 家国务院国资委监管的中央企业进入 2023 年《财富》世界 500 强榜单。

——《中央企业高质量发展报告（2023）》

据不完全统计，目前我国拥有央企背景的财务公司约有 70 家。部分中央企业搭建了金融控股公司平台，旗下业务涵盖证券、保险、信托、基金、期货、融资租赁、商业保理及私募股权管理等领域。中央企业长期在国民经济的关键领域开展实体化经营，积累了大量的行业知识、实践经验及产业资源，这些积累不仅有助于构建基于行业的专业化能力、形成与之相对应的行业影响力，也有助于通过金融服务，实现“以融促产、以融强产、产融协同”，以产融协同方式推动着我国产业发展和实体经济振兴。

汇聚金融资源，丰富金融工具，服务股东及主责主业发展，是“央企办金融”的主要动因。对发轫于“央企办金融”背景之下的产业金融机构，“服务主业”“支持主业”以及“协同主业”，既是其与生俱来的责任，也是股东、出资人以及投资人高度关注和不断提出要求的方向。对于该类产业金融机构而言，如何才能做好“服务主业”？本书认为需先对“服务主业”的内涵作出清晰的界定，形成并坚持科学的“服务主业”原则，并充分考虑央企践行社会责任的总体方向。

（一）服务主业的内涵探讨

在“央企办金融”的场景下，“服务主业”始终是股东投资者长期关注的热点话题。对一家“央企办金融”背景下设立的产业金融机构而言（为便于讨论，本节下文中简称为产业金融机构），如何定义“服务主业”的内涵呢？这一问题可以从“服务主业”的边界、目标以及基础几方面来展开分析。

1. 边界：主业的特征与内涵

对产业金融机构而言，服务主业是近年来在各种场合被反复提及的高频词汇。在开展“服务”之前，我们更有必要对“主业”这一概念进行充分地辨析，以期在定义概念的认识理解上达成共识。

本书认为，从狭义的角度看，我们可以将“主业”理解为产业集团股东管理之下的“坚持践行且符合产业股东集团战略定位及经营方向的主要内部企业”，即产业金融机构集团股东以股权形式所投资设立的、紧密围绕其战略定位开展经营的相关实体单元。从广义的角度讲，我们可以将“主业”理解为与产业集团股东“战略定位紧密相关的行业”。广义的“主业”是一个更大范畴的概念，在这个概念之下，产业金融机构的股东本身就是“主业”的有机组成部分。无论是狭义的“主业”，还是广义的“主业”，其与产业金融机构应体现什么样的关系？是依存关系，抑或是关联关系？本书认为，两者之间最为重要的、核心的联系，应体现为“包含与被包含”的关系。这是因为在狭义的“主业”视角下，作为产业股东集团的一份子，产业金融机构当然要坚定践行产业股东集团战略定位及经营方向，成为“符合产业股东集团战略定位及经营方向的主要内部企业”。而在广义的“主业”视角下，产业金融机构所选择的特定行业，当然也可以与产业集团股东的战略定位紧密相关，通过为广义层面的主业提供专业化服务，支持主业发展，达成为狭义层面的主业提供支持协同的效果。

当我们对主业形成了更加清晰的认识和判断，下一步自然是需要思考如何“服务主业”。近年来，随着各个方面不断提高对金融服务实体经济、加强金融风险防控等内容的重视程度，产业金融机构也总是被谈及或者被要求通过产融结合、产融协同等形式“服务主业”。那么，到底什么是“服务主业”？在大部分人的认识中，“服务主业”往往等价于“服务产业集团股东的内部企业”。从狭义的主业看，服务主业等价于服务产业集团股东的内部企业，往往显得过于宽泛，这是因为产业集团股东内部企业的金融需求并不一定完全满足其战略发展导向和发展需要。从广义的主业讲，服务主业等价于服务产业集团股东又显得较为狭隘，这是因为产业金融机构如若仅将服务停留于产业集团内部，则脱离了产业金融机构服务特定行业发展的初衷。为了更好地讨论这个问题，我们可以从一个在网络上广为流传的段子谈起：

有一个记者去南极采访一群企鹅。他问第 1 只企鹅：“你每天都干什么？”企鹅回答说：“吃饭睡觉打豆豆！”接着又问第 2 只企鹅，企鹅还是回答说：“吃饭睡觉打豆豆！”记者带着困惑问其他的企鹅，答案都一样，就这样一直问了 99 只企鹅。当走到第 100 只小企鹅旁边时，记者走过去问它：你每天都做些什么啊？那只小企鹅回答到：“吃饭，睡觉。”记者惊奇的又问：“你怎么不打豆豆？”小企鹅撇着嘴巴，瞪了记者一眼说：“我就是豆豆！”

事实上，“服务主业”与“打豆豆”这一短语类似，两者同为动宾结构，如果我们把“服务主业”类比为“打豆豆”，那么在正式开展“打”之前，我们当然需要分析清楚什么是“豆豆”，谁是“豆豆”，即我们要服务的“主业”到底是什么。根据前文的讨论，那些与在战略定位、经营方向上紧密相关的产业金融机构本身就是“豆豆”之一，它们在经营发展过程中需要精准“打到”的“豆豆”，是“符合产业股东集团战略定位及经营方向的内部主要企业”，以及与产业股东集团“战略定位紧密相关的行业”，而并非局限于服务“集团股东”这一定义模糊的概念。在现实生活中，之所以人们容易将“服务主业”与“服务集团”在概念上混淆，一是因为产业与金融在经营组织形式上存在差异，容易对人们在概念的认识上造成干扰，进而形成理解上的误区。二是人们没有对产业金融机构与主业的关系进行充分的辨析，忽视了那些与“产业集团股东战略定位与经营方向高度一致、深耕服务产业集团股东战略定位所处行业”的产业金融机构的实际情况。对于这类产业金融机构而言，其与产业集团股东其他企业唯一差别主要体现在经营形式及经营手段上，即产业集团股东中的部分企业是以实体经营的形式，围绕广义的“主业”开展经营；而产业金融机构则是以金融经营的形式，围绕广义的“主业”开展经营。

综上所述，对产业金融机构而言，狭义的“服务主业”是指合理满足以金融手段服务与“产业集团股东战略定位与经营方向高度一致的内部主要企业”，支持产业集团股东发展；广义的“服务主业”则是指为产业集团股东经营所处的行业提供高质量、专业化的金融服务，助力行业行稳致远。狭义的“服务主业”更加关注如何满足符合产业集团股东发展战略的金融需求，广义的“服务主业”则着眼于优化产业集团股东经营行业的金融资源配置质效，以专业化的金融手段，促进行业实现高质量与可持续发展。两者本就是局部与整体的关系，产业金融机构做好广义上的“服务主业”，也就意味着其为产业集团股东在营造健康良好的行业环境方面作出了应有的投入和支持，为股东的长期经营发展提供更高层次、更有质量的协同支持。

以作者所在机构的股东为例。一方面，其在全国各个省份、区域均设立了与战略定位、主营业务紧密关联的产业公司，我们可以将这些不同区域、板块的经营单元个体以及个体组成的集合，理解为狭义概念上的“主业”。另一方面，作者所在机构股东的经营范围涵盖了“电源开发、投资、建设、经营和管理，电力（热力）生产和销售”等范围，上述这些细分领域，则构成了我们在广义概念中所讨论的“主业”。基于对“主业”的理解，我们在特定行业的选择上，始终紧扣股东的业务经营范围（比如风电、光伏、水电及储能等）。其每一分钱的投向都是在有效支持主业，每一个有效的经营动作也都是服务协同主业。我们的考虑是除了要以专业化的金融服务为手段、为股东经营发展做好金融支持外，还期待携手股东共同优化我国能源电力行业的产业、金融资源配置，引导社会资本科学有序地参与我国能源电力基础设施的投资建设，扩大集团在能源电力行业的专业影响力，构建集团在能源电力行业的全方位专业形象，为国家能源安全战略作出中央企业产融协同的先行表率。

2. 基础：能力与资源

我们深入探讨过能力及资源对产业金融机构的价值和意义——与大型金融机构相比，产业金融机构的优势不在于融资规模更大，也不在于融资成本更低，而在于产业与金融的整合及协同能力，在于坚守基于行业专业化的金融专业化发展战略，从而形成产业金融专业能力和资源上的长期有效积累。能力和资源，可为产业金融机构主动地、低成本地复制和使用，不会对产业金融机构乃至产业集团股东经营造成消耗影响；反而，产业金融机构凭借专业能力与资源的不断积累，方能得以更加全面、深入地理解和掌握特定行业的发展规律，从而按照行业规律办事，更加注重行业的长远价值和长期利益，更有效地支持和服务特定行业的可持续发展。

在产业金融机构服务产业集团股东的场景也体现了同样的道理。集团股东设立产业金融机构的初衷，大多包含了希望产业金融机构给集团发展产生价值贡献的期待，这就要求产业金融机构不能局限于仅仅成为集团产业体系的工具或者附属。如果把产业金融机构比作集团股东家族中的成员，那么家族对他或她的期待应该是学有所成、光耀门楣，而不是依附或者沉浸于家族既有的荣耀光环之中。要实现集团股东的期待，产业金融机构就需要不断提升专业能力，不断扩展行业资源。不仅是产业金融机构应对市场竞争及行业变化的安身立命之本，也是产业金融机构面向市场、面向行业，以更低的成本将集团股东既有的品牌、资源及能力显性化、外部化的过程，是产业金融机构为行业、为集团股东发展创造价值贡献的基础所在。

产业金融机构服务集团股东，为集团股东创造价值贡献，起点是其对集团股东金融需求的及时精准判断及合理有效满足。产融协同服务的精准和有效，都要来源于专业。而专业的形成，离不开产业金融机构在能力资源方面的长期积累。产业金融机构脱离了能力和资源这一基础，片面地讨论服务集团发展、讨论为集团创造增量价值，无异于纸上谈兵、空言无补。产业金融机构只有把市场检验过的发展理念、专业方法和商业模式等，与集团股东的长期发展需要有机结合起来，汇聚集团主业发展所需的市场与行业资源、金融与风控资源为主业发展所有、所用，才能更好地体现产融协同价值。

具体来说，如果集团股东以生产制造为经营主业，产业金融机构本身也更专注生产制造领域，那么这类产业金融机构则可以基于对行业价格波动以及生产运营流程的理解，利用专业化的金融服务手段，减小集团对供应商的采购结算“时间差”，提升供应商与集团的长期合作黏性，支持集团更好地平抑供应链原料的价格波动，助力集团生产经营成本控降；如果集团股东以特定行业投资为经营主业，产业金融机构本身也更专注服务特定行业投资场景，那么这类产业金融机构则可以基于对行业政策、趋势的理解，针对集团内部客户在行业投资过程中遇到的痛点、难点或者堵点，为集团主业提供专业化综合金融服务，引入金融专业化产品服务以及市场资源，为集团主业发展排忧解难、提供有效助力服务。

3. 目标：为主业创造增量价值

在上文中，我们提到了“能力与资源”是产业金融机构为产业集团股东、行业创造价值的基础。那么，产业金融机构为产业集团股东、行业创造的到底是什么价值？本书认为，该价值的实质内涵应为增量价值。事实上，产业金融机构服务主业，其目标不是为了追求更高的经营利润，也不是为了实现自身更大的业务规模，不是与行业及股东进行零和博弈，不是与行业及股东争利，不是利用自身在金融资源方面的比较优势依附在行业及股东身上牟利，更不是为了达成自身的发展诉求损害行业及股东的利益。产业金融机构服务主业，是要坚持发挥自身基于行业专业化的金融专业化战略优势，有效整合并输出在产业、金融及信息方面的专业能力和资源，以期为主业带来价值贡献增益，即实现增量价值。接下来，我们可以通过一个具体的业务场景探讨对增量价值的理解：

假如同一集团股东下属的兄弟企业需要内部融资支持，产业金融机构要如何衡量提供服务为集团带来的价值呢？如果该产业金融机构是一个独立决策、面向市场的经营主体，这笔融资需求也并非出于股东的管理指令要求产业金融机构完成，那么产业金融机构自然需要关注此业务的风险以及收益。

在风险层面，作为内部客户，其履约意愿大概率是可靠的；在履约能力方面，即使该内部客户的信用条件一般，但叠加股东可提供的隐性或者有形的支持，产业金融机构大概率可以如期实现债权的回收，即对该业务整体风险可控的判断大概率是成立的。在收益划分与服务定价层面，双方都不容易接受偏离市场价格的定价条件，考虑内部利益分配，融资价格通常需要内部机制调节各方诉求。综上所述，从比较直观的感受来看，这笔融资业务或许可以实现各取所需的结果。

站在集团股东的视角来考虑这笔业务，如产业金融机构按照上述方式提供融资服务，那么这笔业务的内在价值仅体现在缓解了集团股东内部局部性、结构性的金融资源供需矛盾，而并没有为集团股东的经营产生增量价值。因为从集团股东角度看，这笔业务在财务层面终将会被合并抵消——既没有给集团整体带来经营收入和利润的增加，也大概率没有为集团带来经营成本的降低。特别是与大型金融机构相比，产业金融机构在资金成本上并无优势，其信用条件和融资能力也不会比集团股东更强，所获得的资金成本不太可能更低。因此，简单的资金资源内部调剂方式没有实现为主业创造增量价值的目标。

对于广义的服务主业而言，产业金融机构本就是在为特定行业优化金融资源配置，支持特定行业发展，并为行业创造增量价值，对此我们在前面的章节中已经作了详细论述，在此我们无须赘述。对狭义的服务主业而言，服务股东集团更是产业金融机构天然的责任，这是因为无论是产业金融机构过去、当前以及将来所取得的收益，还是其所取得的有形的、无形的成绩，最后都归属于股东所有；而产业金融机构在经营过程中所需要承担的风险，无论是来自声誉上的，还是来自经济上的，到最后也会传递到股东。产业金融机构的长期发展离不开股东的信任、认同及支持，股东的产业经营发展也需要产业金融机构提供高质量的专业金融服务保障，双方本就是“皮之不存，毛将焉附”的利益共同体。因此，产业金融机构有效调动自身的专业能力资源，服务股东长期经营发展，助力股东取得更好的经营业绩和成果，为股东集团提供增量价值输出，更是其天经地义的使命所在。

对于服务集团股东发展，本书认为，产业金融机构可以从“服务”入手，但更要从产业集团股东战略需求着眼，从更高层面充分展现产业金融机构应有的专业责任及专业担当，其具体体现在以下几个方面。

其一，需要产业金融机构深入理解集团股东的战略，在服务策略上主动贯彻落实集团战略部署。例如，对于那些在方向上、趋势上符合集团股东战略安排、符合集团股东长期利益的内部金融需求，产业金融机构发挥自身专业优势，以高品质的专业化金融服务支持集团内部客户熨平行业、市场的周期波动。对于那些明显偏离集团股东战略、不符合集团股东长期利益的金融业务，产业金融机构要坚定不移地站在集团整体战略方向，从长远发展利益的角度，充分积极沟通、努力达成共识，主动做到“有所为和有所不为”，避免导致内部资源配置不当或配置失衡，对集团的整体战略部署造成负向影响。

其二，需要产业金融机构敢于担当作为，持续优化提升对内部客户的金融服务质量与效率。一方面，产业金融机构可以结合集团内部客户的需求特点，在不增加集团整体负债成本的前提下，持续做好金融产品的精细打磨，为集团内部客户提供更加灵活高效的金融服务，输出专业化金融服务应有的价值。另一方面，产业金融机构可以发挥自身在行业、金融以及信息方面的专业优势，成为连接内部客户与金融市场的纽带和桥梁，整合产业及金融资源，管理融资创新风险，通过综合产业金融服务创新为产业导入增量资金、增量资源，助力产业降本增效和持续健康发展。

创新专业化金融服务，为行业导入长期低成本资金

以作者所在公司为例。2019 年初，某股份制银行北京分行在业务合作中谈到，在资产配置中希望能增加一定规模的优质长期生息资产，但当时该银行尚无法对建设期项目进行融资。敏锐捕捉到这一信息后，我方认真分析了产品创新的产业金融合理性。由于是创新试点项目，我方认为如果可以通过整合资源，将银行对优质长期生息资产的需求与作者所属集团的新能源融资需求相匹配，不但可以实现银行与集团的共赢，而且还能叠加发挥我方产业金融机构的专业优势，进一步降低集团的融资成本，实现三方共赢。

经过深入调研和多轮沟通，在征求多方意见的基础上，2019 年 4 月，我方提出产品创新思路，得到银行积极反馈：以集团拟建设的新能源项目为标的资产，建设期先由我方提供高效专业的金融解决方案，发挥专业优势协助项目做好建设期风险管控；项目满足银行贷款条件后，我方再以银行无追索权保理方式将资产卖断给银行。银行贷款叠加我方产品可为项目提供长期低成本贷款，支持项目降本增效。

项目推进过程中，我方整合资源，推动了大量沟通协调工作。首

先，我方发挥自身产业专业能力，协助和支持该银行顺利完成现场尽职调查、项目审批等工作，并提供全方位的专业咨询服务；其次，借助自身金融专业能力，积极解答设备供应商合规部门关心的问题，让设备供应商充分理解新融资方式不仅不会给供应商造成风险，还有助于供应商提升设备回款效率；同时，我方还在集团内部深度介绍和推广该创新产品，从业务理解、审批流程、系统支持等各个方面协助集团接受该创新融资模式。当新模式商业可行性基本确定后，我方第一时间与所在地区金融监管机构和税务部门进行了专业沟通，使金融产品创新的方向和方式得到监管部门认可和支持，为新模式在行业内规模化推广打好基础。历时五个月，2019 年 9 月项目最终成功落地，并被该银行命名为“银融通”产品。

这一产品推出后引起市场巨大反响，很快被该银行推广到行业其他产业集团的新能源融资领域，不少银行机构也纷纷跟进，推出同类型产品。据悉，仅在一年左右时间里，银行通过该业务模式支持新能源融资规模就超过 100 亿元。以专业能力为支撑、服务于产业发展的产业金融创新，虽始于服务主业，更是为行业发展切实创造了增量价值。

厘清了服务主业的边界，锚定了服务主业的基础，确定了服务主业的目标，产业金融机构服务主业的道路自然就会越走越宽，越走越顺。要切实做好服务主业的工作，需要产业金融机构敢于跳出个体利益，勇于拒绝短期诱惑，坚持整体利益、长期利益的准则不动摇，坚持以专业能力资源服务股东集团及行业发展的方向不动摇，方能将实现增量价值的目标落到实处。

（二）产业金融机构的责任体现

如前文所述，在服务“广义主业（服务行业发展）”的场景中，产业金融机构选择走专业化的发展道路，以基于行业专业化的金融专业化高效服务行业，可以达到支持行业发展、为行业创造增量价值的结果。而我们讨论服务主业时，往往会对应到“狭义主业（服务集团股东业务）”的场景，这是因为产业金融机构与集团股东的利益本质上是一致的，产业金融机构为集团股东提供增量价值，就是为集团经营发展争取更多更大的利益，这也就自然需要产业金融机构与集团股东在协同协作关系上达到高度的互信、形成充分的合力。更重要的是，服务“狭义主业”是大部分产业金融机构经营发展的起点，通过服务集团股东，产业金融机构也可以历经磨砺，不断探索与成长，实现从依托集团资源发展到为集团乃至行业注入增量价值的转变。这种从“借力”到“助力”的蜕变过程，意味着产业金融机构会逐步成长为服务“广义主业”的参天大树，展现出更为坚实有力的行业影响力。在此愿景之下，产业金融机构应该秉承哪些关键原则？展现怎样的责任担当呢？结合前述分析及作者所在机构的实践经验，有以下几个方面可供探讨。

1. 贯彻整体利益与长期主义

如前文所述，坚持整体利益最优是产业金融机构服务集团股东所应形成的共识基础。产业金融机构服务集团股东，不是依附于集团的能力资源之上进行套利或盲目满足集团内部客户提出的全部需求，也不是对集团利益进行结构切分、此消彼长，更不是局部利益与整体利益之间的“负和”博弈。

产业金融机构需要始终胸怀集团发展整体利益与长期利益，坚持立足于集团股东发展战略层面考虑问题，始终追求实现与集团股东的共赢发展。例如，结合集团长期战略部署，深入思考什么样的服务对集团内部客户、集团股东更有价值；什么样的服务虽然可以阶段性满足集团内部客户或者集团股东的局部性或短期性的需要，但可能会对集团股东长期性的、整体性的安排造成不利影响。只有坚持站在集团整体视角看待问题，坚持做到“知行合一”，坚持“有所为有所不为”，产业金融机构在服务集团股东的过程中，才能作出更为科学有效的决策，才能对集团股东提供真正精准高效的服务，才能对集团股东的长期发展真正产生增量价值。

2. 推动专业化人才队伍建设

产业金融作为一种特殊的金融业态，其运营发展离不开资金资本和智力资本的共同作用。资金资本为产业发展提供了血液和环境，而智力资本则为其注入了灵魂和活力。产业金融人才作为智力资本的重要载体，其知识、技能和经验是推动产业金融稳健发展、持续创新的核心动力。

培养一批既能够洞悉行业动态、深谙金融原理，又拥有宏大格局和深厚行业情怀的产业金融人才，对于产业金融机构实现长期稳健经营的价值不言而喻。这类人才不仅是产业金融机构稳健运营和持续创新的核心力量，更是其立身之本、发展之基。而从产业发展的角度看，产业金融机构如能向行业源源不断地输送这类高素质、专业化的产业金融人才，则更是产业金融机构价值的重要体现。

有优秀专业的产业金融人才队伍作支撑，金融资源配置和风险管理效率才能有效提高，产业资源与金融资源的融合协同才能更加合理高效，产业金融才能得到高效发展。金融回归支持实体经济本源，从微观视角看，需要金融机构具备对实体经济周期规律、商业逻辑的理解研判能力，具备贯穿整个金融业务周期的高精度管理能力。具体到产业金融机构层面，则表现为要求其有优秀的文化感染人才、有科学的方法培养人才、有合理的机制留住人才。考虑到产业金融是一条“难而正确”的道路，故而产业金融机构在金融人才引入的时候，需要重点关注在产业金融方面的“可塑性”。一方面要求其具备金融从业者的严谨、精准及商业敏感性等，具有专业能力的可塑性，另一方面则是在金融从业者的工作作风和文化要求的基础上，提升产业金融价值观的匹配度和产业金融文化上的可塑性。产业金融包含着一套复杂的理念、原则和实践方法，涉及深层次的价值观念、文化认同、思维方式和行为习惯的转变和塑造，需要时间、耐心和系统的努力。只有培养起对产业金融的坚定信念，真正相信产业金融的价值和意义，才能沉下心、扎下根，持之以恒地投入时间和精力去学习和实践，才能在追求产业金融长期专业价值的道路上，始终保持清醒的头脑和坚定的步伐。这也是对产业金融事业的一种承诺和担当。在用人机制上，需要产业金融机构注重以科学合理的激励机制来激发人才的潜能与活力，同时辅以一套严谨的管理体系，以确保产业金融机构能够在既定的发展战略框架内实现高质量、规范化的经营。

重视人才、培养人才、输送人才成为聚合产业金融机构所需能力的基本需要。这些人员也将聚少成多，共同构建起一支真正强大的金融人才队伍，进而为金融行业、实体经济的发展提供坚实的支撑和有力的保障。

3. 推动多元化专业性的金融产品和服务体系构建

金融产品创新是现代金融发展的必经之路，产业金融机构作为金融与产业两大领域的交汇点，在推动多元化、专业性的金融产品和服务体系构建上承担着特殊的责任，这一责任意味着产业金融机构需要深入理解产业的全周期生命特征，并根据这些特征来统筹和配置各类金融资源，确保金融服务能够紧密跟随产业的发展步伐，为产业的每一个成长阶段提供及时、有效的支持。

同时，服务主业也就意味着产业金融机构要以基于行业专业化的金融专业化为基础，结合行业发展在不同阶段所面临的主要矛盾和挑战，创新设计出能够切实解决行业痛点、难点的产业金融综合服务产品。这样的产品设计不仅要满足行业的金融需求，还要预见并洞察行业未来的发展趋势，确保金融服务能够始终与行业的发展保持同步。

此外，产业金融机构还应致力于成为产业与金融之间的“连接器”。选择了基于行业的金融专业化的道路，表明产业金融机构可以根据不同行业的全周期生命特征，统筹不同金融体系、境内外各类金融资源，为行业发展提供专业化、综合性的全周期服务，源源不断地为现代化产业体系建设注入优质金融血液。这也就意味着产业金融机构有条件统筹专业化的产业金融产品创新，推动整个金融行业不断深化对产业的理解，进而影响金融行业形成更符合产业体系全生命周期特征的金融产品，与产业形成更加深厚的耦合关系。这样的金融产品既能够更好地满足产业需求，还能为产业的发展注入更多的创新活力，推动产业与金融之间形成更加紧密、高效的互动关系。

（三）产业金融机构的社会责任践行

产业金融机构兼具产业属性和金融属性，尤其是作为央企背景的产业金融机构，还要充分满足央企集团主业社会责任践行的要求，在国家能源安全新战略等集团主业相关的国家战略和金融强国战略实施过程中发挥应有作用。产业金融服务集团主业社会责任的践行，要体现在与集团主业发展政策、产业发展政策以及国家金融政策形成合力等方面。

1. 与集团主业发展政策形成合力

央企的发展战略与国家战略需要紧密联系，产业金融以产融协同形式践行集团社会责任，需要体现在切实服务集团战略发展需要方面，集团战略发展需要的领域是产业金融专业能力构建需要优先考虑的领域。

战略协同、助力集团低碳绿色发展

过去10年，在服务集团股东的过程中，作者所在的产业金融机构始终聚焦集团战略发展需要，行动上坚持“有求必应、分文不取”的服务理念，坚持集团利益整体最优，围绕集团新时期低碳绿色转型发展战略需要，充分汇聚、调动市场和行业资源，以自身基于行业专业化的金融专业化能力为基础，为集团主业新能源发展提供产业金融综合服务。10年间，作者所在产业金融机构累计服务集团主业相关区域（产业）公司新增新能源装机项目规模超过10吉瓦，占2023年末集团新能源累计装机比例约15%。这些产融协同场景基本都不是单纯的融资需求，而是要求我们作为产业金融机构发挥专业化能力助力集团主业解决资源锁定、风险防控、合规管理、成本控降等需求，并在此基础上为部分项目提供配套针对性强的融资解决方案。高质量的产融协同助力集团实现了优质新能源资源的高效、合规、低成本获取，为集团公司低碳绿色发展战略实施形成了产业金融高层次协同助力。

2. 与产业政策形成合力

产业金融机构不仅要深刻理解集团股东发展的战略需要及政策要求，还要深刻理解所聚焦行业的产业政策背景和产业发展需要，确保产业金融服务产业发展、支持实体经济发展的方向符合国家战略需要，与产业政策形成合力，推动行业向着长期有利于经济社会发展需要的方向前进。

面向未来，服务能源安全新战略

产业金融的产融协同面向产业发展的战略需要，在业务拓展过程中不会仅限于自身发展需要，专业能力的构建以及业务拓展方向的选择都会考虑产业长期发展的需要。专业能力可以助力产业发展，公司自身的持续健康发展自然也能得到有力支持。基于对国家能源安全新战略的深刻理解和对产业金融社会责任的深度思考，过去10年，作者所在的产业金融机构将所有的资金投放都用于支持能源电力领域的投资建设，没有一分钱进入到非实体经济领域。近10年，我们累计在能源电力领域投放资金超过1400亿元，其中民营企业项目占比超过80%。在专业能力及产业生态资源的双重保障下，至今我们仍然保持“零不良”的经营纪录，意味着公司产融协同支持的新能源领域社会投资均实现了预期收益，项目将长期持续为国家能源安全和绿色发展提供可靠支持，公司的产融协同实践对引导社会资本科学规范参与可再生能源投资建设作出了有效引导。在围绕产业发展需要的产融协同实践中，我们有序推动民营资本参与我国电力供给侧结构性改革进程，以产业金融方式践行集团主业使命，努力服务实体经济，服务国家能源战略，保障国家能源安全，产业金融的专业价值赢得了行业及市场的尊重和认同。

3. 与金融政策形成合力

金融回归服务实体经济本源，是金融业实现可持续高质量发展的必由之路。推动金融业回归本源，更好地服务于实体经济和社会发展，是未来一段时期内金融政策着力的方向。中央企业开展金融业务的目的是探索产融结合，实现以融促产，推进实业更好地发展。产业金融机构先天就与产业发展深度绑定，践行央企集团主业社会责任的使命，使央企背景的产业金融机构有责任带头探索符合我国社会经济发展需要的产融协同实践方式，有责任探索并结合实践总结提炼符合我国产业发展需要、央企发展需要、金融监管需要的产业办金融理论方法。

写在最后

行文至此，回顾前述章节，从中小金融机构生存与发展的实际场景出发，结合作者所在机构的切身经历和经验，我们详细探讨了行业专业化这一路径的可行性、可实践性。为解决行业专业化面临的主要问题——金融领域中的信息不对称，产业金融机构有必要构建基于行业专业化的金融专业化，才能在市场中具备比较竞争优势，在与大型金融机构的竞争中获得胜出的机会，彰显自身在经济发展中的价值与意义。基于行业专业化的金融专业化，是我们通过十年时间逐步摸索、总结出来的产业金融理论与实践方法论。遵循这一方法论，产业金融机构专业能力建设基于专业能力的风险可控，体现的是聚焦资产的专业化风险管理体系；成长于以资产为本指导下业务、风控、资管、融资等方方面面的能力建设；发展于围绕资产进行评估、判断和实现的价值管理，发展于产业金融机构独特的组织建设与企业文化选择；提升于产业生态圈的构建，以及从债权经营到综合服务的未来趋势。

第九章对产业办金融的讨论，实际上是遥相回应第一章的伏笔：我们在第一章辨析“产业金融”的定义时，有意避开了大家认为通常意义上的“产业办金融”，提出了我们自己对“产业金融”的认识和理解，主要是因为希望将基于行业专业化的金融专业化这一方法论在更加客观、更一般意义上平实地阐述完整，避免带有主观倾向性的立场和判断。而从第九章的讨论中可以看出，不论是国内外产业办金融发展实践形成的产融协同形态，还是金融服务实体经济政策导向要求，都指出了产业办金融回归本源、聚焦产业发展需要的方向。以此为背景，作为产业集团“办”的产业金融机构，我们的实践也在一定程度上验证了基于行业专业化的金融专业化，在“产业办金融”领域中也是同样适用的——不仅有助于实现高质效的产融协同，而且能够作为中小金融机构开展产业金融的初见成效、前景广阔的具体路径。至此，主次相承、草蛇灰线，本书的两条脉络一前一后于文末相合。

诚然，正如“仁者见仁，智者见智”“一千个人心中有一千个哈姆雷特”一样，源于发展背景、自身资源等方面的不同，大家对产业金融的理解必然是不同的，开展产业金融的方式方法也会有所差异，甚至相差甚远。本书提出的基于行业专业化的金融专业化，经过我们的十年实践证明，是一条切实可行、行之有效的可选发展道路，值得我们通过一本书的内容呈现给大家，以期给那些志在服务实体经济、志在服务产业发展的同业机构提供一些参考和借鉴。

虽是终章，亦是开始。我们相信，随着我国传统产业加速升级、新兴产业蓬勃发展，产业金融不再仅仅是一个停留在纸面上的高频词汇，其发展前景将更为广阔、更具时代意义，也将吸引更多有识之士、更多中小金融机构投身其中，我们也愿与大家勠力同心，提升金融质效、助力产业发展，致力于作为产业金融的坚定实践者和最佳体现者，一起为正派、专业、快乐的产业金融奋斗者们喝彩、为中国产业金融的未来奋进！

参考文献

［1］袁盼锋．法国式私人银行：卢浮宫是必修课［EB/OL］．(2012－10－15)．http：//www. jjckb. cn/invest/2012－10/15/content_ 406182. htm.

［2］《国务院关于加快培育和发展战略性新兴产业的决定》（国发〔2010〕32号）．

［3］《国务院关于印发推进普惠金融发展规划（2016—2020年）的通知》（国发〔2015〕74号）．

［4］施懿宸，朱晨晨，何烨飞．IIGF观点：践行ESG理念，促进绿色普惠金融高质量发展［EB/OL］．（2023－11－04）．https：//www. nbd. com. cn/rss/zaker/articles/3099199. html.

［5］纪敏，刘宏．关于产业金融的初步研究——兼论我国财务公司改革的一种思路［J］．金融研究，No. 8，2000. General No. 242.

［6］秦池江．论产业金融与产业金融政策［J］．财贸经济，1995(9)．

［7］张维迎．博弈论与信息经济学［M］．上海：上海人民出版社，2000.

［8］董彦岭．中小企业银行信贷融资研究［M］．北京：经济科学出版社，2005.

［9］刘俏．我们热爱的金融：重塑我们这个时代的中国金融［M］．北京：机械工业出版社，2020.

［10］卢财富．企业融资效率分析［M］．北京：经济管理出版社，2001.

［11］马瑞清．企业融资与筹资［M］．北京：中国金融出版社，2011.

［12］高正平．中小企业融资新论［M］．北京：中国金融出版社，2004.

［13］国务院国有资产监督管理委员会．关于印发《中央企业全面风险管理指引》的通知：国资发改革〔2006〕108 号［A/OL］．（2006－06－06）［2024－03－11］．http：//www.sasac.gov.cn/gzjg/qygg/200606200105.htm？eqid＝c6ba188c000288f300000004642d5fac.

［14］辞海编辑委员会．辞海（第七版）［M］．上海：上海辞书出版社，2019.

［15］中华人民共和国国家发展和改革委员会．国家发展改革委关于完善风电上网电价政策的通知：发改价格〔2019〕882 号［A/OL］．（2019－05－21）［2024－03－11］．https：//www.ndrc.gov.cn/xxgk/zcfb/tz/201905/t20190524_962453_ext.html.

［16］打造核心能力，让战略落地．https：//www.sohu.com/a/141564267_726627.

［17］约瑟夫·熊彼特．经济发展理论［M］．北京：商务印书馆，2020.

［18］迈克尔·波特．竞争优势［M］．北京：中信出版社，2014.

［19］中国水电装机容量和年发电量均居世界第一．https：//www.163.com/dy/article/DSLVVNFR0512D71I.html.

［20］斯蒂芬·罗宾斯，斯蒂芬·莫西．组织行为学［M］．北京：中国人民大学出版社，2021.

［21］斯蒂芬·罗宾斯，玛丽·库尔特．管理学［M］．北京：中国人民大学出版社，2021.

［22］艾尔弗雷德·D. 钱德勒．战略与结构［M］．昆明：云南人民出版社，2002.

［23］彭碧浪．基于企业组织结构的核心竞争力管理［D］．四川师范大学，2007.

［24］郭鹰．公司治理文化研究综述［J］．宁波工程学院学报，2006，18（001）：25－29，38.

［25］郭勇峰．企业战略的性质及治理效应［M］．天津：南开大学出版社，2012.

［26］李维安．公司治理学［M］．北京：高等教育出版社，2005.

［27］张维迎．企业的企业家——契约理论［M］．上海：上海三联书店、上海人民出版社，1995.

［28］Gareth R. Jones. Organizational Theory，Design，and Change［M］. Pearson Education，2012.

［29］阿瑟·刘易斯．经济增长理论（中译本）［M］．北京：商务印书馆，1996.

［30］道格拉斯·诺斯．新制度经济学及其发展［J］．经济社会体制比较，2002（5）：21.

［31］纪敏，刘宏．关于产业金融的初步研究——兼论我国财务公司改革的一种思路［J］．金融研究，2000（8）：32.

［32］钱志新．产业金融［M］．南京：江苏人民出版社，2010.

［33］赵远．产业金融学［M］．北京：机械工业出版社，2012.

［34］张圆园．我国央企产融结合研究［D］．西南财经大学，2012.

［35］刘新．中国企业集团产融结合的路径［C］．第九届中国经济学家论坛暨 2008 中国社会经济形势分析与预测国际研讨会．

［36］张娟．产融结合——基于美国 GE 金融资产剥离的案例分析［J］．公共财政研究，2016（1）：9.

［37］苏云成．中央企业产融结合研究［D］．财政部财政科学研究所，2013.

［38］朱玲．GE 金融服务公司战略管理案例分析［D］．兰州大学，2013.

［39］刘元庆．信贷的逻辑与常识［M］．北京：中信出版社，2016.